语言学与汉语国际教育研究丛书 —— 丛书主编 黄南津

Proceedings of Symposium on Contemporary Chinese Linguistics: Retrospect and Prospect

当代中国语言学的回顾与展望
学术研讨会论文集

黄南津 主编

社会科学文献出版社
SOCIAL SCIENCES ACADEMIC PRESS (CHINA)

图书在版编目（CIP）数据

当代中国语言学的回顾与展望学术研讨会论文集／
黄南津主编． -- 北京：社会科学文献出版社，2020.5
（语言学与汉语国际教育研究丛书）
ISBN 978 - 7 - 5201 - 5336 - 2

Ⅰ.①当… Ⅱ.①黄… Ⅲ.①汉语 - 语言学 - 学术会
议 - 文集 Ⅳ.①H1 - 53

中国版本图书馆 CIP 数据核字（2019）第 171810 号

语言学与汉语国际教育研究丛书
当代中国语言学的回顾与展望学术研讨会论文集

主　　编／黄南津

出 版 人／谢寿光
组稿编辑／刘　荣　岳　璘
责任编辑／单远举　岳　璘
文稿编辑／韩晓婵　陈红玉

出　　版／社会科学文献出版社·联合出版中心（010）59367011
　　　　　　地址：北京市北三环中路甲 29 号院华龙大厦　邮编：100029
　　　　　　网址：www.ssap.com.cn
发　　行／市场营销中心（010）59367081　59367083
印　　装／三河市东方印刷有限公司

规　　格／开 本：787mm × 1092mm　1/16
　　　　　　印 张：17.75　字 数：282 千字
版　　次／2020 年 5 月第 1 版　2020 年 5 月第 1 次印刷
书　　号／ISBN 978 - 7 - 5201 - 5336 - 2
定　　价／98.00 元

本书如有印装质量问题，请与读者服务中心（010 - 59367028）联系

总　序

　　国家的综合国力，既包括由经济、科技、军事实力等所体现出来的硬实力，也包括以文化和价值观念、社会制度、发展模式、生活方式、意识形态等的吸引力所体现出来的软实力。软实力最大的来源就是文化。中国语言、文字等方面的成就，对中华文明的发展和进步做出了重要贡献，也是人类文化宝库的重要组成部分。

　　广西地处我国西南边陲，南濒北部湾，东北接湖南，东连广东，西北靠贵州，西接云南，西南与越南毗邻，是中国 5 个少数民族自治区之一，发展历史十分久远。

　　广西的语言资源丰富多样，使用情况非常复杂，双语及多语现象十分普遍。一方面，在广西境内存在不同的民族共同使用一种语言的现象，也存在一个民族同时使用多种语言的现象。另一方面，广西的双语现象十分普遍，许多地方多种语言或方言交叉覆盖，许多广西居民都是双语或多语能力者，同时会说两种或两种以上的语言或方言，各种语言和方言相互借用混合，语言使用情况十分复杂。

　　广西毗邻东南亚，是中国与东南亚联系与交往的重要前沿和枢纽，在中国-东盟自由贸易区中具有特殊的地位和作用。两者在地缘文化、语言、生活习俗上有一定的接近性。在面向东南亚的国际化战略中，经济贸易国际化是核心，高等教育国际化是动力，其关键都是人才培养国际化，使人才构成国际化、人才素质国际化和人才活动空间国际化。

　　为配合国家和自治区的战略部署，配合广西大学努力建设高水平区域特色研究型大学的定位，深入研究中国与东南亚人文关系的规律性，整理、开发与利用广西及东南亚丰富的语言文化资源，传播中国语言与文化，实现国家北部湾经济区域发展战略，广西大学汉语国际教育中心以人才培养目标为引领，强调专业特质，体现专业主体性，在语言学研究和汉语国际教育教学与研究两个方面齐头并进，师生合力，取得了丰硕成果。

这套丛书就是近年成果的呈现，其中包含广西语言状况调查研究、《尚书孔传》虚词研究、当代中国语言学的回顾与展望学术研讨会论文集等语言学研究著作，又精选数年来所培养的汉语国际教育硕士的优秀论文，整理成三辑，以展示培养成果。

广西大学汉语国际教育专业 2008 年首次招收本科生，2009 年首次招收硕士研究生，2015 年被评为广西壮族自治区优势特色专业。经过近十年的建设，目前汉语国际教育专业本科和硕士毕业生已有 600 余人，其中汉语国际教育硕士 318 人。多年来，我们在专业性观照下，强化基础理论知识与能力，多元化配置教学模式、方法、基地、师资等要素，在实践教学过程中强化教师与学生、理论与实践、学校与企业的互动，实现人才培养、科学研究、服务社会与传承文化功能。教学、科研、学生管理等方面都有了长足的进展，为广西的经济文化建设培养了大批优秀人才。

此套丛书力求兼顾语言学与汉语国际教育两方面的面与点，有助于充实对语言本体及使用情况、面向东南亚的汉语教学探索及研究的认知，分享广西大学培养汉语国际教育专业硕士的经验。我们深知，还有诸多问题尚待我们进一步探索，但因能力、实践时间和条件等有限，丛书难免有错漏之处，诚请学界同仁和专家不吝指正、赐教。

黄南津　吕军伟

2017 年 6 月 18 日

前　言

　　2013 年 11 月 2—3 日，当代中国语言学的回顾与展望学术研讨会在广西大学召开。与会学者围绕"当代中国语言学的回顾与展望"主题，从方言学、词汇学、语言与文化关系、少数民族语言文字以及改革开放以来的语言学思潮、语言学学科建设等方面展开讨论，畅所欲言，观点与思想激烈碰撞，会场气氛非常热烈。

　　会议上议定组织论文结集出版，此项工作由会议组织方广西大学承担。论文集所收文章，既有新作，也有十多年前撰写而首次面世的文章。有各方面的新论题，也有极具史料价值的回顾与总结。会议主旨"回顾与展望"，在论文集中得到完美展现。

　　但极为抱歉的是，由于种种原因，论文集迁延至六年后才得以问世，我作为具体操作者当承担主要责任。

　　虽说我是具体操作者，但大量的组稿、资料收集乃至具体编排构想，凝聚着申小龙、赵世举、苏新春诸兄的心血与辛劳，也得益于许多关心此事的朋友的帮助与催促。

　　值此论文集即将问世之际，不禁想起昔年追随师友参加相关学术活动的情景，其中已归道山的宋永培先生之人品学问，更是难忘于心。当年风华正茂的中青年群体，多年以来一直孜孜以求个人学问之累增，学术领域之拓宽与深化，汉语与汉文化结合研究路子由此而越走越宽。而尤为可喜的是，如今他们虽大多已逾耳顺之年，但在各种学术活动场合，仍然处处可见踪迹。九万里则风斯在下，壮心未已，思虑未已，著述也未已！

　　会议成功召开得到广西大学文学院许多师长同事，尤其是对外汉语教研室同事以及研究生们的支持与协助，论文集出版得到了社会科学文献出版社刘荣副编审、岳璘编辑的细致审读与订正，在此谨一并致以衷心感谢。

黄南津

2019 年 12 月 10 日于南宁

附记：

前言交稿后，欣然看到厦门大学嘉庚学院图书馆、人文与传播学院发布的《文化语言学图书资料特藏室藏品征集函》，并蒙准许收入论文集，以作为文化语言学史料留存并传布。谨致谢忱。

黄南津

2020 年 1 月 6 日

目 录
CONTENTS

20 世纪八九十年代中国语言学青年思潮及其发展

——基于文化语言学的视角

申小龙[*]

厦门大学苏新春教授和广西大学黄南津教授 2013 年发起在广西大学召开当代中国语言学的回顾与展望学术研讨会，我们由此获得了一次宝贵的机会来回顾当代中国语言学近三十年的发展历程，讨论新时代中国语言学的理论和方法，展望中国语言学的新的前景。这次会议成果众多，除了充分的思想交流、学术探讨，还包括修订《中国语言学大辞典》、校订出版《汉语汉字文化大辞典》，出版《当代中国语言学的回顾与展望学术研讨会论文集》。苏新春、黄南津教授邀请我为论文集写序[①]，并为此等了很长时间，这也给了我一个机会，让我暂时离开繁忙的教学、科研工作，从文化语言学的角度，仔细梳理 20 世纪八九十年代中国语言学青年思潮在 21 世纪前 20 年的发展。这样对学术史的梳理和思考，在我们年轻的时候经常做。然而在文化语言学进入历史发展的"深水静流"阶段后，我们把更多的精力投入了文化语言学的课程教学、学术深耕和理论创新中，我们真正

---

[*] 申小龙，复旦大学中国语言文学系教授、博士生导师，研究方向为语言学理论、语法学。
① 我的这篇文章较长，考虑到本书已有总序、前言，经与苏、黄二位教授和出版社协商，本文作为论文集中的一篇文章，不作为序言。

明白了什么才是重要的，并从中获得了巨大的喜悦。什么才是重要的呢？下面两位复旦大学一年级本科生在"语言与文化"课后的感想或许可以告诉我们：

　　短暂的学期将尽，这门课留给我的思考却将在未来的生活中不断延长。对于我来说，它不仅仅让我进一步发现了汉语言文化的魅力，并从中获得未曾体验过的乐趣，更开启了一个新世界，引领我从蒙昧走向觉醒，使我能跳出局限看待语言文化。由此我学会站在更高处，以一双更为冷静和清明的眼睛，洞察周围发生的一切。当然，更重要的是，我从这门课上学到了充满人文关怀的价值观，提高了尊重差异、平等交流的文化素养。

　　一位研究语言文学的学者必定不仅仅是研究语言的人。他必定怀着信念与情怀治学。在申老师的授课中，我听到的不仅仅是语言，更多的是他秉持的一种态度和情感价值。可以说，这是一个充满了人文气息的课堂。这令我联想到评价木心先生的一句话：他讨论的，是在现代荒原里，保持文明人的清醒。

　　语言文化研究从来不该也不能被束之高阁，它与人们息息相关，甚至就绽放于人们每一次开口的唇边；而一旦被投以目光，那些找寻者们会惊喜地发现，文化语言如同始终存在于人类文明的一个灯塔，始终投射着温柔的光芒，以一种柔和而富有力量的方式，默默指引着人类社会不断向前进发！

　　这门课确实对于我人生观的重塑有很大的影响。我想要在大学四年的学习里去除自己文字里媚雅虚假的部分，并尽力排除语言中附带的偏见，消除内心长久以来为了融入人群、取悦大众而形成的阴郁，让文字的甘泉从心井里自由地喷涌而出。无论是学术论文还是感想随笔，人云亦云、中规中矩的话自有无数的人会讲，而我要找到自己的声音，不要像光洁的玻璃珠那样轻易滑落，而是粗粝的小石子，带着个人生命体验的粗糙质感，也许笨拙，但绝不雷同。

一

20 世纪 80 年代，是中国现代语言学历经一个世纪的"现代叙事"之后，本土意识强烈回归的新时代。 在这个时代，老一辈语言学家历经"文革"劫难，重新迸发出学术探索的巨大能量；中年一代优秀的学者勠力同心，在教书育人的同时，孜孜不倦地尝试各种理论和方法，提出了一系列至今仍有积极意义的学术见解；而我们，1977 年恢复高考后进入大学学习的年轻一代，在强烈的时代责任感的驱使下，在前辈学者的谆谆教导下，锲而不舍，砥砺前行。

80 年代的思想解放和文化研究热，促使中国语言学研究出现了伴随整整一代青年人的新思潮、新运动。无论是江西的《研究生信息》、《中国语言学大辞典》和中国语言学发展方向研讨会，还是天津的青年汉语史研究会、上海语文学会的青年研究小组、上海现代语言学沙龙、武汉的青年现代汉语语法研讨会，都集聚了全国各地高校语言学专业的年轻学子，"指点江山，激扬文字"。当时年轻学者的研究热点，我们从江西师范大学和《中国语言学大辞典》编委会召开的中国语言学发展方向研讨会的热点可见一斑：

（1）中国语言学现状的评估；

（2）文化语言学；

（3）方法论问题；

（4）语义研究；

（5）文字改革问题。

这些讨论热点的一个共同的背景，是对近一个世纪中国现代语言学的西方理论和方法的深刻反思。

在对中国语言学现状的认识上，年轻学者普遍认为须"正确对待青年后学（特别是正确对待他们的缺点），正确对待优良传统的发扬光大与西方精华的合理吸收，同舟共济，努力建立具有民族特色的中国语言学"。[①]

---

① 袁晓园主编《中国语言学发展方向》，光明日报出版社，1989。

　　而文化语言学为汉语汉字研究建立一个本民族文化的视角，也得到年轻代表们的热烈响应，认为这"是我国语言研究的历史必然"。

　　在方法论问题上，年轻一代学者展开了激烈的争论。语言的人文性及由此决定的语言研究方法的人文性，和独立的科学方法能够不断深入分析人文现象，两者的分歧并不妨碍大家共同肯定中国语言学的健康发展需要多元的方法论。

　　语义研究受到青年学者共同的关注，青年学者视其为"今后一个时期中国语言学研究的重点"，反映了这一代青年学者对欧美语言学形式主义理论和方法与汉语特点的冲突的自觉的反思。

　　在文字改革问题上，年轻学者发出了新时代的强音："（拼音化方向的）世界文字共同的发展规律是不存在的"。"在看到汉字缺点的同时，更应看到它的优点，更应注意到汉民族之所以长期选择这种文字体制的必然性、合理性"。

　　80 年代的青年语言学思潮得到了老一辈语言学家的热情支持和肯定。这从吕叔湘、朱德熙先生对《中国语言学大辞典》的支持，朱德熙出任《中国语言学大辞典》总顾问，张世禄、商承祚、吴宗济、周秉钧、黄典诚、余心乐、马学良、郭在贻、倪宝元、曾宪通、李新魁、詹伯慧、许嘉璐、曹先擢、刘坚、唐作藩、胡裕树、胡明扬、许威汉、李维琦、戴庆厦、张公瑾等一大批前辈学者出任顾问和各卷审订，以及朱德熙对中国语言学发展方向研讨会的贺信①，都可以看出来。我自己深有感触的是，1987 年，我在张世禄先生的指导下完成了我国第一部语法学博士学位论文《〈左传〉句型研究》。在答辩前，论文收到了陆宗达、姜亮夫、殷焕先先生热情洋溢的评语，郭在贻先生亲赴复旦大学任答辩委员会主席，与社会科学院语言所的何乐士以及胡竹安、许威汉、严修等各位老师，共同组成答辩委员会。张世禄先生在后来为我的《中国句型文化》写的序言中转述了答辩委员会的意见："既有纤如丝发的微观具体审视，又有以神役形的宏观理论探讨。了知神摄之法，深得'易简'之理，允称

---

　　① 贺信中提到"召开语言学发展方向研讨会，实属创举"。

宏观与微观相结合之典范，具有重大的理论意义和实践意义。"新的句型学说"振聋发聩，独具慧眼，体现了作者过人的胆略和才气"，"知识博通宏肆，思维清晰敏捷，文笔流利晓畅。善于发现问题、思考问题，并能有效地解决问题。具有相当高的科研能力，洵为中青年语言学者中之佼佼者"。这样的评语，当年每一位获得博士、硕士学位的青年研究者，都曾经历和体验，并对老一辈语言学家的教育、关爱和培养刻骨铭心，终身不忘。

80 年代，青年语言学者的理论探索和学术研究已经有了深入的发展。 即以文化语言学而言，20 世纪 80 年代我们主编的第一本中国文化语言学论集《文化的语言视界》，萃集文化语言学早期最为经典的一批研究成果。其中有游汝杰、周振鹤《方言与中国文化》，申小龙《文化断层与中国现代语言学之变迁》、《汉字改革的科学性与民族性》，张汝伦《文化的语言视界》，宋永培《从〈说文〉词义系统探求古代汉民族的"分—合"观》，冯蒸《古代汉语词汇研究与人类语言学》，张黎《试论语义范畴之文化价值》，姚亚平《论差异交际理论和语言变异理论的异同——交际语言学和社会语言学的一项比较》，苏宝荣《平衡心理与汉语特征》，赵虹《多域价值、宇宙特性和人本观念——论古汉字在华夏文化心态中的"框架承重"》，朱晓农《秦人逻辑论纲》，王建华《汉语人名与汉民族文化》，孙玉文《普通话家庭称呼词语在黄冈话中推移情况的分析》，张伟《论双语现象与双文化现象》，刘丹青《"娶"与"嫁"的语法对立和汉民族对婚姻的集体无意识》，王元鹿《在文字的背后——略说东巴文字中所见纳西族先民的意识特征》，余志鸿《汉语言史与民族文化史》，李亚明《价值：由训诂意义再构造想到的》，张洪明《汉语近体诗声律模式的物质基础》，郭友鹏《汉语修辞的文化意义说略》等。

文化语言学的第一批成果展现了 80 年代青年语言学思潮宽广的视野和文化自觉。《方言与中国文化》（周振鹤、游汝杰著）、《语言社会文化新探》（陈建民著）、《中国句型文化》（申小龙著）、《言语交际学教程》（刘焕辉主编）都是这一时期的代表作。这一特点同样体现在当时吉林教育出版社出版的"文化语言学丛书"①，其中有苏新春《文化的结晶——词义》、史有为《异文化的使者——外来词》、吴长安《文化的透视——汉字论衡》、申小龙《社区文化与语言变异——社会语言学纵横谈》、张黎《文化的深层选择——汉语意合语法论》、姚亚平《文化的撞击——语言交往》、王建华《文化的镜象——人名》。同一时期出版的著作还有高长江的《中国文化与汉语艺术精神》。而也就在此时，集合全国青年语言学者参与的《中国语言学大辞典》编撰工作也如火如荼地开展起来。在1991年出版的这本词典中，我们看到了唐钰明、张玉金主编的文字学卷，冯蒸主编的音韵学卷，宋永培主编的训诂学卷，游汝杰主编的方言学卷，王远新主编的中国诸民族语言卷，吴为善主编的语言理论卷，苏新春主编的人物卷，蒋冀骋、钱宗武主编的著作卷，申小龙主编的语言学史卷等，词典主编陈海洋和副主编邱尚仁、丁峰的组织、运筹更是功不可没。

90年代的文化语言学研究由青年研究思潮扩展为老中青三代积极参与的学术热潮，这一点集中体现在1995年邵敬敏主编、史有为审订的《文化语言学中国潮》一书中。这本书是继申小龙、张汝伦主编《文化的语言视界——中国文化语言学论集》，戴昭明主编《建设中国文化语言学》后，第三部文化语言学论文集。与前两部相比，《文化语言学中国潮》反映了90年代文化语言学的新特点：

一是语言学前辈学者提出了文化语言学研究的一系列新思考。例如吕叔湘的《南北朝人名与佛教》、何九盈的《简论汉字文化学》、王德春的《国俗语义学略论》、胡文仲的《文化差异与外语教学》、史有为的《汉语文化语音学虚实谈》、曲彦斌的《民俗语言学新论》等。

二是文化语言学的各家提出了较为系统的学科主张。例如方言文化方面游汝杰的《中国文化语言学刍议》、社会语言学方面陈建民的《文化语言学说略》、语法学方面申小龙的《历史性的反拨：中国文化语言学》、民族语言学方面张公瑾的《语言的文化价值》、词汇学方面宋永培的《中国文化词汇学的基本特征》以及邢福义的《文化语言学·序》等。

---

① 该丛书由申小龙主编，吉林教育出版社出版。

三是围绕文化语言学理论方法的热烈的学术争鸣蓬勃展开。例如邵敬敏《关于中国文化语言学的反思》、陈炯《中国语言学流派与中国文化语言学》、刘丹青《科学精神：中国文化语言学的紧迫课题》。吕叔湘在《南北朝人名与佛教》的题记中也对文化语言学的理论方法发表了争鸣意见。潘文国在书中指出："在主张语言就是文化，而且是一种民族文化中最核心的成分的人看来，文化语言学其实就是民族语言学，汉族文化语言学其实就是汉语语言学。这是逻辑推理的必然结果，但却是主张语言不是文化的人绝对难以接受的。这一争论是在不同的前提下进行的。""文化语言学的三大流派中，'社会派'与'双向派'似乎都把'人文性'或'人文型'看作是人文科学的属性，而'认同派'却看作是'人的主体性'，从而与西方历史上的'人文主义'有着更直接的联系。两种理解相距颇远。"①

四是文化语言学学术史的研究方兴未艾。《文化语言学中国潮》一书出现了第一批格外引人重视的文化语言学学术史研究成果。史有为在该书的序中指出："文化语言学中国潮在当代的涌现是必然的。这是因为语言中也包括汉语中，本来就存在丰富的文化蕴含。""因此，我们就不难理解，何以自古以来人们对语言的观察与研究总或多或少地带有文化色彩；我们也就不难理解，何以在这一中国潮中，会有如此众多的分歧与不同。""文化语言学中国潮在当代涌现的必然性还在于这是一定时代背景下语言学发展的自身规律。""还必须指出，中国本来就有着文化语言学的传统。""中国古代的语言研究（尤其是训诂学），虽然并不系统，但却带着极浓的人文色彩。""在近代中国，语言学大师罗常培的《语言与文化》无疑是一座文化语言学研究的里程碑。""当代的文化语言学又并不就是上述学说或著作的简单重复与增值，……它有着今日的时代性。"

潘文国《中国的语言和文化研究综观》系统梳理了20世纪80年代之前的语言与文化研究和80年代的语言与文化研究，指出："八十年代伊始，中国的学术界迎来了百花齐放、欣欣向荣的春天。在语言学界，除了表现为十年动乱中被迫出于停顿的语言研究诸领域的全面复苏之外，还集中表现为语言与文化关系研究的勃兴与迅猛发展。""浏览这十余年来语言

---

① 邵敬敏主编《文化语言学中国潮》，语文出版社，1995。

与文化研究的论著目录，我们惊讶其范围之广，几乎涉及语言的各个层面（理论、语言、文字、古文字、音韵、训诂、词汇、语法、修辞、风格、语体、方言、民族语言、外语、对外汉语教学、翻译等）和文化的各个部门（文学、艺术、音乐、戏剧、民俗、神话、历史、地理、宗教、心理、哲学、民族、考古乃至政治制度、经济生活、人际交往等）。这样一种多角度、全方位的切入是以前所从来没有过的。这一形势当然得益于八十年代弥漫于全国的'文化热'，但也体现了人们对语言与文化关系的觉醒意识。"

90 年代文化语言学发展的一个重要特征是学科体系建设更加全面深入。1990 年 9 月吉林教育出版社出版了首部文化语言学学科体系著作《中国文化语言学》（申小龙著）。紧接其后，1990 年 10 月湖北教育出版社出版了《文化语言学》（邢福义主编、周光庆副主编）。此后陆续出版的文化语言学学科体系著作还有高长江《文化语言学》、游汝杰《中国文化语言学引论》、申小龙《文化语言学》、戴昭明《文化语言学导论》、张公瑾《文化语言学发凡》。

90 年代文化语言学发展的另一个重要特征是对中国现代语言学各学科的文化重建。1993 年四川人民出版社出版的《中国文化语言学辞典》（宋永培、端木黎明编著）分学科详细介绍了文化语言学在中国语言研究的各领域取得的成果，尤其是大量新的学术范畴，初步且全方位地展示出文化语言学理论和方法对各语言学科产生的影响。1995 年广东教育出版社出版"中国文化语言学丛书"（申小龙主编）。丛书的作者用文化语言学的理论和方法对自己所在的语言学各研究领域进行文化反思、文化认同和文化重建。其中有李葆嘉《当代中国音韵学》、宋永培《当代中国训诂学》、张玉金《当代中国文字学》、申小龙《当代中国语法学》、姚亚平《当代中国修辞学》、苏新春《当代中国词汇学》。同年广西人民出版社出版高校教材《新文化古代汉语》（全四册）。这部教材从人文科学研究的角度对古代汉语的理论进行了重新定位，突出了古代汉语理论的文化内涵。

90 年代文化语言学发展的又一个重要特征是一届又一届全国语言与文化研讨会的召开有力推动了研究的进展。每一届会议提交的论文都显示文化语言学研究进入了新的领域，有了新的思考。我们以 1994 年在哈尔滨黑龙江大学召开的第三届全国文化语言学研讨会为例，可以看到：

（1）文化语言学与西方语理论展开了较为深入的对话。例如高一虹《"西有汉无"与"西死汉活"——从反事实假设之争看跨文化比较的标准和方法》、张国扬《从转换生成语言学到文化语言学》、杨启光《西方人类语言学与中国文化语言学》、潘永樑《从民族志学科到民族语言交际学：语言与文化研究的一个重要进展》。

（2）语言结构的文化分析成为一种发展新趋势。例如语法结构方面俞咏梅《汉语象似法简论》、李先根《汉语的单音孤立性》、梅立崇《交际文化理论与语表文化、语里文化和语值文化》、张云秋《汉语受事主语句的文化透视》、魏春木《汉语句首自称与对称代词隐含的文化阐释》、潘文国《汉语语法特点的再认识》等，汉字结构方面申小龙《汉字构形的主体思维》、孟华《汉字是一种动机文字》等，词汇结构方面王魁京《汉语词语的构造形式与汉民族文化关系试探》、话语结构方面王健昆《话语结构问题浅谈》等。

（3）文化语言学理论思考蔚成风气。例如戴昭明《语言与世界观》、姚亚平《中国文化语言学的发展方向问题》、苏新春《论语言的人文性与词的文化义》、陈世澋《文化语言学三题》、徐时仪《文化语言学的产生根源和当代意识——兼评〈中国语言学：反思与前瞻〉》、李臻仪《陈寅恪先生的语言与文化研究》等。

（4）外语学界、对外汉语教学界、出版界的学者参与到文化语言学研究中来。其中《北方论丛》的主编陈世澋在大会作了"关于文化语言学的内涵""如何看待语言的世界观作用""如何看待'申小龙现象'"三个论题的报告。该刊也因多年来深入开展文化语言学学术争鸣而在大会上被中国语言文化学会授予荣誉证书。

90 年代文化语言学的波澜壮阔，还可以从中国语言文化学会历届年会评选出的中国语言文化学会优秀著作和全国语言与文化研究优秀成果看出来。

二

20 世纪八九十年代波澜壮阔的中国文化语言学，在 21 世纪有了更为深入的发展。文化语言学不再追求表面上的轰轰烈烈，把实实在在的学术进步和教书育人作为发展的根本目标。

21 世纪的文化语言学在高校语言学基础课程的教材编写上取得了扎实的成果。无论是古代汉语、现代汉语，还是语言学概论，教材的编写都突破了既有范式，实现了教学理论和教学方法的创新。这方面的建设从 20 世纪 90 年代中期就已经开始了。

最早编出的基础课教材是申小龙和宋永培主编的高校古代汉语教材《新文化古代汉语》①。参加编写的有全国三十多所高校的青年语言学者。其中：

编写《精读文选》的有陈建初（湖南师范大学）、戴昭明（黑龙江大学）、端木黎明（四川师范大学）、傅杰（华东师范大学）、蒋宗福（西南师范大学）、李国英（北京师范大学）、刘福根（浙江教育学院）、刘兴均（达县师范高等专科学校）、钱宗武（湖南师范大学）、饶尚宽（新疆师范大学）、任继昉（河南大学）、邵文利（内蒙古师范学院）、王春淑（四川师范大学）、王启涛（四川师范大学）、许征（新疆师范大学）、张玉金（辽宁师范大学）、郑文澜（广州师范学院）、朱城（湖北民族学院）、朱承平（中南民族学院）、黄尚军（四川民族出版社）、张巍（四川大学）；

编写《基本理论》的有洪波（南开大学）、赵世举（襄阳师范高等专科学校）、颜洽茂（杭州大学）、赵平安（河北大学）、宋永培（四川大学）、郑文澜（广州师范学院）、尉迟治平（华中理工大学）、刘永耕（福建师范大学）、申小龙（复旦大学）、李亚明（中华书局）、魏德胜（北京

---

① 申小龙、宋永培主编《新文化古代汉语》（全四册），广西人民出版社，1994。

语言学院）；

编写《泛读文选》的有陈思坤（岳阳大学）、段观宋（湘潭大学）、黄南津（广西大学）、钱宗武（湖南师范大学）；

编写《练习·重点词语》的有白丁（中南民族学院）、黄海波（广西中医学院）、蒋宗福（西南师范大学）、刘宝俊（中南民族学院）、石锓（新疆兵团教育学院）、万献初（咸宁师范高等专科学校）、朱承平（中南民族学院）、李亚明（中华书局）。

这些当年的青年学者，现在几乎都已是各高校的教授、博士生导师。这样举全国之力编写高校《古代汉语》教材，是我国语言学的空前盛举。

《新文化古代汉语》首先在编排体例上有创新。它的一个重要改革是将原有的《古代汉语》文选一分为二，分为《精读文选》和《泛读文选》。《精读文选》突出重点，选录名篇，详加注释，为学生必修之古文。《泛读文选》为扩大学生的阅读面，增强学生古文阅读能力而设，选文范围扩大，注释较简单，要求学生有一定的阅读速度。

《新文化古代汉语》编排体例的另一个特色是文选内涵的扩充。其《精读文选》部分所选篇目都较短，但增加了带古注的文选单元和古文字的文选单元。后者收录了以甲骨文、金文、战国文字、简牍、帛书、碑碣为材料的古文献。

《新文化古代汉语》编排体例的一个引人注目的变化是将练习题和重点词语集为一册。练习题吸收了外语教学练习题的一些形式，帮助学生进行能力自测。重点词语选择 500 个最常用的字重新加以注释，使得教材不仅有一般文选阅读的功能，而且有复习检索、重点深入、举一反三的能力强化功能。

有感于古代汉语教材的理论几十年因袭不变，没有创新和系统的变化，《新文化古代汉语》在古汉语理论的发展上找到了一个新的视角——文化阐释，从而带动整个理论体系的创新。这套教材的前言，就开宗明义地指出：“古代汉语是中华民族悠久文化的重要组成部分，也是传统文化最重要的信息载体和传播媒介。在当代中国文化建设和现代化进程中，古代汉语的掌握、运用和阐释具有举足轻重的作用。为了系统地认识古代汉

语的文化特征，科学地把握古代汉语的结构规律和意义蕴涵，我们编写了
这套《新文化古代汉语》教材。所谓'新文化'既指我们对古代汉语所作
的新的文化阐释，也指通过这种阐释，古代汉语在当代文化建设中应负起
的新的历史文化责任。"把《古代汉语》的基本理论定位在"文化阐释"
上，这就赋予了古汉语理论以人文科学研究的新的意义。这本教材的第二
册《基本理论》从以下方面体现了文化阐释的特色。

其一，教材系统论述了古代汉语的文化特征。以往的古代汉语教材，
其理论框架来自现代汉语，而现代汉语的理论框架又来自西方语言理论。
这一框架的一个根本弱点是认不清汉语的文化属性和文化特征。使用这一
框架教学，表面上头头是道，却与汉语的事实若即若离，甚至貌合神离。
《新文化古代汉语》把古汉语作为一种文化现象来考察，以中国文化的总
体特征为参照系，深入揭示古汉语的特点，在《基本理论》中专辟一章加
以论述。例如在论述"古汉语结构的文化特征"时讨论了古汉语语言单位
形式与功能的灵活性和古汉语句子的流块建构；在论述"古汉字结构的文
化特征"时讨论了古汉字构形的主体思维，包括汉字构形的人本主义取象
和汉字构思的人文主义观念；讨论了古汉字构形的辩证思维，包括汉字构
形思维的二合建构和汉字构义思维的一体二元；在论述"古汉语修辞的文
化特征"时讨论了古汉语修辞的语境通观，包括整体定位、因宜适变、因
人制言三方面；讨论了"古汉语修辞的阅读方略"，包括由言内以观言外，
由言外而观言内，由言者而观所言三方面。这些论述把古汉语放在中西文
化比较的宏观背景下加以认识。

在古汉语的每一个具体层面，教材都从古汉语的特点出发作了新的探
讨。例如在"词法"一节讨论了虚词的标示功能、关联功能和节奏功能；
在实词中增设了"类别词"以区别于一般量词，并取消了词的活用和兼
类；在"句法"一节论述了古汉语句法的基本特点：意合、简约和同构。

其二，教材对古代汉语研究传统作了科学阐释。以往的古代汉语教材
教材对传统语言研究很少作理论上的探讨。在一些编者看来，传统语文理
论难以用现代语言学的"语言"来表述，因而也就难以掌握和传授。《新
文化古代汉语》的编者则认为，传统语文理论中蕴含着对汉语本质的深刻
认识。这种认识经过现代清理，能够用科学的范畴和语言表述出来，并提

供一个汉语现代化的基础。让学生了解、掌握中国语文传统的理论和方法，是古代汉语教材必不可少的内容。例如在"训诂和古注"一节中，编者系统地梳理了训诂学的方法，深刻分析了"以形索义"方法的理论依据和必备条件，"因声求义"方法的理论前提和所涉及的古音学成果，"比较互证"方法的系统性原理和实施关键，等等。这些内容在一般教材中大多不涉及或即使涉及也语焉不详，而《新文化古代汉语》凭借扎实的语言学功力，将这些专业性很强的内容叙述得深入浅出，有条不紊。

其三，教材揭示了古代汉语和古代文学的内在联系。古代汉语教材的主要授课对象是中文系学生。历年来中文系使用的教材或是语言类，或是文学类，很少将语言和文学联系起来在理论上探讨二者的关系，更少将语言的发展规律和文学的发展规律联系起来，考察二者的内在联系。不少有识之士都曾呼吁在中文系的教学中将语言和文学有机结合，然而目前在这方面既缺乏系统的研究，更未能将这种研究的成果形成教材。《新文化古代汉语》在语言与文学的结合上作了大胆的尝试，开风气之先。它专设了"古代汉语和古代文学"一章，首先从"语言是文学的形式导引"和"中国文学史的语言底蕴"两个方面入手，在理论上阐明了语言与文化的内在联系。其中涉及当代语言理论、文学理论中的许多新知识、新观点。例如教材引述了美国语言学家萨丕尔对文学的定义："对我们来说，语言不只是思想交流的系统而已。它是一件看不见的外衣，披挂在我们的精神上，预先决定了精神的一切符号表达的形式。当这种表达非常有意思的时候，我们就管它叫文学。"由此，教材指出，文学的形式是被语言预先决定了的。文学家往往以为文学的天地是可以自由徜徉的，艺术的表达是非常个性化的，并没有什么内在机制在引导他、制约他。然而，当他的作品被译成别的语言时，冥冥之中的内在形式限制就显露出来了。如劳伦斯的小说，其原文读来如优美的散文诗，有文学意象所引发的种种联想和感受，形成了作品固有的节奏感，使得本不相连的句子之间产生了内在的和谐。而在译成中文时，"信"则语句支离破碎，不合汉语表达习惯；"达""雅"则原文、神韵俱损，美则美矣，但已换了一种精神格局。读者感受的已是中国文化的意境。这个问题在中国文学作品的翻译中表现得更为明显。由于汉语的表达和理解中以神统形、主体参与意识强的浓郁的人文精神，汉语文学具有强烈的"排译性"。因此，"文学是语言的艺术"对于文学家来说，是一个浅近得近乎常识而又深刻得莫名其状的命题。文学家难以想象他的一切表达都是通过他自己的语言的形式天赋筹划过的，就像他时时在呼吸那样。从这些论述可以看出，编者论述的问题具有当代人文科学的普遍意义。这就使得《新文化古代汉语》教材具有很强的现代文化意义。它为读者展示了一个作为"新文化"的古代汉语的崭新知识结构。这不仅是对《古代汉语》教材的旧范式的突破，而且是对古代汉语学科研究的新的挑战。

在"古代汉语和古代文学"这一节中，作者以诗歌为例，阐述了文学形式与语言结构的深层一致性。在讨论诗歌形式与语法演变的关系时，教材论述了原始语言的诗性特征，偶数字句诗体、语法的发展，奇数字句诗体、语法的发展，长短句式诗体诸问题。在讨论诗歌格律与语音发展的关系时，教材论述了民族语音系统对民族诗律的制约、汉语语音特点与古典诗歌格律、汉语语音演变与汉语诗律的演变。在讨论汉语音律形象与汉语音韵的人文理据时，教材论述了古典诗歌的深层结构、汉语词音的象征功能、汉语词汇的衍声象意等。此外，在《基本理论》中论述古汉语音韵的一章中，教材打破了以往教材就音韵论音韵的套路，将音韵与韵文结合起来，亦即与古代文学作品中的韵文体裁结合起来，由近代上溯古代，逐节讨论了近代音和元曲、中古音和诗词格律、上古音和先秦两汉韵文的关系。这种语言与文化的有机结合，扩大了中文系学生的语言文学视野，并体现了一种文学研究中的语言意识和语言本体论思想。由此，这本教材在理论上站到了当代人文科学的前沿。

其四，教材系统地介绍了古代文化典籍知识。以往的古代汉语教材在内容上的一个很大的疏漏，是不系统介绍古代文化典籍方面的知识，以至于中文系的学生对古代书籍形态的演变、版本目录、经史子集、类书及丛书方面的了解十分零散，一知半解。而如果没有对古代文化典籍的较为系统扼要的了解，会极大地限制学生今后的学习与研究。为此，《新文化古代汉语》又开风气之先，在《基本理论》中专列了"古代文化典籍"一章。其中"古代书籍形态的演变"一节介绍了金刻、石刻、简策、缣帛、雕版与活字，"古代文化典籍概论"一节中介绍了经学著作、史学著作、诸子百家、诗文集、类书、丛书。举凡重要的文献学知识和典籍作品，此节都作了扼要的叙述。这使学生在较短的篇幅里对古代文化典籍有了提纲挈领般的了解，并能将所读的文献迅速归入典籍总体的分类系统中，加深对古文的认识和理解。

其五，教材增加了怎样翻译文言文的内容。这是这套教材的又一个创举。文言文的翻译问题，在以往的古汉语教材中都未作为一个问题提出来，只让学生在阅读理解中自行体会，"神而明之"。而对于一个现代文科大学生来说，准确而顺畅地翻译古文是一项重要的基本功。但翻译不是一个"随文注释"的操作过程。翻译本身是一门学问。它有自身的规律和方法。尤其在古文翻译中，前人大量的实践已总结出丰富的经验，摸索出科学的规律。古代汉语教材既然回避不了翻译的问题，既然许多古汉语理论归根结底都落实到翻译上来，那么在教材中较为系统地论述古文今译的理论和方法就是十分必要的。《新文化古代汉语》以专章讨论了文言今译的意义和标准，文言今译通向"信达雅"的途径。此教材在总结前人翻译实践的基础上，将古代汉语文字、音韵、训诂、语法、修辞、文化常识方面的知识综合运用，辅以大量翻译实例，有效地提出并解决了学生在古文翻译中常见的一系列难题。学生在经过一定的古文阅读理解实践后，把具体问题上升到理论，就会对文言翻译的规律和方法有深切的体会，从而更自觉地指导翻译实践。

其六，教材增加了怎样写作文言文的内容。《新文化古代汉语》首次以专节论述了如何写作文言文的问题。文言一向被视为一种"死"的语言。它是解读的对象而非实用的工具。文言的这种"古董"地位，肇始于五四新文化运动对文化传统的鞭挞、讨伐。文言的失落在某种意义上造就了接近欧化语和口语的现代语文。其极致就是"文革"时期大俗大野的造反语言。改革开放以来，随着精神文明和物质文明的发展，浅近的文言又渐渐流行起来。人们渐渐发现，文言不仅仅是一种古代的表达手段，而且是一种具有悠久历史的传统道德修养情操的存在方式，是人际关系和谐的重要媒介。当理论界刚刚开始这方面的反思的时候，始终处在实践第一线的编写《新文化古代汉语》的古汉语青年教师和研究生已经具有了比较自觉的文言现实性的认识。《新文化古代汉语》在《基本理论》中写进了文言文写作的内容。教材从近义词的选用、词语的活用、单音与复音、表敬形式、现代事物的表达、虚词的选用、句法结构这些专题入手，论述文言文语句的表达；又从文气的体现、崇尚实录、修辞方式的选用、叙事和议论这些专题入手，论述文言文的篇章组织，由此将文言文写作中容易碰到的难题一一化解。更有意思的是，这一节末尾附了一篇学生写的文言文习作以为示范。该文题为《冬雪》，立意独到，文笔甚佳，以"现身说法"之形式引起学生对文言文写作的浓厚兴趣。

《新文化古代汉语》是我国高校古代汉语教材从思想到体系的重大变革。与以往的教材相比，它更注重传统，又更具有现代感；更关注古汉语的文化内涵，又扩大了古汉语的人文科学视野；理论上更为精粹，实践上又更为实用。

在《新文化古代汉语》教材出版不久，另一本以文化语言学视角撰写的语言学教材《语言学纲要》①**在复旦大学出版社出版了。**

"语言学概论"是我国高等院校中文系的一门基础课。长期以来，这门课程的教材一直沿用着西方语言理论的框架。尤其在结构主义语言学引进我国以后，语言学概论课程的教材基本上以索绪尔的《普通语言学教程》的理论框架为基础。《语言学纲要》（复旦大学出版社版）认为，这个框架存在很多问题。

首先，结构主义语言学只是语言学发展中的一个流派，它的理论框架并不具有金科玉律的价值。在西方语言学的诸多流派，如生成语言学、功能语言学、社会语言学、人类语言学、认知语言学等学派中，结构主义语言学的理论框架对语言的解释能力并不是最好的，它远远没有统领一切语言理论的涵摄力。

就语言的结构本身来说，结构主义语言理论关注语言的形式，却忽视了语言更本质的内涵：意义和功能。这不仅使结构主义的工作烦琐化，而且使结构主义的分析远离语言的表达内容，以至于人们不得不说结构主义不是在"发现结构"，而是在"制造结构"——制造与内容貌合神离，甚

---

① 申小龙主编《语言学纲要》，复旦大学出版社，2003。

至歪曲内容的"结构"。

就语言的性质来说，结构主义剥离了语言的社会文化属性，把语言视为一个形态标志自立、结构形式自足的整体，这严重偏离了语言的本质。语言本来就是一种社会文化现象，然而，当结构主义"提纯"语言之后，语言学就成了一种类似自然科学的形式科学，以至于后来真正研究作为社会、文化现象的语言的语言学，不得不特别注明为"社会语言学""文化语言学"。任何科学研究为了理论上的彻底性，都需要强调研究对象诸多要素中的一些而舍弃另一些，但结构主义舍弃的是对于语言具有根本意义的东西，用一个规则有序的形式描述代替语言的真实含义。这在从现代主义到后现代主义的当代文化发展中，已日显其陈旧。

其次，索绪尔的理论框架在语言学理论的研究与教学中已经引发了诸多质疑。例如关于语言和言语的区分，索绪尔认为语言交际的过程就是一个概念通过语词的声波从甲方传递到乙方的心理感应过程，语境在这一过程中完全不起作用。然而，人们有可能对语言施行情境隔离吗？每一个人说话都有其交际目的，每一句话都有其表达功能，交际目的和表达功能都是和语境紧密结合在一起的。没有脱离语境单纯存在的语言。

索绪尔说："我们认为外部语言现象的研究是有利的；但是，以为没有它们人们便不能认识内部语言组织，那可就不对了。……一般说来，未必要去认识一种语言发展的环境。"① 然而正如洪堡特所认为的："语言就其真实的本质来看，是某种连续的、每时每刻都在向前发展的事物。""在我们习惯于称之为语言的那一大堆散乱的词语和规则之中，现实存在的只有那种通过每一次讲话而产生的个别的东西；这种个别的东西永远是不完整的，我们只有从不断进行的新的活动中才能认识到每一生动的讲话行为的本质，才能观察到活语言的真实图景。语言中最深奥、最微妙的东西，是无法从那些孤立的要素上去认识的，而是只能在连贯的言语中为人感觉到或猜度到（这一点更能够说明，真正意义的语言存在于其现实发生的行为之中）。一切意欲深入至语言的生动本质的研究，都必须把联贯的言语理解为实在的和首要的对象。而把语言分解为词和规则，只不过是经科学

---

① 索绪尔：《普通语言学教程》，江苏教育出版社，2002，第 24—25 页。

剖析得到的僵化的劣作罢了。"①

关于语言符号的任意性问题，大量事实，尤其是汉语和汉字的事实说明：语言符号施指和受指的联系，存在一个文化中介，是特定民族文化选择的结果。它综合地反映出客观世界、一个民族的认知能力、发音能力和语言系统本身的制约性。所谓"任意性"，是音义联系中文化中介（或曰"可论证性"）的轨迹被漫长的语言历史磨灭的结果。它只是一种"共时表象"或曰"共时假象"。这种假象，出于技术的原因，可以作为本体做横平竖直的技术处理，但如果因此认为语言符号的音义联系本质上就是没有理据的，那只能是形式主义的虚妄。一个语言符号的形成，必然有其精神、心理、文化及生理、物理环境的成因。社会的约定俗成，也必然是一种理性行为。

《语言学纲要》（复旦大学出版社版）认为，人类各民族的语言，其原样式是千姿百态的。在这个意义上，语言对世界的"格式化"几乎是任意的。这种任意性表现为语言符号施指和受指的联系的独特性，即唯一性。也就是说，没有任何两种语言在某个符号的受指范围上是完全一致的。但这种任意性恰恰证明了各民族语言对世界范畴化的文化属性，亦即联系语言符号施指和受指的文化中介的存在。

关于符号的价值理论，索绪尔强调了符号的外部差别性，即符号不是它以外的其他东西。索绪尔认为符号的外部差别可以创造特性和价值。但一个符号的价值不仅在于它不是别的东西，更在于它是什么东西。这个"是"，是符号自身的本质特征，是它的具有历史文化渊源的内容。一个符号和其他符号区别开来，首先是由它的"是"即实体特征决定的。如果关系可以决定一切，那么语言和语言研究除了关系公式还能剩下什么？这样的语言还是人类的精神家园吗？这样的语言研究还是人文科学吗？

语言随社会的发展而发展，社会的千变万化、新事物的层出不穷，都在语言上反映出来。如果符号的价值仅仅在于系统内部的关系，那么语言系统势必无法接纳新成员，更无法发展，因为关系价值的能量总和是不变

---

① 洪堡特：《论人类语言结构的差异及其对人类精神发展的影响》，转引自姚小平《洪堡特——人文研究和语言研究》，外语教学与研究出版社，1995，第121—122页。

的。事实上，一个新符号在进入系统之前就已经具有了经验的价值。它是在人类发展的新的经验的基础上创造出来的，同时符号在系统中又获得了关系价值。这两种价值并不是相互排斥的。

语言学是研究人类语言的科学。说到人类语言，它首先不是一个自然科学的概念，而是一个人性和文化的概念。运用象征的能力或者说符号化能力使人类超越了其他动物，建构起文化模式，而语言正构成了人的最直接的象征世界和最重要的文化环境。它直接塑造了人的文化心理，是人之所以为人的本原所在。《语言学纲要》（复旦大学出版社版）认为，高校的"语言学概论"课，首先必须立足于语言的人文属性，才能使教学真正触及语言深广的精神和历史文化内涵。而以索绪尔的语言理论为基本框架，对语言作"无事物"的处理，只能与这样的教学目的南辕北辙。为此，《语言学纲要》（复旦大学出版社版）主张消解长期沿袭的"语言学概论"课的结构主义理论框架，将这门课程的重点放在对语言本质的探讨和对语言基本要素的深入分析上，在理论上呈现一种开放和不拘一格的状态，举一反三，使这门课程较充分地反映语言的人文和社会内涵。

高等院校中文学科的基础课程"语言学概论"，是一门讲述普通语言学基础理论的课程。以往，这一课程的全部理论几乎都来自西方语言学。这一"习惯"做法，隐含着两个语言学假设。

其一，语言不属于文化范畴，人类各民族语言的基本规律是相同的。西方语言学理论"放之四海而皆准"。

其二，语言学理论不属于文化范畴，人类各民族的语言理论中，西方语言学理论是唯一科学的。

可以说，我国整个现代语言学理论是建立在这两个假设的基础上的。从事现代语言理论建设的学者也不否认语言是一种文化现象，但这仅仅是从语言作为文化的载体的意义上来说的。也就是说，语言是一种工具、一面镜子，它反映文化，但本身不具有文化的属性。具体来说，语言和文化的关系就类似"南北朝人名与佛教"的关系，即"某一民族的某种文化现象在这个民族的语言里有所表现，或者倒过来说，某一民族的语言里有某种现象可以表示这个民族的文化的某一方面"。然而事实上，语言之于文化，其关系远不止于此。

普通语言学的奠基人、德国语言学家洪堡特曾认为语言有两种功用。一种是纯科学的、日常生活的，比如一个人命令另一个人把树砍倒。这样运用的语言语义比较单纯，例如"树"的词义只指具体的树干，它反映的精神活动是分散的、孤立的，它服务的目的是片面而有限的。一种语言如果仅仅用于这种目的，它的发展就会受到很大的限制，尤其当语言仅仅用于科学目的的时候，它连日常语言运用中尚存的一点"感觉和热情"也所剩无几了。

语言的另一种功用是和思想、感觉的整体相联系的。就像"树"这个词出现在文学作品中，它的词义不再单纯，而是充满着与"理解者的不同情绪和感受"相关的丰富的内涵与联想。这个时候，民族精神和思想对语言运用产生强大的影响，"一个民族对世界的独特的感觉和看法"在语言中得到了充分的表述。"一旦人在心灵中真正感觉到，语言不仅仅是实现相互理解的交流渠道，而且也是一个实在的世界，即一个精神必须通过内部创造活动在自身和事物之间建立起来的世界，他便走上了一条恰当的道路，能够不断地从语言中汲取到新的东西，不断地把新的东西赋予语言。"[①] 显然，这种语言与文化精神的贯通，与人文精神的相互塑造、相互作用，才是语言分析和研究的意义所在！

当代新洪堡特学派的代表、德国语言学家魏斯格贝尔对语言的民族性有高度的评价。他认为从群体来说，语言是一个群体的文化财富和精神力量，这种力量决定了人类的历史和发展。从个体来说，一个孩子从出生之日起就进入了民族语言流，他的母语决定了他一生的精神格局和语言行为。因此，对于一个民族来说，语言绝不是简单的交际手段。语言的这种精神与文化内涵，使语言与语言之间在结构上的差异具有巨大的哲学、文化学、美学甚至法学的意义。每一种语言都可以视为人类观察世界、认识世界的一条途径。这种途径如果只有一条或很少的几条，那么人类认识世界的可能就非常有限，人类看待世界的样式就难免片面和主观，狭隘而自闭。语言种类多则意味着世界观的丰富多样。人类可以从不同角度、运用

---

① 洪堡特：《论人类语言结构的差异及其对人类精神发展的影响》，商务印书馆，1997，第206页。

不同方法去观察世界、认识世界。如果说语言仅仅是工具，仅仅是可以做技术分析的形式，看不到语言形式的文化规定性，看不到语言与民族精神的结构通约，我们就无法深刻把握语言的本质，我们就失去了一条通向民族文化心理结构、通向民族心灵深处的重要途径。

这样看来，作为人类各民族语言的一般理论的普通语言学，应该把理论的基础建立在对各民族语言文化差异充分理解的基础上。普通语言学要获得普遍意义，就要关注各民族语言的独特性。当然，要做到这一点非常不容易，因为任何一个自然科学家都可以声称是他的研究领域中所有对象的专家，但没有一个语言学家可以声称是人类各种语言的专家。这正是由于"言语这种人类活动，从一个社会集体到另一个社会集体，它的社会差别是无限度可说的，因为它纯然是一个集体的历史遗产，是长期相沿的社会习惯的产物"①。但我们并不因此而可以无所作为，盲目认可西方语言学理论在汉语研究中的合法性。作为中国的语言学者，我们至少应该在普通语言学理论中提出基于汉语汉字事实的理论。我想，这应该是我国高校"语言学概论"课程的应有之义。这同时对基于西方语言的普通语言学理论也是一种修正。正如陈望道所说："一般语言学的理论到目前为止还没有能或者说很少能充分地、正确地概括世界上使用人口最多、历史极其悠久、既丰富又发达的汉语事实和规律。"②

我国高校的"语言学概论"课程很少提理论创新。因为所谓的"创新"，在西方语言学理论的主导下，充其量不过是"紧跟"的代名词。如果我们离开上述两个假设，"语言学概论"课程的理论创新就有了全新的意义——提出新的基于汉语汉字事实的理论，在引进西方语言学理论的基础上，重新修正和整合普通语言学理论。这正是文化语言学视角下的《语言学纲要》（复旦大学出版社版）的追求。

在《语言学纲要》（复旦大学出版社版）出版后十年，高校语言学基础课在文化语言学的视角下又编写出新的版本《现代汉语》：上海外语教

---

① 萨丕尔：《语言论》，商务印书馆，1964，第 3 页。
② 陈望道：《文法简论》，上海教育出版社，1978，第 114 页。

育出版社出版了申小龙主编的《现代汉语》。至此，语言学专业的三门基础课都出版了文化语言学视角的教材：《新文化古代汉语》、《语言学纲要》（复旦大学出版社版）、《现代汉语》（上海外语教育出版社版）。

《现代汉语》（上海外语教育出版社版）认为，高等学校《现代汉语》课程是一门重要的基础课。要让已经掌握了母语，并且已经在高中阶段经过了语文课严格的知识训练的大学生，对这门课程产生兴趣，受到启发，并有举一反三的感悟和能力，我们的《现代汉语》教材就需要在以下几个方面下功夫。

其一，《现代汉语》要深入阐释汉语的文化内涵，把这门单纯的语言知识课，改造为从语言文字的视角观察中国文化的特征、理解汉民族的思维方式、贯通人文科学各领域研究的课程。

其二，《现代汉语》要广泛涉及汉语的社会运用，直接面对生动丰富的当代语言文字生活实践，将抽象的语言理论和作为社会现象的语言存在和发展紧密联系起来，深刻揭示语言的社会性，使学生强烈感受到语言是我们观察社会现象的一面清晰的镜子，一个犀利的视角。

其三，《现代汉语》要在汉外语言比较中帮助学生更深入地理解汉语汉字的性质和规律。现在的大学生大都熟练掌握一至两门外语，我们对汉语的分析应该充分利用学生的外语知识和语感，使其在对比中认识不同语言共性的东西和个性的东西，在多语言背景中融会贯通语言知识，体验人类语言文化的丰富性。

其四，《现代汉语》论述的汉语，是大学生们每天都在创造性运用的母语。它凝聚着同学们的嬉笑怒骂、喜乐哀愁，从最阔大的志向到最细腻的感情。因此，现代汉语教材，要最大限度地亲近大学生的语言和语言生活，让同学们从身边最熟悉的语言中发现母语的奥妙，认识自己民族的语言存在，洞察自己的生存环境。

其五，《现代汉语》教材，要培养学生热爱母语、热爱家乡方言、热爱中国文化、热爱家乡文化的博大情怀。我们的教材讲授的是汉民族的标准语——普通话的原理，但普通话的血液和营养来自丰富多彩的汉语方言。我们的大学培养的是现代化人才，这不仅意味着我们的学生要掌握好标准语，而且意味着我们的学生要传承好家乡方言，要尊重和热爱中华民族语言文化的多样性，要尊重和理解社会方言的多样性，要对普通话和家乡话有强烈的文化身份的归属感。

其六，《现代汉语》教材在内容上要和高中语文学习拉开距离。这并不是说《现代汉语》教材要多么专业。从现有的教材来看，过于专业的知识在教学中效果并不好，这些内容应该留给不同的选修课。但现有教材更多的内容是和中学语文教学重复的，这就容易引起学生的厌倦。因此，大学《现代汉语》教学与高中语文重叠的部分应点到即止，而将更多的空间让给开拓学生社会文化观察思路，引起学生强烈共鸣的内容。这些内容应该既有生动的抽象，又有充满生活气息的感性。

大学生由单一的高中语言环境，进入大学的多元语言环境，是人生道路上的重要转折。陌生的多元语言和方言，既给同学们带来惊诧、不安，甚至孤独感，又给同学们带来全新的文化体验，成为成长的重要契机。当大学生在不断的冲突中培养多元文化的视野和宽容、健全的人格之时，《现代汉语》课程应在这一过程中以深厚的人文情怀帮助学生学会理解差异，学会尊重差异，懂得热爱生活，懂得饮水思源。

现代汉语教材林林总总，但所论述的语言知识高度同质化，且内容老化，已经不适应新时代的大学生学习现代汉语的需要。因此，从文化的新视角切入现代汉语的认识和分析，编写深度体现本土文化认同特色，同时能融会贯通现代语言学理论的新教材，正是上海外语教育出版社版的《现代汉语》教材编写的宗旨。这本教材出版后因其鲜明的特色深得使用者的欣赏和好评，在各高校现代汉语教材使用已经"饱和"的情况下，该教材由于新颖生动和深入浅出还是吸引了全国众多高校教师和学生。这本教材增加了许多一般现代汉语教材没有的新的内容。例如在"词汇"章，本教材特设"词汇统计"一节，介绍大学生关注的语言生活中年度热词、流行语、新词语的计量筛选方法，介绍"微博关键词"软件的词汇统计所显示的微博主人的思想情感倾向和性格、爱好、性别、现状乃至梦想，以及据此比照而来的与好友微博的相似度。这些内容更新了现代汉语课程的语言学知识，把语言和社会文化紧密联系在一起。目前上海外语教育出版社版的《现代汉语》教材使用的范围已遍及全国 15 个省、自治区、直辖市的高校。成都、重庆、武汉等地高校还专门就这本教材的使用召开了高校现代汉语课程教学研讨会。

《现代汉语》(上海外语教育出版社版)由复旦大学、厦门大学、中国海洋大学、大连外国语大学、内蒙古大学的语言学者联合编撰,迄今已作了两次修订,对语音、语法、词汇三章的内容作了新的增删、补缀。随着我国社会经济文化的迅速发展,现代汉语加快吐故纳新,新的语言要素如雨后春笋般成长,旧的语言要素频繁更迭。其作为一本立足于中国当代语言实践,尤其是大学生语言生活的语言学教材,对现代汉语的新发展必然十分敏感。历次修订工作,都对这本教材使用的语料作了细致的甄别,在规范、通用和创新、包容之间作了细致的平衡。编者无法保证新的语言现象一定具有持久的活力,但编者可以认定的是甄选的语料在新时期的语境中具有很强的表达功效,而表达功效是评判语言存在价值的唯一尺度。一个有价值的词语,现在用起来必然"得心应手",能够满足表达自我的需求。至于将来它是不是一直有生命力,那是整个社会和相应的语言系统在发展中的选择,谁都无法先知先觉。大浪淘沙后留存下来的语词,是生命力更强的语词,而它们诞生的前提,是人人争做语言的弄潮儿。

在《现代汉语》(上海外语教育出版社版)不断修订的过程中,国家实施中华优秀传统文化传承发展工程的意见传来了,而深入阐释汉语的文化内涵正是这本教材编写之初心。"文化是民族的血脉,是人民的精神家园。文化自信是更基本、更深层、更持久的力量。中华文化独一无二的理念、智慧、气度、神韵,增添了中国人民和中华民族内心深处的自信和自豪。"① 这本教材贯穿了对汉语汉字的文化特征的思考,注重传承中国语言文化的基因,其中重要的方面就是汉语句子建构的音乐性,以及建立在韵律基础上的汉语语法充分的功能主义。最近一次修订,通过大量、生动展示四字格句法功能的语言事实,让学生体会这一点。教材指出,气主导了中文线性组织的脉络。声气、文气最自然的节律单位"句读段"是中文句子格局的最基本的建构单位。中文的句子模式,由句读段按特定表达功能的时序铺排和事理铺排流动而成。这种流动的铺排格局,一方面遵循理性

---

① 中共中央办公厅、国务院办公厅:《关于实施中华优秀传统文化传承发展工程的意见》,2017。

的经验结构，形成散句模式；一方面生发感性的音象意象，形成骈句模式。两者此起彼伏，交互辉映，抑扬顿挫，相辅相成，流转出九曲回肠、千变万化的句法样态。而在骈散转换之间，最为自然的过渡，或者说由散入骈、由骈而散的最佳途径和最常用的单位，就是四字格。四字格是开启中文句子的散句模式与骈句模式无缝衔接、相起相生之谜的一把钥匙。只有真正理解了中文句法中的四字格，才能真正理解中文句子组织的奥秘。

为了帮助学生更好地理解本教材各章节论述的现代汉语规律和特点，适应各地高校学生的考研需求，这本教材还配套编写了《教学演示文稿》《教学参考》《思考题答案》《考研辅导题》《强化练习题》，供使用本教材的教师和学生在线讲解和学习。

此外，以文化语言学视角撰著的语言学教材还有《中国古代语言学史》（复旦大学出版社版）①。这本教材把中国古代语言学传统视为中国文化传统的重要和基础性的组成部分，把中国古代语言学的发生和发展，放在中国古代社会文化的历史发展中考察，深刻论述了中国古代语言学传统的文化特征：它以经典阐释为发生和发展的动力，以文道一体为其语言观和语言哲学，以现实理性指导其语文实践，在中国文化的思维方式和社会环境的影响下，形成了与汉语汉字结构特征相适应的历史悠久的研究规范，为人类的语言研究提供了具有独特价值和意义的学术范型。

《中国古代语言学史》（复旦大学出版社版）从纵、横两方面论述中国古代语言学学科体系的发展。从宏观历史文化的角度看，这本教材研究中国古代语言学的发展脉络，指出中国古代语言学建构于汉代，在文化阐释的框架中发展出义系、字系、方言的研究传统，又在与印度文化的交融中发展出音系的研究传统。经过近古对"汉学"传统的反思与变革，中国古代语言学在清代进入理论与方法的成熟、各门类全面发展的鼎盛期，并随西学东渐而开始其现代转型。

从微观的学术体系建构的角度，这本教材梳理了中国古代语言学各分支的范畴衍化，指出中国古代语言学学术体系由语符之学——文字学、语

---

① 申小龙：《中国古代语言学史》，复旦大学出版社，2013。

义之学——训诂学、语形之学——音韵学、语构之学——语法学、语用之学——修辞学组成。其中文字、训诂、音韵是研究的核心，语法由核心研究派生、衍化而来，修辞则在核心研究之外的应用层面展开。作者在梳理中进行了深刻的理论创新，提出了一系列新范畴和新思想。

《中国古代语言学史》（复旦大学出版社版）还专设"少数民族语文传统"一章，分节论述了"藏族语文传统""汉藏比较和藏缅语族研究""突厥族语文传统""西夏语文传统""蒙古族语文传统""满族语文传统""其他民族语文传统及多语种对译辞书"。教材首次以多元文化的视角考察中国古代语言学传统，指出这一传统由华夏多民族语文传统共同组成。各少数民族的语言文字研究既有其个性，又有与汉语文传统交融、统一的共性。

三

21 世纪文化语言学在理论上有了长足的发展。这主要表现在中西学术对话、功能句型研究和文化语言学理论创新三个方面。

文化语言学的中西学术对话，从 20 世纪 90 年代末就开始了。 北京大学英语系高一虹教授主持，将申小龙 20 篇论文翻译成英文，于 1997 年出版 *Collected Essays of Shen Xiaolong on Chinese Cultural Linguistics*（《申小龙文化语言学论文集》）[①]，目的是推动中国文化语言学与世界对话。

像 *Collected Essays of Shen Xiaolong on Chinese Cultural Linguistics* 这样主动结集和翻译本土学派的学术理论在国内出版，在我国人文科学尤其是语言学领域，还是第一次。20 年过后，高一虹教授对全书译文作了细致的修订，并列出了文化语言学重要范畴和术语的译词表，由复旦大学出版社出修订版，以促进 20 世纪 90 年代以来文化语言学中西对话继续深入。显然，在今天构建中国话语体系的历史进程中，文化语言学本土理论范畴和思想

---

① 高一虹编 *Collected Essays of Shen Xiaolong on Chinese Cultural Linguistics*（《申小龙文化语言学论文集》），东北师范大学出版社，1997。

的英文表达，已经有了新的时代意义。

2004 年，德国汉学家布里吉特·欧恩里德博士撰著的 *Wie chinesisch ist das Chinesische——Shen Xiaolong und die Kulturlinguistik*（《中文的中文性研究——申小龙与文化语言学》）一书由德国著名学术出版机构 Peter Lang 出版。这是一本厚达 460 多页的著作，封底的内容提要中有这样一段文字："上世纪八十年代在中华人民共和国形成了从语言和文化之间的紧密关系出发进行研究的文化语言学。它首先研究了汉语的特征，并用中国文化的特征解释了汉语的这些特征。申小龙是中国最彻底（激进）的文化语言学家之一。对他来说，汉语在根本上有别于印欧系语言，因此他发展了自己的句法学理论，这一理论比来自西方的语言学理论更恰当地领会了汉语句子构造的结构特征。在导引问题——中文有怎样的中文性——的推动下，本书的分析从总体上探讨了文化语言学，特别是申小龙的观点和句法学理论，并且对这个导引问题的回答最终会联系到对中文的汉学研究。"在这本书最后的结论部分，作者从一位欧洲汉学家的角度对中国文化语言学概括了七点来自西方视角的"最重要的认识"。

（1）汉语与印欧语言相比有自己特殊的语法特性，它们主要从汉语语法范畴的内涵中产生，而不能通过词形变化的形式来表明，并且只能非系统地表明。

（2）在研究汉语时应该考虑到，人们用来进行语言分析的语言学理论（语言学说也一样）在汉语的语言特征的普遍性或特殊性问题方面并无定论。在翻译时中国语言和文化与我们自己的语言和文化的同异都应该起到中心的作用，而且应当被当作原则问题思考。

（3）汉语的语言哲学不应该在空洞的空间里思索，而应对汉语的特殊性和普遍性作基本的语言学研究来支持其思考与论证。只要语言与思想的关系本身还未弄清，从中国语言的特征直接得出中国思想的特征就是成问题的。

（4）应该在两个层面上评价申小龙的文化语言学。一方面，他在句法学分析中系统性地整合了句子的功能和意义，并且由此用主题句明确指出了汉语句法与形态屈折的印欧语句法的一个有趣的根本不同。另一方面，他从意识形态的即语言学外的理由出发，努力为汉语建构一个语言哲学的上层建筑。这样做能确认中国的身份（同一性），并强化了中国的汉语与汉文化作为一边、（印）欧语系语言与文化作为另一边的差异。申小龙以这一差异为基础，为中国的文化同一性划出一道清晰的界线。

（5）申小龙的语言学研究包含很多刺激，它们虽不是新的，但却是从他自己对在汉语语言学中一些至今仍占主导地位的观念的超越中产生的，与语言学中不再将句法分析与语义学、句子的功能和语境分开的普遍潮流相适应。但申小龙对他的语言哲学的论述不是通过具体的语言材料来证明，他的论述与西方一些关于中国语言、文化和思想的理论一样思辨。

（6）文化语言学总的来说是站在某种语言学传统的基础上，它在语言的使用中研究语言，将语言视为一个更大系统（例如交际和文化）的一部分。虽然它超越了将语言理解为封闭和同质的系统的结构主义，但它没有走向"西方的"方向，比如说像社会语言学那样，不仅提出自主命题，而且提出同质性命题。就此而言，文化语言学作为一个独特的研究分支在国际上并不重要。它也没有提供一个独特的语言学的"中国"开端。但对于中国来说，文化语言学代表着诸开端之一（而不是这个开端）。这些开端反对彻头彻尾受美国结构主义影响的中国语言学的主流，努力在中国文化的语境中寻求中国语言的特性。

（7）通过文化语言学，特别是通过它最激进的代表申小龙，人们想要掀起一场语言学革命。然而，虽然全部文化语言学，特别是申小龙本人已经拿出了不少有价值的研究成果，但还不能称之为科学革命。尽管如此，文化语言学的具体成果是不容忽视的。就如我们已经看到的，汉学中所有在中国语言研究领域的种种有趣的、意义重大的讨论可以连接中国文化语言学的研究成果。

在文化语言学的中西对话中，2005 年出版的《普通语言学教程精读》①

---

① 申小龙：《普通语言学教程精读》，复旦大学出版社，2005。

在中国语言的基础上展开对西方语言理论的学术反思。这本书不把索绪尔思想的研究仅仅置于考据、校勘之中，而是以索绪尔著作的领悟为利器，锐意开新，勇敢面对汉语的语言事实，勇敢面对多样化的人类语言事实。作者认为，在普通语言学的道路上，人类还任重而道远。索绪尔的普通语言学理论为我们提供了一条通向语言事实的可能的途径，而理论相对于研究对象的真实性不在于理论的完满和绝对，而在于理论的缺陷和多元性即通向语言事实的多种可能性。

《普通语言学教程精读》是复旦大学中文系原典精读课"普通语言学教程精读"的教材。复旦大学校长陈望道是我国最早吸收索绪尔语言理论进行汉语研究的学者之一，他对索绪尔语言理论的借鉴是将它与中国语文传统融通，提出了著名的功能学说。陈望道认为："一般语言学的理论到目前为止还没有能或者说很少能充分地、正确地概括世界上使用人口最多、历史极其悠久、既丰富又发达的汉语事实和规律。"①《普通语言学教程精读》指出：联想到索绪尔在他生命的最后阶段，在与病魔顽强斗争中，开始学习汉语；联想到索绪尔在《普通语言学教程》中认为"对中国人来说，表意的文字和口说的词语同样都是概念的符号；在他看来，文字是第二语言"，因此"我们的研究仅限于表音体系，尤其是今天仍在使用的且是以希腊字母为原始型的体系"②，我们中国的语言学者，更应该立足于汉语、汉字的文化特征，提出新的普通语言学理论，极大地丰富了人类对语言的认识。这就是精读索绪尔的意义。

在文化语言学的中西对话中，翻译出版的还有美国语言学家沃尔夫的《论语言、思维和现实——沃尔夫文集》（高一虹等译）、美国语言学家萨丕尔的《萨丕尔论语言、文化与人格》（高一虹等译）、英国语言学家R. H. 罗宾斯的《普通语言学导论》（申小龙等译）等。

文化语言学在 21 世纪的一个重要发展是功能句型研究。所谓功能句型，就是在表达功能的基础上认定句子的格局和类型。我在 1988 年出版的

---

① 陈望道：《文法简论》，上海教育出版社，1979，第 114 页。
② 索绪尔：《普通语言学教程》，江苏教育出版社，2001，第 29 页。

博士学位论文《中国句型文化》中建立了功能句型的理论和分析方法。这是汉语句型研究在超越旧的欧式语法的主谓框架之后，建立汉语本位的句型系统的一个重要尝试。功能句型的基本假设是：欧洲语言的句子和汉语的句子，在思维方式上存在深刻的文化差异。欧洲语言的句子以限定动词为焦点，用焦点透视的方法组织紧密的结构关系，以对核心动词的向心关系切割句子的视域。汉语的句子以特定的表达功能统摄句子的视域，以句读段的散点流动铺排功能格局的事理关系，以功能和结构的统一显示句子的类型。

进入 21 世纪，功能句型理论和实践有了深入的发展。

从理论上说，我在《论中文句型之句读本体，功能格局，事理铺排——兼论汉语句型研究中西方概念的消解》中把功能句型三要素清晰地表述为：①句读本体——以流动的短语（句读段）为句型组织的基本单位。②功能格局——以特定的表达功能统摄句子的格局，确定句界。③事理铺排——以句读段服务于不同表达功能的事理铺排律为句子的基本格局。我认为，根据特定表达功能划分出来的句型，由于形式和内容的相对统一性，一定会在结构上呈现服务于特定表达功能的形式特征。不同表达功能的句型，其句子格局有不同的功能模块（句子成分）和组合模式。这里的功能模块，指的就是作为句子组织基本活动单位的句读段。我在《中文句子视点流动的三个向度》中更明确地提出，汉语句子的视点，相对于欧洲语言句子的静态视点，是具有流动性的动态视点。中文句子的流动，依托自然的声气单位——句读段，既在流动的顺次中体现事理逻辑，又在流动的局势中体现表达功能。这种局势，主要分为三个向度，即在表面上"流水潺潺"的句读段铺排中，因句子表达功能的不同，而有动向、名向和关系向三种不同的铺排格局。

从实践上说，复旦大学的研究团队建立了大型功能句型语料库。汉语功能句型语料库要集合的语言材料，不是自然状态的语言材料，而是经过功能标点和标注的语言材料。由于古代汉语和近代汉语文本原是没有标点，尤其是没有句号的，而我们要处理的现代汉语文本使用了欧式标点符号；其中句号的使用由于中西句子观的冲突和中文句子功能认定的相对的主体性，存在很大的自由度，因此语料库集合的语言材料无法全部直接反映汉语的功能断句，需要逐句地进行功能审核，并对审核后的句子进行分层次的类型标注。汉语功能句型语料库是一种深度加工的语料库。加工的过程和句型系统分析的过程密不可分。在断代句型系统语料库建立之后，利用语料库数据细致深入地研究汉语史各历史层次的句型系统，梳理出有充分材料实证的断代句型系统。这个句型系统，不但告诉我们汉语历史语法的句型构架，而且向我们展示了每一种句型乃至句型小类的语用频率，显示每一种句型在当时代句型系统中的价值比重。该系统在汉语史断代句型系统语料库建立的基础上，从每一类句型的断代梳理，考察该句型的历史发展趋势，探讨汉语句型系统的历史发展规律。由于有断代文本穷尽性语料分析语料库的支持，在汉语句型演变规律的研究中，该系统可以探讨句型语用频率的变化，显示每一种句型在当时代句型系统中的价值比重的消长。

汉语功能句型的研究由 20 世纪 80 年代的初创，至今已发展了 30 年。即将出版的"21 世纪中国文化语言学丛书"集中反映了功能句型的新的研究成果。其中有三大句型的专题博士学位论文《汉语主题句研究》（王小曼）、《汉语施事句研究》（王懿）、《汉语关系句研究》（曹婧一）；也有其他功能句型的专题研究，如硕士学位论文《汉语存现句研究》（刘娇）、《汉语祈使句研究》（陈斯莉）。三大句型中子类的研究，如硕士学位论文《汉语耦合句研究》（黄文静）；功能句型相关课题的研究，如博士学位论文《汉语功能句型框架下名词述谓与动词非述谓研究》（尚来彬）、硕士学位论文《现代汉语语法欧化论的全新审视》（庄黄腾）、《汉语四字格句法功能研究》（夏璐）、《汉语疑问句研究》（郝梦真）。目前功能句型的研究正深入句型与句子节律的关系层面，将汉语句法与句子节律紧密联系起来，揭示汉语句法的声气本质，对中国古代语文传统进行新的现代阐释，在扎实的基础上创造性地建立汉语本土语法理论。

21 世纪文化语言学的理论创新在中西语言比较和再汉字化两方面取得了长足的进展。

在中西语言比较方面，自 **2010** 年以来，文化语言学的一系列论文对汉语语法研究的西学范式提出了以下新的解构性的学说。

"命题性"解构　语法形式的目的是构成思想的统一体。在欧洲人看来，思想的统一性其实质是命题的统一性。语法形式的清晰和精确使得命题的统一性凸显，其要义就是所有词的语法形式都指向命题的中心，即相对于主词的谓词（核心动词）。而汉语恰恰没有这样的核心动词。汉语动词的"不作为"，出于中国人对世界认识的非切割性和非焦点化。欧洲语言句子的"切割"、句子的向心构造，都是对世界的"聚焦"认知。汉语对世界的"天人合一"、人与自然浑然一体的认知，避开了这种切割性，转而用动态的时间流类比事象发展环环相扣的过程。这对语法形式的命题性是一种积极的否定。中文在欧洲语言"命题化"建构之外开辟的独具文化特色的"去命题化"语言逻辑和理解策略，朴素而有深度。

"复杂性"解构　在欧洲人看来，正是关系的复杂才给了语法形式的存在真正的合法性。语言形式的复杂和精确联系在一起。而在中国人看来，语言形式的复杂和精确，恰恰扩大了形式的有限性，束缚或者说遮蔽了意涵领悟的不可言说性。理解本质上是一种"语境通观"，言语本质上是意义的一种触发机制。在充分的语境信息中，语言形式的"内敛"为意义的理解敞开了大门。中文的这种"敞开"，包含以神统形的言外之意，包含抑扬顿挫的乐感体认，包含谐音联想的修辞趣味。

"增生性"解构　在欧洲人眼里，语言的"增生形式"体现了语言积极促进思维的细密、谨严、繁复和规整的功效。而汉语极力避免这种增生。中文的形式哲学认为丰富的意涵最终是难以通过形式完整表达的，因此形式表达的极致就是诉诸意会和功能。与欧洲语法形式追求形式的加法不同，汉语语法形式追求的是形式的减法。欧洲人引以为傲的语法形式的增生性，在中文的理解方略中多为于语词顺序本身的"顾盼自如"中能够涵泳的关系。

"客观性"解构　欧洲语言的句法，是欧洲人面对现实世界时以独立的姿态（主客对立）和抽象的想象力构筑的一个逻辑系统。与之相对的中国人的"主客统一"的语法，则尽可能在所有的方面寻求它与真实世界的类似关系。这就造就了中文的类比逻辑。中文的类比逻辑将形式"内容化"，它不追求形式本身对内容的"梳理"和"雕饰"，不把形式的过度"演绎"加诸内容以"刺激"或"塑造"内容的"理性"。它尊重内容自身的"纹理"和"脉络"。中文的形式得到内容的高度肯定，因此内容中的不同视角都能在形式中自然无缝地衔接起来。

"唯理性"解构　在欧洲语法形式理论中，形式的精密构建和理性的系统完备互为表里，相辅相成。欧洲语言凭借语法形式获得的唯理性，在汉语这里却是一种束缚。汉语不把语言形式理性化，而更多地赋予语言形式感性、隐喻和诗意。汉语句子中成语性的四字格，在歌谣性修辞的表象之下，实际上却起着语法性的动词述谓作用。四字格的分析往往显示汉语语法学分析汉语句子时的貌合神离和捉襟见肘。一旦解构了语法分析的"唯理性"，中文四字格的功能分析就生动、贴切起来。

21 世纪文化语言学的系列论文在理论上具有很强的系统性。其不仅系统地论述了欧洲语言形式理论的内核，而且深入阐释了中文句法形式的内核，并用文化语言学自建的汉语功能句型语料库的丰富的汉语句子实例阐述中文理解对欧洲语言形式理论的解构，反映了文化语言学在文化比较中对欧洲语言形式理论和汉语句法结构的扎实的理解和洞察力。

21 世纪的文化语言学立足于自建的功能句型语料库，穷尽性地提供了中文理解的详实的例证。其包括中文动词的非动词性功能，中文叙事的"去命题化"句段铺排，中文句法组织中的预设、默认与互文，中文名词性成分的非名词性功能，中文句段之间不诉诸形式分解的依凭关联、修饰关联、视觉关联、诠释关联，中文句段铺排中的视角转换和视角杂糅，中文句子预置、中置和后置的声象背景，中文四字格的述谓性。

文化语言学在 21 世纪提出的中文理解对欧洲语法形式理论的解构，本质上是一个视角对话的问题，而之所以被称为"解构"，是因为长期以来，在中国现代语言学界，形式化分析被视为一个"科学性"的问题。文化语言学首次提出：形式化的方法，从学术理论的角度说，只是一种工具，它是为理解服务的，本身不是目的；从人类文化的角度说，它只是一种地方性知识，不具有普遍的方法论意义。

文化语言学在 21 世纪的理论创新涵盖研究视角的根本转换，范畴系统的自觉重建，对中文思维方式包括汉字思维的深切体悟，对中国语文传统的现代阐释，和毫无保留地直面中文丰富多样的第一手语言材料。这些研究深刻揭示了汉语句法不同于欧美语言的特点，提出了重构中国本土语言结构理论的崭新命题，对推动中国语言学，尤其是文化语言学的发展有重要的理论价值和深远意义。

在再汉字化方面，文化语言学在 21 世纪提出了中国语言文化研究的汉字转向。

申小龙、孟华在"汉字文化新视角丛书"总序中提出，中国历史上重大的文化和学术转型都是围绕汉字问题展开的，抓住这一点，中国学术和中国思想史的许多根本性问题就会迎刃而解。而由于使用拼音文字，西方学术界普遍将文字看作语言的工具，文字学甚至不是语言学内部的独立学科。国内学术界自五四新文化运动以来引进了西方语音中心主义的文字学立场，将汉字处理为记录汉语的工具，汉字的性质取决于它所记录的汉语的性质，汉字独立的符号性及其所代表的深厚的人文精神被严重忽视。重新评估汉语言文化的汉字性问题就是文化语言学的"再汉字化"立场。它不是简单地对传统语文学的肯定和回归，而是要求重新评估汉字在汉语言、文学、文化研究中的核心地位及其利弊，以实现中国学术与西方学术的差别化和对话：使自己成为西方学术的一个有积极建设意义的"他者"，同时使西方学术成为中国学术的积极发现者。因此，中国学术 21 世纪面临"汉字转向"的问题：汉语和汉文化的可能性是建立在汉字的可能性基础上的，这是中国学术，包括汉语言、文学、历史、哲学、文化存在的基本条件。汉字转向是中国文化语言学为世界学术提出的最为独特的东方理论视角。

20 世纪八九十年代的文化语言学，是"再汉字化"思潮的先声。文化语言学把语言学看作一种人学，把汉语言文字看作汉文化存在和建构的基本条件。作为中国现代语言学中以陈望道、张世禄、郭绍虞等前辈学者为代表的本土学派的研究传统的继续，文化语言学强调汉字汉语独特的人文精神，强调建立具有中国特色的语言学，在文史哲融通的大汉字文化格局中研究汉语，尤其注重汉语中的语文精神即汉字所负载的传统人文精神的研究。郭绍虞是最早提出汉语的字本位性的学者，文化语言学继承了这一传统，并在进入 21 世纪后逐渐汇通中国社会科学诸领域，进一步形成文化批判和文化建设两大主题。

文化批判方面的思考主要有：批评五四以来汉语研究的西方语本位立场①，五四以来现代汉语研究是"印欧语的眼光"②，将五四新文化运动归结为"去汉字化运动"③，五四以来中国学术在西方文论面前患了"失语症"④，五四白话文运动过于强调语言的断裂性；对 20 世纪以来的中国文化走向进行重估⑤，反思现当代文学中的"音本位"和"字本位"思潮⑥，对八九十年代出现的以汉字本位为特征的"母语写作"思潮进行总结⑦，《诗探索》从 1995 年第 2 期起开辟专栏，发表了大量有关"字思维"的文章。有论者认为，关于母语思维与写作的讨论，"将是我们在 21 世纪的门槛前一次可能扭转今后中华文化乾坤的大讨论"。

文化建设方面的思考主要有：强调汉字对汉语的影响及汉语的字本位性质，提出文化语言学理论、汉字人文精神论（代表人物为申小龙⑧）；提出字本位语言理论（代表人物为徐通锵⑨、苏新春⑩、潘文国⑪）；提出或倡导文学的"字思维"原则（代表人物为汪曾祺⑫、石虎⑬、王岳川⑭）；提出汉字书写的"春秋笔法"是中国学术的话语模式（代表人物为曹

---

① 申小龙：《人文精神，还是科学主义？——20 世纪中国语言学是思辨录》，学林出版社，1989。

② 徐通锵：《语言论》，东北师范大学出版社，1998。

③ 孟华：《汉字：汉语和华夏文明的内在形式》，中国社会科学出版社，2004。

④ 曹顺庆、李思屈：《重建中国文论话语的基本路径及其方法》，《文艺研究》1996 年第 2 期。

⑤ 郑敏：《世纪末回顾：汉语语言变革与中国新诗创作》，《文学评论》1993 年第 3 期。

⑥ 郜元宝：《音本位与字本位——在汉语中理解汉语》，《当代作家评论》2002 年第 2 期。

⑦ 旻乐：《母语与写作》，山西教育出版社，1999。

⑧ 申小龙：《中国句型文化》，东北师范大学出版社，1988；申小龙：《汉字人文精神论》，江西教育出版社，1995；申小龙：《汉语语法学——一种文化的结构分析》，江苏教育出版社，2001。

⑨ 徐通锵：《"字"和汉语研究的方法论》，《世界汉语教学》1994 年第 3 期；徐通锵：《语言论》，东北师范大学出版社，1998。

⑩ 苏新春：《汉字语言功能论》，江西教育出版社，1994。

⑪ 潘文国：《"本位"研究的方法论意义》，《华东师范大学学报》2002 年第 6 期。

⑫ 汪曾祺：《蒲桥集》，作家出版社，1989。

⑬ 石虎：《论字思维》，载谢冕、吴思敬主编《字思维与中国现代诗学》，天津社会科学出版社，2002。

⑭ 王岳川：《语言转向与理想危机》，《长江文艺》1996 年第 2 期。

顺庆①）；中国经学是"书写中心主义"（代表人物为杨乃乔②）；提出以汉字和汉语的融合为特征的"语文思维"概念（代表人物为刘晓明③）；提出中西文化的差异在于"写"和"说"、"字"和"词"（代表人物为叶秀山④）；提出汉字是华夏文明的内在形式，强调汉字与汉语的关系既是汉语的最基本问题，也是汉文化的基本问题（代表人物孟华⑤）。

"再汉字化"转向，顺应了世界学术的大趋势。当代世界学术经历了两个重要的转向，一是语言学转向，二是文字学或图像转向。

所谓语言学转向，主要表现为在文史哲诸人文领域开始思考世界存在的条件是建立在语言的可能性基础上的，文学、史学、哲学都开始关注语言问题，并从语言学中吸取方法论。文化语言学在 20 世纪 80 年代举起了中国学术语言学转向的大旗，其语言文化哲学思想在中国哲学界、文学界等人文学科领域均产生了重大影响。

所谓的文字学转向，学界一般认为肇始于法国哲学家德里达的解构主义哲学。他的"文字"概念是广义的，泛指一切视象符号，如图像、雕塑、表演、音乐、建筑、仪式等，当然也包括汉字、拉丁字母这样的狭义文字。德里达的基本观点是，现实、知识、真理和历史的可能性是建立在"文字"的可能性基础上的。因此，文史哲领域相关研究者在考虑研究对象的存在条件时，由对其语言性的思考再进一步转向对语言、文字、图像三者关系的思考。因为现实、历史和知识不仅仅是以语言为存在条件的，文字、图像也同等重要（在今天的"读图时代"尤其如此），而且更易被忽视。在世界文化格局中，汉字是一种极为独特的符号系统，它处在语言和图像中间的枢纽位置。它既具有图像符号的视觉思维特性，又具有语言之书写符号的口语精神。中国文化的汉字本位性一方面抑制了中国传统文化的图像思维，另一方面抑制了汉语方言的话语精神，汉字自身替代了图

---

① 曹顺庆：《"〈春秋〉笔法"与"微言大义"——儒家经典的解读模式及话语言说方式》，《北京大学学报》1997 年第 2 期。

② 杨乃乔：《悖立与整合》，文化艺术出版社，1998。

③ 刘晓明：《"语""文"的离合与中国文学思维特征的演进》，《中国社会科学》2002 年第 1 期。

④ 叶秀山：《美的哲学》，人民出版社，1991。

⑤ 孟华：《汉字：汉语和华夏文明的内在形式》，中国社会科学出版社，2004。

像、话语，成了中华民族历史、文学、知识、思维、现实存在的最基本条件。这就是汉字的"本位性"问题。该问题构成了中国学术、中国文化最核心和最基本的问题，学术界和文化界对该问题的觉醒和重新阐释，就是"汉字转向"或"再汉字化"。中国文化语言学在引领中国 20 世纪末的"语言学转向"之后，再次擎起"文字学转向"的旗帜，这是时代所赋予的不可推卸的历史责任。

以"再汉字化"为宗旨的汉字文化新视角研究，具体围绕以下主题。

第一，汉字文化特性的研究。①

第二，汉字的语言性研究。②

第三，汉字的符号性研究。③

第四，汉字书面语研究。具体分为三个层次：现代汉字书面语的历史发展研究。④ 现代汉字书面语的文化特性研究。⑤ 现代汉字书面语的网络形态研究。⑥

申小龙在 2013 年发表的《中国语言文化研究的汉字转向》⑦ 一文中指出，中国文化语言学提出汉字在中文表达、理解中的核心作用、汉字的特征决定中国古代语言学的特征、以字学为中心的中国语言与文化，表明中国语言文化研究在一个世纪的"去汉字化"的历程之后，"再汉字化"的世纪转向。这一转向的本质就是在中国文化的地方性视界和世界性视界融通的过程中，重新确认汉字在文化承担和文化融通中的巨大功用和远大前景。

在中国语言文化研究的汉字转向这一论域，另一项重要的研究成果是"十二五"国家重点图书《汉语汉字文化大辞典》。这本词典集中了全国各地高校整整一代（20 世纪八九十年代的青年）语言学者，历时 20 多年辛

---

① 参见申小龙等《汉字思维》，山东教育出版社，2014。

② 参见苏新春《汉字的语言性与语言功能》，山东教育出版社，2014。

③ 参见孟华《汉字主导的文化符号谱系》，山东教育出版社，2014。

④ 参见武春野《北京官话与汉语的近代转变》，山东教育出版社，2014。

⑤ 参见朱磊《书写汉语的声音——现象学视野下的汉语语言学》，山东教育出版社，2014。

⑥ 参见申小龙、盖建平、游畅《中国网络言说的新语文》，山东教育出版社，2014。

⑦ 申小龙：《中国语言文化研究的汉字转向》，《北方论丛》2013 年第 6 期。

苦编撰,是 20 世纪八九十年代中国语言学青年思潮的一个重要成果,也是中国文化语言学又一项具有里程碑意义的创获。这本词典最初由广西教育出版社副总编李人凡在 1993 年到上海约我组稿,随后我和李人凡、苏新春、陈五云、黄海波、黄南津、玉石阶、雷汉卿、李葆嘉、刘明纲、木霁弘、王建华、肖贤彬、臧克和共同组成了编委会。我们设计了独具一格的编写思想和编写体例,具体来说,就是将文化语言学"一个汉字就是一部文化史"的理念落实到每个字及其组合的文化阐释。以"竹"这个字的条目为例:

竹 zhú,张六切,入声,屋韵,知母,金文竹竹像两竿竹枝,竹叶分成两片之形。一种多年生的禾本科常绿木质长秆植物。《诗经》中已有记载:"瞻彼淇奥,绿竹猗猗。"(《诗经·卫风·淇奥》)因其秆直多节、坚硬挺拔、冬夏常青,被用来象征有节操、有骨气、正直、坚贞;又因其节间中空,被用来象征虚心好学。竹和梅、兰、菊一起,被誉为花木中的四君子。竹别名"此君"。《世说新语·任诞》:"王子猷(徽之)尝暂寄人空宅住,便令种竹。或问:'暂住,何烦尔?'王啸咏良久,直指竹曰:'何可一日无此君?'"后以"此君"代称竹。例如:"此君讬根幸得地,种来几时闻已大"。(岑参《范公丛竹歌》)竹的幼芽称"竹笋",又名"竹萌"。《尔雅·释草》:"笋,竹萌。"苏轼《送笋芍药与公择》:"故人知我意,千里寄竹萌。"竹枝根末端所生新枝称"竹孙"。范成大《石湖书事》:"菱母尚能瘦,竹孙如许长。"竹的根部称"竹母"。赞宁《笋谱》:"今吴会间八月,乡人往往掘土采鞭头为笋,向市而鬻,然终伤损春笋,而且害竹母。"竹子所结之实称"竹实",又名"竹米"。《韩诗外传》:"凤乃止帝东国,集帝梧桐,食帝竹实,没身不去。"古人以竹记时,如栽竹之日为"竹醉日"。范志明《岳阳风土记》:"五月十三日谓之龙生日,可种竹,《齐民要术》所谓'竹醉日'也。"又名"竹迷日"。竹笋成熟期为"竹秋"。彭大翼《山堂肆考时令》:"二月为竹秋。"古人以竹记事,用竹简、竹纸、竹笘、竹素等书写文字。家书称为"竹报",有"竹报平安"的吉祥用语。书籍称为"竹书",有《竹书纪年》、

《竹书统笺》等古籍。古人以竹名士。晋人张鹰隐居竹林，称为"竹中高士"。三国魏末陈留、阮籍等七人常宴集于竹林之下，称为"竹林七贤"。唐李白、孔巢父等六人居竹溪纵酒酣歌，称为"竹溪六逸"。竹的用途广泛。用来制作管乐器，吹奏竹管乐器的乐工称为"竹人"，弦乐与管乐称为"丝竹"；用来制作器物，竹几称为"竹奴""竹夫人""竹夹膝""竹姬"，竹轿称为"竹兜""竹篼"，竹笠称为"竹巾"，竹冠称为"竹皮冠"；用来建筑，竹造的宫室称为"竹宫"；用来纺织，竹练麻所织之布称为"竹布""竹练布"；用于水利，以竹架楼的引水槽称为"竹龙""竹笕"。竹喻义广泛。"竹苞松茂"比喻根基稳固，枝叶繁茂。"竹头木屑"比喻事物细致。民间有"竹篮打水——一场空""竹竿子钓月——差得远""竹篮装笋——娘伴女""竹篙撑船——一竿子插到底""竹林失火——一派光棍儿""竹子长杈——节外生枝""竹筒子倒豆——一倒就光""竹刺扎着屁股——坐立不安""竹林试犁——寸步难行""竹筒里爬长虫——直出直入"等说法。

20多年过去，这本辞典的大多数作者现在已是全国各省市高等院校的语言文字学教授、博士生导师，其中一半以上是语言学各专业领域领衔的专家。这样的编写队伍在国内语言文字学辞书中难得一见。20年里，福建教育出版社的领导换了一届又一届，编委会中近一半成员都已经退休，《汉语汉字文化大辞典》最终经过了三校，交给6位常务编委最后审稿，即将在2020年出版。

《汉语汉字文化大辞典》收录了4000余条富有汉文化特色的字词。它是我国第一本系统介绍汉语汉字的文化含义的大型工具书。它用扎实的汉语言文字研究功底，以基础汉字为核心，系统、深入地串联相关文化史的丰富内容，为读者打开中国文化的一扇扇风光旖旎的字义、字系、字组、字句贯通的窗口。在当前大力弘扬中国文化传统精华的新形势下，这本辞书的出版将大大增强各界读者，尤其是人文科学界、教育界、广大大中小学学生的文化自信和文化自豪感，促进我国文化教育事业和语言文字研究的发展。

20 世纪八九十年代中国语言学的青年思潮及其发展，是中国人文科学从 20 世纪末的思想解放走向 21 世纪的本土文化自信和文化自觉的缩影。

在依靠西方理论体系建立和发展中国现代语言学的道路上，中国知识分子没有停止过对"汉语特点"的思考和探索。但直面这个事实远不如想象的那么简单，因为它牵涉到研究视角的根本转换，牵涉到范畴系统的自觉重建，牵涉到对中文思维方式的深切体悟。

展望未来，新一代的青年语言学者将同时具备对欧洲语言和中文的深刻感知和理解，对欧洲文化和中国文化的深切感知和理解，把语言结构和文化紧密联系起来，充分尊重原生态的汉语事实，努力发现现有研究未曾面对的语言事实。

新世纪的中国语言学，将对语言结构理论的"欧洲性"作深入的反思和解构，对人类语言形式理论的"普遍性"提出中文理解的不同视角及其分析实例，为建立本土化的汉语结构理论和分析方法奠定全新的坚实基础，并有力地推动具有中国文化特色的中国语言理论和方法的创造和建设。

2018 年 7 月写于复旦大学光华楼

汉语功能句型研究的理论和方法*

申小龙**

一 汉语句型研究的功能本位

在 20 世纪汉语句型的研究史上，以来自欧洲语法的"主谓结构"为框架的结构分类占了主流位置，以语气为依据的功能分类另立一隅，两者毫不相干。汉语句型研究给人的感觉是，似乎句子的功能和结构不是一个统一体，或者说，在具有不同表达功能的汉语句子之上，存在一个极其抽象的句子结构。它既不源于句子特定的表达功能，也不服务于句子的功能格局。这种在汉语中属于"无本之木"的抽象结构，它来自欧洲语法，或者说它来自以欧洲语法为基础的"普遍语法"的信念。这造成了在一个多世纪的汉语句型研究中，依据欧洲语法的结构关系（主要是欧洲语法的主谓结构关系）建立的句型系统一直占主导地位的局面。

其实汉语研究者都清楚，句子成立的基本条件是语气和语调，而非结构。例如丁声树等的《现代汉语语法讲话》就指出："无论是一个字或几

---

* 本文因篇幅关系，分成《论汉语句型研究西方概念的消解和本土句型的重建》和《论中文句型之句读本体，功能格局，事理铺排》，分别发表于《北方论丛》2012 年第 5 期和《杭州师范大学学报》2013 年第 3 期，现趁会议论文集的机会，将原文完整发表。

** 申小龙，复旦大学中国语言文学系教授、博士生导师，研究方向为语言学理论、语法学。

个字，无论是什么结构，只要独立说起来成话，就是句子。"① 张志公主编的《现代汉语》进一步指出："句子是语言的使用单位。……它是大于语素、词、词组的单位。这并不是从量上比较，而是从交际职能上比较的。一个句子可能很短，短到只有一个词，而一个词组总包含两个以上的词；但是词组也还只是造句的单位，只有成了句子才是一个在交际中使用的单位。句子的主要标志是成句的语调，有时候还需要成句的语气助词。在正常的口语表达中，句子和句子之间有一个明显较长的停顿。"② 肯定句子的成立与结构无关，接下来逻辑的展开就应该是根据句子的表达功能划分句型。张志公主编《现代汉语》把"句子的基本用途"分为四类：陈述、疑问、祈使、感叹。然而在划分句型时，却不以"基本用途"即表达功能（述说一件事、提出一个问题、表示要求或制止、表示某种感情）为标准，而是以词组结构为标准。这本教材认为"词组构成了句子，词组的成分也就成了句子的成分"，而主谓词组构成了"比较完整，比较典型的句子"，所以句型的划分分为主谓句和非主谓句。

这里有三点是值得质疑的。

第一，主谓词组构成比较完整、典型的句子，立论的依据是欧洲语法的句子框架。而欧洲语法的句子框架有清晰的动词中心和主谓一致的形态标记，它是欧洲语言的句子能够成立的形式依据。汉语并没有这样的句子形式框架。张世禄对这一点说得很清楚："在英语里的句子，只要找到'限定动词'，就找到了这个句子的谓语或谓语部分的中心词，也就找到了主谓结构里和动词形式上人称、数目协同一致的主语，因而也就掌握了整个句子里的骨干，即主语和谓语两部分。至于汉语里，可完全不是这样的情况，动词形式上既没有限定非限定的分别，也不像英语里一般句子那样总是要求有限定动词来做谓语，所以'动词谓语'之说，是根本不适合于汉语的实际情况的。"③

第二，由于汉语没有抽象的句子形式框架，就把汉语句子等同于词组，用词组分析代替句子分析，这是进一步把汉语句型的划分剥离其表达

---

① 丁声树等：《现代汉语语法讲话》，商务印书馆，1961，第19页。
② 张志公主编《现代汉语》中册，人民教育出版社，1982，第22页。
③ 张世禄：《关于汉语的语法体系问题》，《复旦学报》（社会科学版）1981年第1期。

功能，因为词组不是交际单位。回避句子的表达功能，就可以无视句子作为一个交际单位特有的不同于非交际单位词组的格局特征。正如张世禄所说："句子的成立，在汉语中，既然与结构的繁简无关，什么结构都可以成立句子，那么，所谓'句子成分'的主语、谓语、宾语、定语、状语、补语等，实际都是'结构成分'，它们都是用来组成一般的词组结构的，不应当称为'句子成分'。"[1]

第三，由于汉语句子没有抽象的形式框架，句子的功能和句子的格局是一个统一体。因此汉语句型的功能分类必然存在与特定功能相应的形式格局。其实即使欧洲语言有抽象的句子形态框架，句子的形式和功能也不是完全分离的。英语表达判断、疑问、祈使等不同功能的句子，都有相应的形式特征。

迄今为止，汉语句型的分析，走的是两个极端。一端是结构类型的分析。所谓结构类型，主要是以欧洲语法的"主谓结构"为基准，把所有的句子分为"主谓句"和"非主谓句"。然后在"主谓句"中以谓语动词为中心，分析各类成分对动词的"附加"关系。另一端是语气类型的分析，把汉语句子分为陈述句、疑问句、祈使句、感叹句等。如果说两端之间有什么联系，那就是结构类型所分析的句子大多是陈述句。其实这两端在现代语言学的眼里是两个不相干的东西，前者叫句型，后者叫句类。这样划分句型，其结构分析得不到功能的支持，成了"无本之木"，这是照搬欧洲语法句子形式框架的结果；其语气（功能）分析得不到结构的梳理，成了"无形之气"，这是被欧洲语法句子形式框架遮蔽的结果。

我们认为，汉语的句子没有像欧洲语言句子那样抽象的形式框架，汉语句型的划分应该从汉语事实出发，以句子的表达功能作为句子成立的基本要素，将功能和结构统一起来。这一理论思维的要点有三：

（1）汉语的句型是功能句型，不是结构句型；

（2）汉语的每一类句型有特定的表达功能和与之相应的形式格局；

（3）汉语的句型的下位区分依句子成分功能配合和结构关系的不同特

---

① 张世禄：《关于汉语的语法体系问题》，《复旦学报》（社会科学版）1981 年第 1 期。

点选择不同的划分视点。①

从以上三点可以看出，功能和结构统一的汉语句型划分方法是一个极其重要且有相当难度的方法论课题，是汉语句型研究在理论和方法上的重要的探索。它可以直接贯彻和验证我们对中国古代语言学的句法理论的理解，对中西语言句型差异的理解，直接架构并层层深入新的汉语句型系统。在破除了模仿欧洲语法的句子形式框架后，汉语句型的划分应该以句子的表达功能为标准，采取功能和结构相统一的分类方法。

二 汉语功能句型研究的文化比较和传统阐释

前人在中西语言句型结构上有不少比较研究的成果。这些比较有四个特点。

（1）认定汉、英两种语言在基本句型上具有一定程度的相似性或对应关系。例如汉语的"主谓句"对应于英语的 SV 句，汉语的"主系补"句对应于英语的 SVC 句，汉语的"主谓宾"句对应于英语的 SVO 句，汉语的"主谓宾宾"句对应于英语的 SVOO 句，汉语的名词谓语句和形容词谓语句与英语的 SVC 句接近等。

（2）无法对应的句型，用翻译的方法进行比较。例如汉语的"主谓谓语句"在英语中没有对应的句型，就对主谓谓语句的各小类进行翻译。这种翻译是没有规律的。

（3）抽象地谈论英语主谓之间有强制性的一致关系，而汉语没有严格意义上的语法形态变化和形态之间的照应关系。

（4）表面化地进行汉英句子成分的比较。例如英语有形式主语，汉语有"双主语"。英语作主语的代词有格变化，汉语没有；汉语"的"字结构可以作主语，英语没有。

这样的比较实际上是用英语句子的结构关系看汉语句子的结构。它在大致"同化"汉语句子结构的同时，对"大同"之后的"小异"进行浮

---

① 申小龙：《中国句型文化》，东北师范大学出版社，1988，第442—467页。

面的打扫。这样的比较再细致，也无法真正表现两种语言的差异。因为它的"大同"的框架是英语的框架。把大框架套不进的现象，视为汉语特点，这是用"例外"的办法看待汉语的特点，从本质上误解了汉语的特点。

汉语句型和欧洲语言的句型，并不是一种"大同小异"的关系。美国语言学家爱德华·萨丕尔曾这样描述汉语和欧洲语言的不同："每一种语言都像有一个基本规划或固定的体裁。语言的这种类型或规划或结构'本性'，比我们所能举出的任何单一现象都更是根本性质的，更是弥漫一切的；单只罗列零碎的语法事实并不能使我们恰如其分地了解某种语言的性质。从拉丁语到俄语，我们觉得视野所及，景象是大体相同的，尽管近处的、熟习的地势已经改变了。到了英语，我们好像看到山形歪斜了一点，不过整个景象还认得出来。然而，一来到汉语，头上的天都变了。可以把这些譬喻改说一下：所有语言各不相同，可是某些语言差得尤其大。"① 显然，中西语言句型的不同，只有从根本上进行比较，才能发现真正的差异。这个"根本"，在我看来，就是文化和思维方式。

语言是一种文化现象，一种文化中的多姿多彩的文化样式，都是按该文化特有的思维方式建构起来的。因此，只有深刻理解了一种文化的思维方式，才能对这种文化的语言结构有深刻的理解，从而避免强势文化先入为主的影响，在文化比较的意义上把握不同语言的句型特征。

为中西语言的句型比较开启一个文化的维度，这是汉语句型研究要解决的一个重要理论问题。根据我们的初步探讨，中西文化在思维方式上的五个对立深刻影响中西语言的建构。

（1）整体思维和个体思维的对立，造成中文句子的散点样态和西文句子的焦点样态；

（2）综合思维和分析思维的对立，造成中文的高语境策略和西文的低语境策略；

（3）具象思维和抽象思维的对立，造成中文的名词性意象和西文的动词性陈述；

（4）耦性思维和单性思维的对立，造成中文的骈句习性和西文的单句

---

① 爱德华·萨丕尔：《语言论》，陆卓元译，商务印书馆，2002，第108页。

习性；

（5）主体思维和客体思维的对立，造成中文的写意风格和西文的写实风格。①

从 19 世纪末《马氏文通》首次引进欧洲语法理论开始，我国现代语言学就把欧洲语法作为人类语言的"普遍语法"来接受。马建忠在《马氏文通》的后序中指出：人类各种族"或黄或白或紫或黑之均是人也，天皆赋之以此心之所以能意，此意之所以能达之理。"马建忠在研究了欧洲所谓"画革旁行"诸语言的语法后发现："其字别种而句司字，所以声其心而形其意者，皆有一定不易之律，而因以律吾经籍子史诸书，其大纲盖无不同"。因此他为中文拟就第一部现代语法的方法，就是"因西文已有之规矩，于经籍中求其所同所不同者，曲证繁引以确知华文义例之所在"。②

欧洲语法的主谓结构，是从欧洲语言句子的形式框架概括出来的。对于欧洲语言来说，从结构形式建立句型系统，有充分的形式依据。汉语的句子，可以在科技和政论文体中，大量使用欧化的主谓结构，但在文学语言以及日常口语、书信、邮件中，句子在形式上呈现一种短语（句读段）流动铺排的样态，不存在形式上的主谓关系框架。而这样的句子正是我国传统语文的特点：用文辞的长短伸缩句法，用音句（句读段）的顿进显示节律，用节律的音乐性启发意会，用内容的完整性息止义句。

中国现代语言学在形成之初就认为，中国古代语文学者是没有句法意识的。这主要表现在："夫字类与句读，古书中无论及者，古字类与字在句读所居先后之处，古亦未有其名。"③ 马建忠认为"名不正则言不顺"，而"正名"的方法，就是植入西方语法的概念，通过对"名"（术语）的"界说"，建构汉语的分析范畴和框架。而所谓"界说"，就是系统地打开分析汉语的欧洲语法视角。我们从《马氏文通》"正名"卷对汉语句法结构的界说可以清晰地看到这一点："凡所以达意，莫要于起词与语词（即主语和谓语——引者）耳。语词而为外动字者，概有止词续之。语词而为表词者，则静字其常，而名代诸字亦可用焉。至句读中所有介字，盖以足

---

① 申小龙：《汉语与中国文化》（修订本），复旦大学出版社，2008，第 210—369 页。
② 马建忠：《马氏文通·后序》，商务印书馆，1983，第 12—13 页。
③ 马建忠：《马氏文通·例言》，商务印书馆，1983，第 15 页。

实字之意焉尔。介字与其司词，统曰加词，所以加于句读以足起语诸词之意。要之起词语词两者备而辞意已全者，曰句。"① 汉语句子的形式要点被欧洲语法规范为三：

其一，汉语句子结构的主干是"主语＋谓语"；

其二，汉语句子的谓语在句子结构中起核心作用；

其三，汉语句子其他成分都附加在主干成分上而起作用。

这真是汉语句子的形式？为什么这样的形式没有在历时千余年的古文句读中表现出来？中国古代语言学真的没有自己的句法意识吗？我们认为这是汉语句型研究首先要解决的一个基础性的理论问题。从中国古代语言文学研究的文献中梳理和阐释中国语文传统的句法观，我们可以清晰地看到四条基线。②

（1）中国语文传统的结构繁简之法。西方语言结构的繁简是结构层次的增省，这是作为句子核心的单动词使然。中国古代句法不存在动词的单个中心，句法繁简的概念着眼于结构的长短。所谓结构之繁，就是顺着时序如流水般延展之繁。西方语言句子"叠床架屋"的空间关系构架化作连贯铺陈的时间事理脉络。以时间为序还是以动词的"向心"为序，反映了中西文化完全不同的视角。前者是连续的、整体的，后者是切割的、个体的。

（2）中国语文传统的结构对应之法。中国古代《周易》用阴阳交感解释外物，古人很早就有"物生有两""二气感应""刚柔相济""一阴一阳谓之道"的朴素辩证思想。汉语的句子擅长在"刚柔判象""比物丑类""引同协异"中建构。它不是为世界下一个精确的定义，而是把世界放在一种虚与实、正与反、阴与阳的映衬中加以感受。这种"文必相辅，气不孤伸"的表述，是弹性的、动态的、具体的、诗意的，充满了特定语境之下的联想和暗示，在语词意义的相互映衬中引发意会。古人从长期的语言实践中找到了一条观察、把握汉语句法的独特途径——结构对勘。当对勘顺通之时，汉语就获得了一种句法齐整的美感；当对勘阻滞之时，又顿觉一种句法参差的不安。而追求以动词为中心的关系网络的西方语言，是难

① 马建忠：《马氏文通·正名卷之一》，商务印书馆，1983，第28页。

② 申小龙：《中国句型文化》，东北师范大学出版社，1988，第1—17页。

以理解中文的结构匀称与辞意对应的。

（3）中国语文传统的结构气韵之法。与西方语言把动词中心、主谓一致看作句子形成组织的框架不同，中国语文传统把"气"看作句子形成组织的手段。古人说："文以意为主，而辞欲能副其意，气欲能举其辞。譬之车然，意为之御，辞为之载，而气则所以行也。"（张裕钊《答吴挚甫书》）在古人眼里，汉语的结构之度是声气之度，雅章之成是气势之成。气把对空间结构之法的追求转化为一种时间体势，通过体势的流动表情达意。以气韵之法熔铸结构之法，因而汉语的句法具有浓厚的声气内涵，充满了音乐性，正所谓"抑扬顿挫，长短节奏，各极其致，句法也"（王世贞《艺苑卮言》）。

（4）中国语文传统的结构句读之法。句读是文章音节运行中一种暂时的休止。中国语文传统的造句法则即句读，是一种声气止息法则（音句之读），同时是一种文意完备法则（义句之读）。古人断句，一靠精心审度辞气，二靠细心判断文理。所谓"文字有意以立句"（王充《论衡·正说》），"句，举其纲，文意断"（程端礼《程氏家塾读书分年日程》），句意的延伸不是漫无边际，而是在声气依托的前提下，以神统形，意尽为界。句意的延伸又着眼于顺序，所谓"事乖其次，则飘寓而不安。是以搜句忌于颠倒，裁章贵于顺序"（刘勰《文心雕龙·章句》）。由此，其形成了以句读为本体，以句读的循序铺排为局势，以意尽为句界的句法观。将音句之读和义句之读有机地结合起来，才能真实把握汉语句法的脉理。

清晰阐释中国古代语言学的句法理论，我们就可以对汉语句子结构的特点产生新的理解。而这一工作，在中国现代语言学史上一直是一个空白，我们认为，以汉语本位重建句型理论，这是汉语句型研究的基础性的工作，是必然无法绕开去的基本理论建设。

三　功能与结构统一的中文句型新视角

在汉语语法的分析中，分析的术语，亦即现代语言学研究中汉语的语法概念，大都来自欧洲语言的语法。这些概念，和汉语语法的传统理解，存在内涵深刻的对话关系。

　　例如：什么是"句子"？中国古代语言学没有"句子（sentence）"的概念，但有"句"的概念。"句"和"句子"，最大的不同在于"句子"是一个以动词为中心组织起来的切割性和自组织性很强的单位，而"句"是一个以语言声气为依托的节律单位。从切割性来说，欧洲语言的句子依恃核心动词的强大的聚焦能力，使全句结构纲举目张，边界清晰，具有识别度很高的句界。从自组织性来说，欧洲语言的句子语法关系完整，用各种形式标记凸显结构关系的种种内涵，具有很强的自足性。这样的"句子"结构，汉语也可以通过欧化来表现，但汉语的这种"句子"表现，并不是随汉民族的思维方式一同成长起来的。换句话说，"切割性"的思维，汉语可以在结构上模仿，但它不是汉民族的思维方式。从本源上说，汉民族的思维首先是一种有机整体的思维，因此汉语最为"随性"的表现，不是"句子"，而是"句"。

　　"句"的概念，在中国文化中是和"声气"浑然一体的。也就是说，"句"的结构之度，本质上是声气之度。古人这样说"句"："发一字未足舒怀，至于二音，殆成句矣……不至九字十言者，声长气缓，难合雅章"。（唐成伯瑜《毛诗指说·文体》）"句"的长短声气关乎"雅章"。清代语言学家王念孙在语文分析中也指出："此本作谷子云之笔札，楼君卿之唇舌。后人删去两之字，则句法局促不伸"［王念孙《读书杂志》（六）］。在汉语的"句"的分析中，古人关心的是节律顺畅与否。用"局促不伸"来评析和理解句法，正说明汉语"句"的本质不在形式逻辑，而在辞气畅达。

　　"句"在汉语中又音"勾"，它是个文句声气止息的符号。古人云："凡经书成文语绝处谓之句；语未绝而点分之，以便讽咏，谓之读。"（黄公绍、熊忠《古今韵会举要》）所谓"语绝"，即指语气随文义的完备而终止。所以有学者指出："故字句为音节之矩。积字成句，积句成章，积章成篇。合而读之，音节见矣；歌而咏之，神气出矣"。（刘大櫆《论文偶记》）"句"作为一个辞气完整的单位，它有很大的松散性。就"句"的内部来说，各句读段（传统语文的"读"）的接连，没有逻辑中心，而只是一个事理过程；就"句"的外部来说，"句"与"句"的间隔，没有绝对的切割，而只是语义和语气上相对的完整，上下文之间欲断还连。所谓的"积字成句，积句成章"云云，不是强调它们各自的结构自足，而是强调它们是相互联系的有机整体，所以才须"合而读之，音节见矣"。

"句"和"句子"，作为中西语言各自的基本交际单位，有如此不同的文化差异，这就使得两种语言的句法理论显现深刻的对话关系。但自我国现代语言学第一部语法学著作《马氏文通》以来，中西文化在语言的基本交际单位上的对话，长期处在一种"句子"独白的状态。

我们首先来看《马氏文通》对"句"的界说："凡所以达意，莫要于起词（即主语——引者）与语词（即谓语——引者）耳。语词而为外动字者，概有止词（即宾语——引者）以续之。语词而为表词（即表语——引者）者，则静字（即形容词——引者）其常，而名代诸字亦可用焉。至句读中所有介字（即介词——引者），盖足实字（即实词——引者）之意焉尔。介字与其司词（即介词宾语——引者），统曰加词，所以加于句读以足起语诸词之意。要之起词、语词两者备而辞意已全者，曰句。"① 《马氏文通》把主语加谓语作为汉语句子的基本构件，认为"欲知句读之所以成，当先知起词、语词之为何"。② 这样的欧式语法思维，在分析汉语句子时立刻捉襟见肘。例如："道千乘之国，敬事而信，节用而爱人，使民以时"（《论语·学而》），马建忠的分析是："四单句，皆无起词。盖泛论治国，起词即治国之人也。"③ 这一分析强说并不存在的"主语"，表现出很强的欧洲语法视角。换一个中文视角，我们可以看到："道"是治理，"道千乘之国"是全句的主题语，后面三个短语都是对主题语的评论。

我的导师张世禄先生在 20 世纪 80 年代初，就把"主谓结构就是句子"即"把具有主语和谓语两部分的句子才认为是意思'完整'的句子"视为汉语语法学中根深蒂固的"洋框框"。它使汉语语法学形成了一系列烦琐的术语和分类，例如"单句""复句""无主句""主谓句""非主谓句""句子形式""子句""分句""包孕句""单部句""双部句"等。主谓结构组成句子，和词分九类、动词联系谓语一起，"捆着本世纪的汉语

---

① 马建忠：《马氏文通》，商务印书馆，1983，第28页。
② 马建忠：《马氏文通》，商务印书馆，1983，第385页。
③ 马建忠：《马氏文通》，商务印书馆，1983，第387页。

语法学，使它不从正常健康的方面发展，而向复杂畸形的方面发展"。① 张世禄的这一思想，在 20 世纪 50 年代高名凯的《汉语语法论》一书中已有端倪。高名凯指出：他所说的"句子"和英语的 sentence、拉丁语的 sentencia 都不一样。sentence、sentencia "必是表达一个完整的思想，而其句子必得有主语和谓语"。② 但高名凯说的，与此不一样，只是指语言中哪怕一个词也可以是一个句子，只要它能够代表一个完整的意思。他并没有意识到中西语言在"句"的概念上的文化差异。

现代语言学对汉语句子的理解，完全依循 sentence 的抽象理论建构，通过用传统语文的"句"翻译欧洲语法学的术语 sentence，将后者的切割性和自组织性植入"句子"，清空了汉语"句"的声气内涵，使来自欧洲语法的这个外来词，以汉语原有的句法范畴的面目"登堂入室"，造成一个世纪汉语句子分析理论的极大的难题。现代语言学家陆志韦在 20 世纪60 年代就指出："汉语和英语的语法系统是那样的貌合神离"，这个"貌合"就是我们在现代中国语言的分析中使用了欧洲语法的一整套基本范畴，它们像"句子"这个词那样，用看似无可争辩的"普遍语法"概念将中西语言的文化差异同质化，让中国现代语言学孜孜求解"汉语的词类问题""汉语的主宾语问题"而不可得解。而"神离"，就如陆志韦所说："我以为，中国语法学者这几十年来有意无意地受了一些印欧语法的牵累，有的人几乎忘记了汉语语法的'精神面貌'"。③

在汉语句型的研究中，相关学者从一开始就没有认识到汉语的"句"和欧洲语言的"句子"的文化差异，用欧洲语言的句子观模铸汉语的句型体系，造成汉语句型分析的极大的偏差——无法把句型的功能和结构统一起来。欧洲语言是形态变化丰富的语言，欧洲语言的句子具有以核心动词为中心的抽象的形式框架。这样的语言的句型分析，是可以径由结构关系建立起来的。但汉语不是形态变化丰富的语言，汉语的句子没有抽象的形式框架，因此汉语词语在交际中的组合，是按照特定的表达功能组织起来的。汉语句型的划分，首先依据的是特定的表达功能，然后是与功能相应

---

① 张世禄：《关于汉语的语法体系问题》，《复旦学报》（社会科学版）1981 年第 1 期。
② 高名凯：《汉语语法论》，商务印书馆，1986，第 276 页。
③ 爱德华·萨丕尔：《语言论》，商务印书馆，2002。

的形式格局。吕叔湘先生在看了我的博士学位论文《〈左传〉句型研究》后曾对我说，他在 20 世纪 60 年代思考过一个问题：中国传统语文的句读分析，和欧洲语法的句子分析，两者是什么关系？这个问题他曾布置给范继淹和胡明扬进行研究，但由于"文革"的干扰，这个研究没有深入下去。"文革"之后，范继淹写了《汉语句段结构》，胡明扬写了《〈老乞大〉复句句式》，但都没有真正解决这个问题。我认为不把句型和功能结合起来，汉语句子的问题就只能一直纠缠于结构形式，既不能说明汉语的表达为什么习惯采用迥异于"主谓结构"的"流水句"格局，又不能说明汉语"流水句"究竟是按什么规律组织起来的。

张世禄先生为建立汉语的功能句型提出了一个转换视角的新思路。他尖锐地批评了汉语句型结构分析中欧语言视角的两个致命弱点。

其一，句子成立的形式依据在汉语中不存在。张世禄指出："在汉语里，句子成立的要素，不是属于词组结构的形式，各种各样的结构都可以成为句子，不像西洋语言的语法里一定要有限定动词作谓语的主谓结构才能成为句子。在西洋语言的语法里，不但各个独立的句子，而且复杂句当中的'子句'和复合句当中的分句，也都要有这样限定动词作谓语的主谓结构来构成；所以西洋语言里句子和非句子在语法结构上是分得很清楚的。汉语里的情况不是如此，汉语里句子成立的要素既然不是属于语法结构的形式，那么，依据语法结构来区分句子的类型，在汉语里是牛头不对马嘴的；在汉语语法里所谓'单句''复句''子句''分句''句子形式'等等名目，实在是多余的，不必要的。"①

其二，句子分析的形式概念囿于欧洲语法。这不仅指"主谓结构"等直接套用欧洲语法的术语，更指那些面对明显与欧洲语言不同的汉语事实，以"汉语特点"自诩的形式概念。例如"连动式"，张世禄认为这个形式概念的产生是因为汉语的语法事实套不进西洋语法体系："因为汉语的动词形式，既然没有限定和非限定的分别，所以在连续应用几个动词的结构当中，决不定哪一个是谓语部分的中心词。'连动式'名词的设立，就是用来弥缝中西语法的矛盾。我们要建立汉语自己的语法体系，用不着

---

① 张世禄：《关于汉语的语法体系问题》，《复旦学报》（社会科学版）1981 年第 1 期。

再有这种调和色彩的名目。"① 张世禄认为汉语的联合结构有"并列式"和"顺递式"之分，无论是名词还是动词，其成分的排列都可以有一定的顺序关系，因此另立"连动式"的名目是多余的。又如"无主句"，也是根据欧洲语法主谓结构才成为句子的观念而形成的具有调和色彩的形式概念。

那么，根据句子的表达功能建立的句型，在形式格局上还有没有与特定功能相应的特征呢？我们认为还是有的。汉语句子的功能和形式是一种相互制约的关系。

其一，汉语是一种注重内容表达而非形式表达的语言，没有抽象的句法形式。汉语的形式在本质上都不具有自足性。它们是内容的形式，是内容的脉理，得到了内容的充分肯定。因此，要理解汉语的形式，除了理解汉语的内容（它的单位的功能和语义），别无他途。确定汉语的句型，也只能从句子的功能入手。用功能来控制汉语如流水潺潺、铺排无拘的句读段形式，勘定句界；用功能来识别汉语句子服务于特定功能的形式特征，确定句型。

其二，汉语是一种高语境的语言，汉语的形式将大量信息放在上下文和语言环境中，因此对汉语句型的理解，必须充分考虑句子的上下文。同样的形式，在不同的上下文中，表达功能不同，类型不同。也因为汉语句型理解很高的语境依赖性，即所谓"听话人负责"，确定汉语的句型，需要较为充分的语用操作。在这一操作中，不同的人对同一个形式会有基本一致的功能判断，但在一定程度上也会产生功能理解的差异，使得句型分析进入"边际模糊"的状态。这正是离开单一的形式分析后不可避免的主观性的表现。最能够说明这一点的是，如果我们拿一篇汉语文章去除标点符号，请多个汉族人标点，文章中句号的位置一定标点得五花八门，难以统一。同样，我们平时写邮件，习惯于"一逗到底"，好像每一个句读段都不是自足的，语气都还没有完结。一句话真正的结束是在一件事的结束。而对"一件事"的判断，不是结构形式的判断，而完全是内容的判断，是对表达功能满足的判断。

---

① 张世禄：《关于汉语的语法体系问题》，《复旦学报》（社会科学版）1981 年第 1 期。

其三，根据特定表达功能划分出来的句型，由于形式和内容的相对统一性，一定会在结构上呈现服务于特定表达功能的形式特征。不同表达功能的句型，其句子格局有不同的功能模块（句子成分）和组合模式。这里的功能模块，指的就是作为句子组织基本活动单位的句读段。吕叔湘曾说，汉语的句子有时候里里拉拉的，不那么严密，可以考虑分成"句段"来分析。①"里里拉拉"，正是汉语句子以句读段（句段）延展的一种常态。汉语的语法，如果以"严密"为常态，则无法涵摄富有汉语特点的"里里拉拉"的流水句，也难以走出欧洲语法的句型框架；如果以"里里拉拉"即松散为常态，不仅能够涵摄"严密"的欧化句子，而且有可能在欧洲语法之外，开辟汉语语法句型研究的新的路径。

由此，汉语的句型系统，建立在三个要素的基础上：

句读本体——以流动的短语（句读段）为句型组织的基本单位；

功能格局——以特定的表达功能统摄句子的格局，确定句界；

事理铺排——以句读段服务于不同表达功能的事理铺排律为句子的基本格局。

以这三要素为基础，通过大型语料库建设，汉语的句型系统和与句型有关的汉语历史语法研究将会在 20 世纪的寻寻觅觅之后，翻开新的一页。

四　汉语句型划分中功能与结构关系的七种处理方法

汉语的句型问题是和汉语的句子理论联系在一起的。一个句子的出现，既有功能的实现，又有结构的组成，两者缺一不可。然而，汉语的句型研究大多是离开功能而只谈抽象的主谓结构。据我们的梳理，共有以下七种情况。

（一）功能分置而结构统摄

例如吕叔湘《中国文法要略》清晰地将汉语句子依功能分为叙事句、

---

① 胡明扬：《〈老乞大〉复句句式》，《语文研究》1984 年第 3 期。

表态句、判断句、有无句。然而在抽象的"造句关系"上，吕叔湘认为："凡是主语和谓语的结合，不论独立与否，可以总称为'词结'。句子是独立的词结。"以"鸟飞"和"飞鸟"为例："倘若我说'飞鸟'（飞着的鸟），你不会觉得满足，一定等着我说下去，如果我就此不说下去，你一定说'你这个人怎么的？话只说半句！那飞鸟到底怎么样啊？'我一定要说'飞鸟尽'，或'飞鸟归林'，才能让你满意。如果我一开头就说'鸟飞'（鸟飞了），你就觉得我的这句话完了，不会有悬在半空中的感觉。这就是句和非句的区别。"① 其实"飞鸟"本身并不会给人非句的感觉，而"鸟飞"倒有可能给人非句的感觉。话语都是在语言环境中生成的。如高名凯所说："一个最小的语言结构是不是成句，要看它在上下文的环境里是不是有所谓，是不是可以让人家懂得。""比如，早晨你从被窝里钻了出来，看见窗外有太阳，就说了一声'太阳'。这就已经是一个句子了，虽然你也可以说'太阳出来了'。"②

以结构来统摄，吕叔湘认为汉语的句型分为主谓句和非主谓句。主谓句下再分为动词谓语句，形容词谓语句，名词谓语句，主谓谓语句。非主谓句下再分为无主句，存在句，名词句。

高名凯的《汉语语法论》在句型问题上区分"造句法"和"句型结构法"。前者指句法关系，即词与词组合的关系，其实是词组关系，与"句子"的格局无关，除非认为词组独立就是句子。后者指语气功能句型。高名凯认为前者是"最基本的句子的结构"③，是"理性的语法""平面的结构""平面的直陈型"，但语言还可以有对命题的否定、询问、命令、传疑等各种其他的"型"。为什么前者即抽象的句法关系是"最基本的句子结构"呢？高名凯的解释是：语气、功能不同的各种句子"所用的词语和平面的造句法所用的完全一样，只是加些成分，或变更方式，而用另一种'型'来说而已"。④ 如此则高名凯的"句型"是指句子的"非理性""非平面"的运用类型，换句话说，在他的语法意识中，依然存在一种统摄性

---

① 吕叔湘：《中国文法要略》，商务印书馆，1982，第 23 页。
② 高名凯：《汉语语法论》，商务印书馆，1986，第 374—375 页。
③ 高名凯：《汉语语法论》，商务印书馆，1986，第 275 页。
④ 高名凯：《汉语语法论》，商务印书馆，1986，第 429 页。

的、抽象的（理性的、平面的）结构类型，这种结构是和"直陈型"的句子联系在一起的。

吕叔湘和高名凯在句型问题上的功能分置是值得肯定的。但在功能分置之上，其认定汉语有一个抽象的句子框架，这是难以自圆其说的，因为功能和结构是一个统一体。做出这样的认定，只能说是受到了欧洲语法句子框架的影响。在这一点上，高名凯把抽象的句子框架与直陈功能的句子联系在一起，应该说在一定程度上肯定了句子结构类型和功能联系的统一，只是他很快就忽视了其他功能的句型的结构特点，认为这些形式变化不足为道。

（二）不论功能而单论结构关系

《马氏文通》开启了汉语语法分析的结构视角，这个视角的分析范畴是欧洲语法范畴，因此汉语分析的结构视角展示的不是汉族人对句子的语感，而是欧洲人对句子的理解。其最为关键的就是动词中心论。由于欧洲语法的影响，动词在汉语语法分析中被赋予"成句"的特别作用。只要句子中出现动词，不论功能如何，都被立刻视为句法的核心，它周围的成分立刻边缘化，形成对中心的"挂靠"和附庸的作用，建构起以动词为中心的紧致的句法组织。以《马氏文通》的分析为例："此二人者，实弑寡君"（《左传·隐公四年》）和"亡邓国者，必此人也"（《左传·庄公六年》），马建忠分析前句"此二人者"是一"顿"（声气单位），后句"亡邓国者"是一"读"（子句）。同样的功能单位，作不同的结构分析，原因在于前者没有动词，后者有动词。这就用纯粹的结构视角"肢解"了不同结构的功能本质，而这种结构视角，正是以动词为中心的。

不论功能而单论结构关系，在结构主义语言学思想的指导下，成为汉语句型研究的一种潮流。例如胡裕树主编的《现代汉语》只讨论句法关系，以结构定句型，而在其"语气和口气"一节，对句子语气的讨论，几乎是只谈语气词而不涉及句型的。张斌的《汉语语法学》对句型的认定排除了一些很重要的句型要素。例如排除"非句法成分"（如插说语），其实所谓的"非句法成分"往往是句型功能的要素。一句话如果有诸如"我看"这样的"插说语"，它往往就是句子的名词性功能的重要提示。又如排除"修饰性成分",在"你别拿着鸡毛当令箭"这句话中,如果排除句中的"别",句子的类型无论在结构上还是功能上都变了。张斌之所以要排除这些重要的句型要素,是因为他认为句法结构和句子并不相等,这样做维护了欧式句法的纯洁性,同时隔断了句子功能和结构的统一性,将句子的结构和功能彻底分了开来。

(三) 功能句型和结构句型分论

在丁声树等著的《现代汉语语法讲话》中,句子的基本类型以谓语的性质为标准,就是"体词谓语句""形容词谓语句""动词谓语句""主谓谓语句";同时作者又讨论了"否定"、"问句"、"语气"(含疑问、祈使禁止、测度、陈述、停顿),但并没有说明二者的关系。作者用一个例子来说明四种句型:"今天十月一日,天气很好,我们上街游行。天安门人多极了。"第一段是体词谓语句,第二段是形容词谓语句,第三段是动词谓语句,第四段是主谓谓语句。但这个例子是四个句子吗?作者没有说。可见,作者的句型分析,并没有"句"的意识,而只有主谓关系的意识。用作者的话来说,就是"单词句是不必分析也是不能分析的。无主句分析的手续跟谓语的分析手续一样,因此我们可以拿主语谓语齐备的句子(简称主谓句)做句子的代表来分析"。①

张志公主编的《现代汉语》将句子的用途和构成分开讨论句型。从用途即功能说,句型分为陈述句(含肯定句、否定句、双重否定句)、疑问句(含是非问、选择问、特指问、反问、设问)、祈使句(含命令制止、劝阻请求)、感叹句(含赞叹欢呼、焦急痛苦、厌烦轻视、惊讶疑惑);从结构说,句型分为词组构成的单句、单词构成的单句、复句(含单句直接组合成的复句,借助虚词构成的复句)。这两个句型系统的分类最大的问题是看不出它们之间的联系。任何一个句子都是功能和结构相联系的统一体,即特定的表达功能是通过相应的形式建构实现的。

从用途句型看,我们看不到哪些句型是得到它相应的结构形式的肯定的,而如果没有相应的结构特征,句型的功能是难以在语法上成立的。而

---

① 丁声树等:《现代汉语语法讲话》,商务印书馆,1961,第19页。

且，离开了形式特征，句型的功能不容易条理。例如在"陈述句"中，为什么肯定和否定成为下位分类，而不是强调或委婉？而在"祈使句"中，为什么又没有肯定和否定的下位分类？在"感叹句"中，为什么厌烦和轻视是一类？汉语句子的一个重要功能——判断，为什么没有作为句型？

从结构句型看，避免了以动词性谓语为中心的分类，这是这本《现代汉语》的长处。但离开了表达功能，单纯从结构的繁简（单词句、词组句、词组组合句）划分句型，这样的句型就失去了划分的意义——结构的繁简能够说明什么本质性的问题呢？由此我们想到：与之相比，原来以动词性谓语为中心的句型划分尚显得有一定价值，因为动词性谓语在结构上往往是实现叙述功能的。也就是说，汉语句型分析以动词性谓语为中心，在功能上主要是叙述句的分类。这一点高名凯的《汉语语法论》已经说得很清楚。

（四）功能句型和结构句型杂糅

黄伯荣、廖序东主编的《现代汉语》在句型的划分上杂糅了功能的标准和结构的标准，因此这本书的句型讲解不分层次，所划分的主谓谓语句、双宾句、连谓句、兼语句、"把"字句都是从结构特点考虑的，所划分的存现句、"被"字句、疑问句则兼顾了功能和相应的结构表现。吕叔湘主编的《现代汉语八百词》也有这样的特点。它的主谓句含动词谓语句、名词谓语句、"是"字句、小句谓语句。它的动词谓语句在结构划分（如及物动词句、不及物动词句、双宾语句、动词作宾语句、小句做宾语句、补语句等）之外，还有功能特殊的被动句和存在句。田申瑛的《语法述要》则干脆把主谓句和非主谓句称为基本句型，把"把"字句、"被"字句、"使"字句和变式句（口语中的倒装、省略句）称为特殊句型。其实"把"字句、"被"字句、"使"字句之所以在结构上"特殊"，都是因为它们在功能上"特殊"，即它们都有一定的话题功能，而口语中的倒装和省略完全不是句型的问题。作者之所以把这四类放在一个平面，就是不论功能，单纯从结构看句子的结果。而所谓"特殊句型"，反映的也是以主谓结构为句型框架的欧洲视角。

功能句型和结构句型的杂糅，在各本涉及句型的书中程度不同，但究其实质，是在用结构划分句型的欧洲语法框架中，不得不面对一些在功能上和结构上都很有特点的汉语句型，例如被动句和存在句，因此做一些局部的妥协，在分类上不再采用单一的结构标准，也因此不再考虑句型的系统性（尤其是层次性）。这一做法的极致是 1981 年郭德润的《汉语常见句型的用法》，它选取现代汉语中最常见的 9 种句型做详细的比较分析，这些句型是："把"字句、"被"字句、"对"字句、"在"字句、存在句、兼语句、祈使句、谓语宾语句和"是"字句。作者写这本书是句型分析的实际运用。从实用出发，就必须考虑汉语句子的各种重要的功能，因此作者划分的句型大都是有相应结构特点的功能句型。

（五）在既定结构关系中讨论句法语义

例如李临定的《现代汉语句型》不讨论句型划分的标准，只就既定句型的结构作句法语义关系的探讨，通过描写与句子的核心动词相关的名词性成分的施事、受事、数量以及隐含着介词的情况，讨论一般动词句型的语法特征；在具体的句型分析中，通过句子成分的特征、实词的类别、句法语义关系、句子变换关系、代表字的作用来划分句型的层次。既定结构排除了句子功能的问题，这样做实际上只是在假定所有句子的叙事功能（"被"字句除外）的前提下展开结构分析，因此对汉语句型的认识是非常狭隘的。值得指出的是，在深入语义分析的时候，相应的句法特征也能显示出来，因此这本书的一些小句型是按动词的语义小类来划分的。

由于不从功能出发，李临定的研究十分自由地讨论了各种句子结构之间的变换关系。例如他认为"敌人五个师里被我们消灭了三个"是从"我们消灭了敌人五个师的三个"，经过变换为"敌人五个师里的三个被我们消灭了"，再变换过来的。这种变换，是研究者对"同形异构"即表面上相似的形式的一种解释。李临定把语序的变化作为确定句型的标准之一。他认为有些句子成分在一定的条件下可以移动位置，但移动后只是在语气侧重上有些不同，其性质没有什么变化。因此移位只是同一句型的不同变体，不能作为确立句型的标准。但确定句型中可以利用语序变化的各种可能性来区别有些从表面上看来相同，实际上并不是一类的句子。例如同是被动句："小狗被他捉住锁起来了"可以变换为"他捉住小狗锁起来了"，所以是连动句；"我被他逼着把胡子刮了"可以变换为"他逼着我把胡子刮了"，所以是兼语句；"这个球队被大家公认是全区第一"可以变换为"大家公认这个球队是全区第一"，所以是主谓宾句。① 然而，结构问题是和功能相联系的，不同的句子结构实现的是不同的表达功能。表面上可以互换的句法单位，实质上可能是不同的功能单位。"小狗"在"小狗被他捉住锁起来了"中是句子中接受评论的主题，在"他捉住小狗锁起来了"中是动作语中的词组成分。这两个句子功能不同，不能妄谈结构变换。

又如："这样的事情谁肯干！"变换分析认为它和"谁肯干这样的事情！"存在变换关系，其依据是"这样的事情"在两个句子中都是宾语，前句把宾语提前了。邢公畹曾指出：其一，"这样的事情谁肯干"中"这样的事情"不出现在动词之后，就不能造成句法上的动宾结构，不能取得宾语的资格。其二，如果认为它是宾语提前，有什么外在的标志证明这一点？如果说宾语提前是为了强调，或者说因为它是受动者，所以它是宾语，这是不能令人满意的。汉语强调宾语的做法是用逻辑重音，不必把它提前。其三，如果说"钱花完了，精力也绞尽了"中"钱"、"精力"是主语，"什么事情都做"中"什么事情"是主语，那么就没有理由不承认"这样的事情"是主语。"根据我们自己的语感去体会，'钱''什么事情''这样的事情'在以上的句子里也的确是被说明的主题事物。"② 这里说的"根据我们自己的语感去体会"，体会的正是句子的功能。功能决定了对句型的结构理解。我们由此也可以看出脱离了句子功能的结构分析舍本求末，难以真正深入汉语句型的本质。在它们之间谈论结构变换，只是一种技术游戏，不涉及句型的根本性质。吕叔湘和朱德熙在这个问题上较为谨慎。吕叔湘认为："变换肯定是语法研究中一种有极大潜力的方法，但是如何运用这种方法以及托付给它多大的任务，还有待进一步的研究。"③ 朱德熙认为，一种句式变换前后意义上是否有变化，是一个有争论的问题。④

---

① 李临定：《句型划分》，句型和动词学术讨论会论文，1985。
② 邢公畹：《论汉语造句法上的主语和宾语》，《语文学习》1955 年第 9 期。
③ 吕叔湘：《关于"语言单位的同一性"等等》，《中国语文》1962 年第 11 期。
④ 朱德熙：《变换分析中的平行性原则》，《中国语文》1986 年第 2 期。

（六） 对主谓结构成句做功能上和结构上的补充

例如陈建民的《现代汉语句型论》认为就句子的本质而言，典型的汉语句子具有主、谓两部分。但汉语的单复句系统是按照西方两极化的二分观点建立起来的。从动态的角度看，汉语的句子结构有大量的情况是处于两端之间，不是非单即复的，应采用多分的方法。"从汉语的实际出发，那种只重视对立的两端而忽视中间环节的析句观点，在汉人的心理上不容易通过的。"① 为此，陈建民把句型分为一主一谓句、非主谓句、"是"字句、一主多谓句、多主谓句。在这样一个句型框架里，有功能的汉语视角，如"是"字句（陈建民认为汉语的"是"是"前谓语"，"是"后的成分是句子表达的中心），也有结构的汉语视角，如"一主多谓句"，即一个句子可以集结多个动词，这在事实上打破了欧洲语法句子概念中的作为结构焦点的核心动词观念。但在一个句型系统中，无条理地杂糅不同的分类标准（结构的和功能的，单中心的和多中心的），这样的句型是不成系统的。

（七） 从功能着眼，扣住组织的句子分类

从表面上看，陈望道在《文法简论》中承认"常见的句子往往是一个串合法式，由主语和谓语两部分组成。这种有主语和谓语的句子，是句子中典型的组织法式"。② 但陈望道的句型分类，却将功能和"组织"联系起来。他认为："尽管具体句子是无穷无尽的，但是从功能着眼，扣住组织，按照一定的标准，经过抽象概括，就可以对句子进行分类。"③ 陈望道从三条途径平衡功能和结构的关系。

（1） 功能统摄，下位平衡结构关系。例如根据句子表达的目的，将汉语句子分为直陈句、询问句、祈使句、感叹句。而在询问句的内部，则根据谓语的组织、所期望回答的不同情形，分为是非询问句、特指询问句、抉择询问句。

---

① 陈建民：《现代汉语句型论》，语文出版社，1986，第 6 页。
② 陈望道：《文法简论》，上海教育出版社，1979，第 92 页。
③ 陈望道：《文法简论》，上海教育出版社，1979，第 94 页。

（2）结构的区分显示功能的不同。例如根据句子的"体式"（即是否是一个串合法式），把句型划分为平白句和特表句。特表句像电影中的特写镜头，把句中的某部分"特提"，而将其余部分交给情境。"对于这类句子，与其说它将其余部分省略了，不如说将某部分特表"。① 这种特表的功能使得句子的组织不用主谓结构，而只用一个词或词组。

（3）用谓语的性质统一功能和结构的关系。例如"根据谓语表现的境界"，把句子分为叙述句、描记句、诠释句、评议句。② 叙述句的功能表现是"陈述事物的活动变化过程"，形式表现是"通常由动词充当这种句子的谓语"；描记句的功能表现是"陈述事物的形状境界"，形式表现是"（谓语）大都是形容词"；诠释句的功能表现是"陈述对于事物的认识和解释"，形式表现是"谓语以'是'为常"；评议句的功能表现是"陈述对于事物的评论和拟议"，形式表现是"谓语是衡词"。

陈望道较为自觉地平衡了汉语句子结构和功能的关系，但《文法简论》的句型分类采用了四个不同的角度（体式、目的、格局、谓语性质），未能在功能和结构统一的基础上建立划一的句型系统。

五　汉语功能句型研究的目标和方法

汉语句子的建构，是一个从音句到义句的建构过程。对于这样一个过程，如何进行句型的概括？这是汉语句型研究在超越旧的欧式语法的主谓框架之后，建立汉语本位的句型系统的一个重要的课题。这个课题的基本假设，就是欧洲语言的句子和汉语的句子，在思维方式上存在深刻的文化差异。欧洲语言的句子以限定动词为焦点，用焦点透视的方法组织紧密的结构关系，对核心动词的向心关系切割句子的视域。汉语的句子以特定的表达功能统摄句子的视域，以句读段的散点流动铺排功能格局的事理关系，以功能和结构的统一显示句子的类型。在这一假设之下，汉语本位的

---

① 陈望道：《文法简论》，上海教育出版社，1979，第 97 页。
② 陈望道：《文法简论》，上海教育出版社，1979，第 103—105 页。

句型研究有五个明确的目标：

第一，全面梳理和考察我国现代语言学的句型研究理论和方法；

第二，全面梳理和探究我国古代语言学的句法理论和分析方法；

第三，在现代汉语专书穷尽性的语言分析基础上，建立起汉语本位的句型系统；

第四，建设基于汉语史断代专书穷尽性语言分析的句型语料库和断代句型系统；

第五，在汉语史句型语料库和汉语史断代句型系统的基础上，研究汉语句型系统的历史发展。

汉语本位句型的五个目标，分为三个层次。

第一个层次是第一、二个目标，即理论研究。我国现代语言学的句型研究，贯穿在整个现代汉语语法研究历程中。无论是 20 世纪 60 年代的主语宾语问题讨论，还是 20 世纪 80 年代的句子分析方法讨论；无论是高校各本《现代汉语》教材中的句子结构分析，还是各种语法专题讨论会如"句型和动词学术讨论会"中的议题，都有大量的句型研究成果和百家争鸣般的见解。但迄今为止，对这些成果和见解未有深入、系统的梳理和考察，以明确问题的症结所在。为此，有必要建立一个中国现代语言学句型理论的资料库，从以下四个方面整理中国现代语言学的句型理论：

（1）中国现代语言学句型研究的概念和范畴，考察术语含义的演变；

（2）中国现代语言学句型研究理论的发展；

（3）中国现代语言学句型研究专题的深入；

（4）汉语句型理论继承和创新问题的学者访谈。

同样，对我国古代语言学的句法理论和分析方法，由于现代语言学的严重偏见，由于缺乏汉语的本位意识，只有零星、散见的论述，未有自觉的系统梳理和探索。为此，有必要建立一个中国古代语言学句法理论的资料库，从以下三个方面整理中国古代语言学的句法理论：

（1）中国古代语言学句法研究的概念和范畴，考察术语含义的演变；

（2）中国古代语言学句法研究理论的发展；

（3）中国古代语言学句法研究专题的深入。

在这两方面的研究的基础上，探索汉语句型理论的继承和开新，并切实指导具体的句型研究工作。

第二个层次是第三、四个目标，即材料研究。汉语句型系统的研究，很少有意识地通过专书穷尽性的语料分析建立句型系统。换句话说，现有的句型理论，尚未接受过专书穷尽性语言材料的系统的验证。这一缺憾暗示我们：依靠现有的欧式句型理论，要在汉语专书文本中一句不漏地穷尽性地分析所有的句子，建立起句型系统，而不是捉襟见肘，很难。汉语本位的句型系统研究，不是建立在先入为主的形式框架基础上，而是要充分尊重汉语运用的实际，从穷尽性文本分析的系统数据中建立起句型系统。作为第一步，汉语本位的句型研究应该首先从当代汉语文学作品的具体分析中抽绎出一个功能句型系统的样本，然后以这个句型系统为参照，在汉语史的不同历史阶段选择代表性的文学作品，进行穷尽性的句型分析，建立汉语史历史语法的句型语料库。

现有的汉语语料库，无论是古代汉语、近代汉语还是现代汉语，都是原始语言材料的平面展示。它便于搜索字词和结构代表字，但对句子类型的搜索，无从下手。因为汉语句子类型不是一个有标志的形式单位。无论是对句读段表意功能的认定，还是对句子功能格局的判断，乃至对句界的判断，都需要对原始语言材料进行深度分析，设立形式标记。因此，建立汉语本位句型语料库的过程，实际上是一个专书穷尽性句型描写的过程。

以句型理论创新为指导，用新的功能与结构统一的句型划分标准，穷尽性地分析各历史分期的代表文本，建立汉语史句型断代语料库，并进一步建立断代句型系统，梳理汉语句型系统的历史发展，这是汉语句型研究的一个新的方向。具体方法如下：

（1）使用微软 Microsoft Office Access（关联式数据库管理系统），对汉语史各断代时期的专书语料进行穷尽性的句型分析和特征标注，建立断代句型系统语料库；

（2）对各断代句型系统语料库进行深入、细致的统计、分析和考察，通过详尽的数据统计，梳理汉语史历史语法断代句型系统；

（3）在汉语史断代句型系统语料库和断代句型系统梳理的基础上，研究各类句型的历史发展，概括其发展规律；

（4）在汉语史各类句型历史发展研究的基础上，考察整个汉语句型系统的历史发展，概括其发展规律。

汉语功能句型语料库的建库技术的一个关键性的难题，是自然语料有序集合的功能审核。

自然语料库是机器可以阅读的自然语言材料的有序集合。汉语功能句型语料库的建设，其"有序"与一般语料库建设的"有序"有很大的不同。本课题要集合的语言材料，不是自然状态的语言材料，而是经过功能标点和标注的语言材料。由于我们要处理的古代汉语和近代汉语文本原是没有标点，尤其是没有句号的，而我们要处理的现代汉语文本使用了欧式标点符号，其中句号的使用由于中西句子观的冲突和中文句子功能认定的相对的主体性，存在很大的自由度，因此语料库集合的语言材料无法全部直接反映汉语的功能断句，需要逐句地进行功能审核，并对审核后的句子进行分层次的类型标注。

汉语功能句型语料库是一种深度加工的语料库。加工的过程和句型系统分析的过程密不可分。为此，我们需要在实践中逐步建立具有可操作性的句型标注规范。根据汉语本位的功能与结构统一的句型分析思想，我们从句子的表达功能出发，提出汉语句型划分的如下假设：

（1）主题句：评论话题，形式格局是"主题语＋评论语"；

（2）施事句：叙述行为事件，形式格局是"时间语＋地点语＋施事语＋动作语"；

（3）关系句：说明事件之间的关系，形式格局是"句子形式＋句子形式"；

（4）描写句：描写事物的形况，形式格局是"主题语＋描写语（形容词生动形式或象声词）"；

（5）说明句：说明事物的情况，形式格局是"主题语＋说明语（名词）"；

（6）存现句：说明事物的存在或消失，形式格局是"时间语/地点语＋存在动词＋实在语（事物名词）"；

（7）有无句：表示领有，形式格局是"领有者＋有＋被领有者"；

（8）祈使句：表达命令或祈求，形式格局是（请/让/叫/给＋人称代词＋）动词性词组（＋"吧"）；

（9）呼叹句：表达呼唤、应对或感叹。

这一句型的划分，根据语用频率的初步统计，以主题句、施事句、关系句为三大主流句型。[1] 这一句型系统只是一个假设，在汉语历史语法穷尽性专书句型语料库的建立过程中，需对这一句型系统的框架进行不断修正。

在断代句型系统语料库建立之后，就可以对汉语史各历史层次的句型系统利用语料库数据做详尽、细致、深入的研究，梳理出有充分材料实证的断代句型系统。这个句型系统，不但告诉我们汉语历史语法的句型构架，而且向我们展示每一种句型乃至句型小类的语用频率，显示每一种句型在当时代句型系统中的价值比重。

第三个层次是第五个目标，即句型系统发展研究。即在汉语史断代句型系统语料库建立的基础上，从每一类句型的断代梳理，考察该句型的历史发展趋势，并进一步探讨汉语句型系统的历史发展规律。由于有断代文本穷尽性语料分析语料库的支持，在汉语句型演变规律的研究中，可以探讨句型语用频率的变化，显示每一种句型在当时代句型系统中的价值比重的消长。

综上所述，21世纪的汉语句型研究，应该以句型理论的继承和创新为目的，全面梳理和考察我国现代语言学的句型研究理论和方法，建立"中国现代语言学句型理论"资料库；全面梳理和探究我国古代语言学的句法理论和分析方法，建立"中国古代语言学句法理论"资料库；在上述研究的基础上，消解汉语句型研究中的西方概念，建构汉语本位（而非欧洲语法的）的功能与结构统一的句型分析理论；以这一理论创新为指导，用新的功能与结构统一的句型划分标准，穷尽性地分析各历史分期的代表文本，建立汉语史句型断代语料库；在此基础上，对汉语历史语法的句型系统的发展进行细致的梳理，概括出汉语句型系统历史发展的规律。

---

[1] 申小龙：《中国句型文化》，东北师范大学出版社，1988。

参考文献

［1］ 爱德华·萨丕尔：《语言论》，陆卓元译，商务印书馆，2002。

［2］ 陈建民：《现代汉语句型论》，语文出版社，1986。

［3］ 陈望道：《文法简论》，上海教育出版社，1979。

［4］ 丁声树等：《现代汉语语法讲话》，商务印书馆，1961。

［5］ 高名凯：《汉语语法论》，商务印书馆，1986。

［6］ 郭绍虞：《汉语语法修辞新探》，商务印书馆，1979。

［7］ 胡明扬：《〈老乞大〉复句句式》，《语文研究》1984 年第 3 期。

［8］ 胡裕树主编《现代汉语》，上海教育出版社，1979。

［9］ 黄伯荣、廖序东主编《现代汉语》，甘肃人民出版社，1981。

［10］ 李临定：《句型划分》，句型和动词学术讨论会论文，1985。

［11］ 李临定：《现代汉语句型》，商务印书馆，1986。

［12］ 吕叔湘：《关于"语言单位的同一性"等等》，《中国语文》1962 年第 11 期。

［13］ 吕叔湘：《汉语语法分析问题》，商务印书馆，1979。

［14］ 吕叔湘：《中国文法要略》，商务印书馆，1982。

［15］ 吕叔湘主编《现代汉语八百词》，商务印书馆，1999。

［16］ 马建忠：《马氏文通》，商务印书馆，1983。

［17］ 申小龙：《中国句型文化》，东北师范大学出版社，1988。

［18］ 申小龙：《汉语与中国文化》（修订本），复旦大学出版社，2008。

［19］ 申小龙主编《现代汉语》，上海外语教育出版社，2011。

［20］ 孙锡信：《汉语历史语法要略》，复旦大学出版社，1992。

［21］ 田申瑛：《语法述要》，安徽教育出版社，1985。

［22］ 邢公畹：《论汉语造句法上的主语和宾语》，《语文学习》1955 年第 9 期。

［23］ 张斌：《汉语语法学》，上海教育出版社，1998。

［24］ 张世禄：《古代汉语》，上海教育出版社，1978。

［25］ 张世禄：《关于汉语的语法体系问题》，《复旦学报》（社会科学版）1981 年第 1 期。

［26］ 张志公主编《现代汉语》，人民教育出版社，1982。

［27］ 赵元任：《汉语口语语法》，商务印书馆，1979。

［28］ 朱德熙：《变换分析中的平行性原则》，《中国语文》1986 年第 2 期。

汉语研究应当在兼综的基础上创新

——谈从事汉语词汇学研究的几点体会

苏宝荣[*]

清代学者段玉裁曾经说过："郑君（玄）之学，不主于墨守，而主于独断；不主于独断。而主于兼综。"（《经义杂记·序》）这里的"独断"就是"创新"，这里的"兼综"就是要将不同的学术流派与观点融会贯通。

段玉裁、郑玄都是其所处时代的"创新型"学者，而且是在当世以至后世影响深远的学术大师。他们总结平生治学经验的至理名言，值得我们今天深入研究与借鉴。

在多年从事汉语词汇学研究与教学的实践中，我比较深刻地认识到兼综与创新二者的辩证关系。其主要体现在以下四个方面，也可以概括成四句话：中外融会，古今沟通，语义分析与语法分析结合，理性思维与具象思维兼容。下面分别加以说明。

一　中外融会

这里应当指出，用汉字书写的汉语，在语义表达上与以拼音文字书写

---

* 苏宝荣，河北师范大学文学院教授，研究方向为汉语词汇学与辞书学。

的印欧语言是有重要区别的。但是，讲汉语的特殊性，不能违背语言学的一般规则。我们认为，承认汉语研究的民族特征，绝不是否认和排斥人类语言的共性；尊重汉语传统语言研究的优秀成果，绝不是否认和排斥现代语言学理论与方法在汉语研究中的重要作用。

从 1981 年出席中国语言学会第一届年会起，至今已有三十余年了。笔者从自己的亲身经历中发现，在如何将普通语言学理论与汉语研究的具体实践相结合的过程中，我国语言界一直存在不同的观点和意见，也存在由于过分强调语言的民族性或共性的一面而将二者对立起来的情形。1998 年第 1 期的《语言文字应用》杂志在"把语言文字研究全面推向 21 世纪"的栏目中组织了一批专稿，其中有两篇文章引起了人们的特别关注。

一是《中西语言学的结合应以字的研究为基础》，强调语言的民族性。该文认为："汉语的结构核心是语义……印欧语的结构核心是语法"；"与语言结构的性质相联系的问题就是语言的基本结构单位。印欧语的基本结构单位是词，而汉语的基本结构单位是字"；"以'词'为基本结构单位来研究汉语，实际上已经离开了汉语的结构现实"；"要求语言学家根据汉语的特点来研究汉语。字是汉语结构的枢纽，是语音、词义、语汇、语法的交汇点，以字为本位来研究汉语，这就是经过百年的探索、决心摆脱'印欧语的眼光'的束缚而向汉语的回归"。①

一是《语言学就是语言学》，强调人类语言的共性。此文认为："语言学和其他科学一样并不存在国界……语言学研究要在 21 世纪迅速发展取得成就，这一认识是先决条件"。"要使语言学在中国土地上发展，这语言学必须是与国际接轨的语言学。说得更加正确些，必须是和其他国家土地上发展的语言学一样的科学"。"至于语言学的研究性质、目标和方法，更加不会是不同的语言各有一套。语言学就是语言学"。②

从对以上两种形式相对、实质相辅的观念的思考中，我们得出以下结论：讲某种民族语言的特殊性，不能违背语言学的一般规则；讲人类语言的共性，又不能脱离具体的民族化的语言。正如吕叔湘先生曾经说过：

---

① 徐通锵：《中西语言学的结合应以字的研究为基础》，《语言文字应用》1998 年第 1 期。

② 徐烈炯：《语言学就是语言学》，《语言文字应用》1998 年第 1 期。

"'词'在欧洲语言里是现成的，语言学家的任务是从词分析语素……汉语恰好相反，现成的是'字'，语言学家的课题是研究哪些字群是词，哪些是词组。汉语里的'词'之所以不容易归纳出一个令人满意的定义，就是本来没有这样一种现成的东西"，而是"汉字、音节、语素形成三位一体的'字'"。① 诚然，汉字是一种现成的单位，但不能作为语言的基本单位。文字是语言的书写符号，不是语言自身，语言的基本单位只能从语言自身去寻找。拼音文字所书写的是词，汉字所书写的除了能够独立动用的词以外，还有大量不能独立运用的构词语素。语素是汉语表义的最小单位，而语素又有独立成词和不能独立成词的区别。因此，如果说印欧语言进行语义研究的基本单位是'词'的话，汉语语义研究的基本单位应当分为"语素"和"词"两个层级。这样，既承认汉语的特殊性，又同普通语言学理论相通。

由于汉语与印欧语的基本单位不同，汉语与印欧语在组词造句规则上也有不同。汉语缺乏系统的形态变化，在研究汉语的语义、语法问题时，就要尊重这种事实，不能简单套用印欧系语法规则进行比附。比如，汉语"副+名"的组合比较常见，如何解释和说明这种现象，就涉及人类语言的共性与汉语民族性的关系问题。一般来说，能否受副词修饰是区分谓词（动词、形容词）与体词（名词）的重要标志。而"副+名"结构，汉语不仅古已有之，而且目前有增多的趋势。对此，语言学者往往从两个方面进行解释：一是词性转化说（又分为两种情况，其一是认为"副+名"结构中的副词已不是真正的副词；其二是认为"副+名"结构中的名词已不是真正的名词，而是形容词或数量结构、谓词性结构）；一是省略（隐含）动词说（认为在副词与名词之间隐含着一个省略的动词"是""有""要"等）。而且学界对此长期争论，莫衷一是，甚至一些语言学大家也徘徊于不同观点之间。这个问题自20世纪60年代以来在汉语语法学界就一直存在很大争议，历时近半个世纪，至今仍众说纷纭。这种情形，既表明了这一问题的复杂性，也提示我们调整研究思路的必要性。

其一，汉语"副+名"现象形成的基础（可能性）——汉语语法功能

---

① 吕叔湘：《语文常谈》，生活·读书·新知三联书店，1980。

的"隐含性"。我们认为，汉语中的"副 + 名"结构虽然是一种特殊的现象，却是客观存在的语言事实。这种副名结构客观存在的可能性，基于汉语语法功能的"隐含性"。缺乏显性形态的汉语，其语法功能呈隐含性。语法功能是指语法范畴的成员在语法组合中分布的总合，具体地说，就是其所充当的角色及相关的搭配关系。词的具体分布与形态都是其语法功能的外在表现。因此，对于具有系统形态变化的印欧系语言来说，人们可以从分布与形态两个方面认识词的语法功能，而形态是词的语法功能显性的形式标记，具有直观性的特点。相反，对于缺乏系统形态变化的汉语来说，人们主要是通过词的分布来认识其语法功能。而词的分布只有在具体的句法结构（即语法组合关系）中方能得到充分的显现，这就决定了其语法功能通常表现为隐含性的特征。这种语法功能"隐含"的特征，直接导致两方面的结果：一是词的"兼类"（这里取广义，包括稳定的"兼类"与临时的"活用"）——在语义相容的情况下，指称、陈述的转化（即名词、动词、形容词的词类转换）相对自由①；二是在非常规组合（特殊搭配关系）中，词的功能彼此影响，发生"互动"，使一些词在词类（或功能）方面呈现"中间状态"。我们认为，对此与其按传统的语法观念强行归类，不如客观地认识和说明这种语言现象。以语义组合为核心的汉语，缺乏系统的形态变化，其语法功能具有"隐含"特征，因而具有相对的灵活性。正如吕叔湘先生所说："由于汉语缺少发达的形态，许多语法现象就是渐变而不是顿变，在语法分析上就容易遇到各种'中间状态'。词和非词（比词小的，比词大的）的界限，词类的界限，各种句子成分的界限，划分起来都难于处处'一刀切'。"②

其二，汉语"副 + 名"现象形成的现实条件（现实性）——汉语副词与形容词语法与语义上的关联性。就语法功能的大类来说，汉语的"形容词""副词"同属于具有"修饰"类的表述功能。汉语的副词，是一个成员众多、内部成分复杂的词类，而且其中不少成员属于兼类词。据相关学者的研究，副词与形容词、副词与区别词、副词与动词的兼类最多。而区

---

① 孙良明：《据历代专书注释语法分析谈高校古汉语语法教学——兼说古汉语语法四大特点及其对语法教学的实用意义》，《语文研究》2008 年第 3、4 期。

② 吕叔湘：《汉语语法分析问题》，商务印书馆，1997。

别词，又称为属性词或非谓形容词，也为形容词的一个小类。可见，副词与形容词的兼类是汉语的一个重要特征（据相关研究者统计，仅在《现代汉语词典》中明确标明形、副兼类的词就有 140 余个①，而且有些应标未标的，实际上的数目远远多于这个），这有其语义与语法方面的深刻原因：这种"兼类"的形成，一是与词所处的句法结构有关，形容词"充当状语——或者说进入状位，无疑是一条极为重要的途径"②；二是"兼类"的两个义位语义上有相通之处。汉语的副词（特别是组成典型副名结构的程度副词）相当一部分来源于形容词，说明二者语义上具有相容性，或者说是一个连续统。有些词，如"突然""过分""经常""直接"等，离开具体的句法结构，我们很难确定它们的基本功能是副词还是形容词。而且，相当一部分副词是由形容词演化而来的。从汉语语文辞书的释义中，我可以明显看到某些词语从形容词义项衍生出副词义项的发展轨迹。如：

【老】

形 很久很久以前就存在的；时间久的（跟"新"相对）：～厂｜～兵｜～朋友｜～革命｜～根据地｜这件大衣试样很～了。

副 很久：老张近来很忙吧，～没见他了。

（《现代汉语词典》第 6 版）

其三，汉语"副＋名"现象的制约因素——名词一般具有描述性的语义特征。汉语中确实存在"副＋名"现象，但并不是所有的名词都能出现在"副＋名"的组合中。正如邢福义先生所指出的："虽然副词可以修饰名词，但是同副词修饰动词、形容词比较起来，无论如何，也只能算是特殊现象"；"名词受副词修饰时，总要受到或大或小的限制，不像副词修饰动词或形容词那样自由。"③ 目前对于词义的分类有多种分析方法，但就实词中名词、动词、形容词三大主要词类来说，其词义的核心是概念义（或"理性义"）。名词的概念义，可以分为两个部分：一部分表示人或事物的类属，即类属义；一部分表示人或事物的特征，即特征义。名词所含的特

---

① 杨洋：《现代汉语词典（第5版）形副兼类词研究》，河北师范大学硕士学位论文，2010。
② 张谊生：《现代汉语副词研究》，学林出版社，2000。
③ 邢福义：《关于副词修饰名词》，《中国语文》1962 年第 5 期。

征义又可以从不同角度进行分类：可以是对名词内涵进行说明、限制的限定性语义特征，也可以是对名词内涵进行描写、修饰的描述性语义特征。①而名词所含语义特征的不同，对其在语言中的组合功能有明显影响。从目前常见的典型的"副＋名"（即"程度副词＋名词"）用例看，这些与副词组合的名词一般具有描述性的语义特征，又有人称为"性质名词"②。例如：这个地方很郊区/她打扮非常新派/他假装特学问/这个人真饭桶/这个人太草包。这里，"郊区""新派""学问""饭桶""草包"，具有描述性语义特征是不言而喻的。词类是词的语法分类，"词的语法意义的类型就是词的词类性质"。③这种语法意义是指词在组合中的意义类型，即词所具有的"指称""陈述""修饰"等之类的表述功能。而"形容词""副词"同属于具有"修饰"类的表述功能。区别在于前者可以修饰名词、动词、形容词；后者一般只修饰形容词、动词，不修饰名词。但当该名词具有描述性语义特征并在一定语境中得以显现的时候，它就具备了与副词搭配的条件。而且，名词的内涵、意义越丰富，其与副词组合的可能性就越大。

其四，汉语"副＋名"现象的认知基础——汉民族长于具象思维的心理机制。汉语中"副＋名"大量存在，归根到底与汉民族的具象思维特征有关——汉民族思维心理的比附、联想性，反映在汉语表达上的特征就是可视性、形象性，即用具有某种特征的具体事物表示该特征义。汉语的"副＋名"的结构方式，凸现了名词内涵的描述性的语义特征，在语言表达上产生独特的丰富性、形象性。如：这位解放军同志比雷锋还雷锋/这个地方很郊区。这里的"还雷锋"中的"雷锋""很郊区"中的"郊区"，不仅具有丰富的内涵，而且隐含着一种具象的语义特征，恐怕是用任何一个相关的形容词都是难于取代的。

总之，在语言研究中，既要认识人类语言本质上的同一性，又要承认不同民族语言特质上的差异性。就词汇学领域来说，以汉字记录的汉语与以拼音文字记录的西方语言的差异性，主要表现在两个方面：其一，是汉语词形的二重性；其二，是汉语语素可分的现实性。事物的可分性

---

① 谭景春：《名形词类转变的语义基础及其相关问题》，《中国语文》1998 年第 5 期。

② 胡百华：《汉语体词的内涵》，《语言教学与研究》1980 年第 2 期。

③ 郭锐：《现代汉语词类研究》，商务印书馆，2002。

是认识事物的根本途径。值得注意的是：在语音研究上，西方拼音文字记录的是音素，与记录"语素－音节"的汉字相比，具有天然的优势；在语法研究上，印欧语言具有形态变化，与基本没有形态变化的汉语相比，也具有其特定优势；而在语义、词汇研究上，汉语的独立书写形式是汉字，它所记录的是语素，与记录的基本单位是词的印欧语言相比，可分性强，为我们认识和揭示其内在特征与规则提供了条件，同样具有其特定的优势。只要我们深刻认识并充分利用这种优势，不仅可能突破语义（词义）研究的许多难题，而且汉语的语义学、词汇学研究应当而且可能走在世界的前列。

二　古今沟通

每一种语言都是在历史上发生、发展的，语言的发展是渐变，而不可能是突变。因此，研究语言，认识其内在的规律性，必须坚持古今沟通的原则。语言的语音、语法、语义诸要素中，语义的历史继承性表现得更为明显，现代汉语的许多语义、词汇问题，不坚持"古今沟通"，研究是无法深入的，甚至是根本说不清的。

首先，在汉语语文辞书编纂中，有些词语的意义，只有坚持古今沟通才能说解清楚。如：

得① 动 得到（跟"失"相对）：取～｜～益｜不入虎穴，焉～虎子｜这件事办成了你也会～些好处。② 动 演算产生结果：二三～六｜五减一～四。③适合：～用｜～体。④得意：自～。……

【得病】 动 生病：不讲究卫生容易～。

【得空】 动 有空闲时间：白天上班，晚上要照顾病人，很少～。

（《现代汉语词典》第 6 版）

很显然，"得病""得空"的"得"的用法是常见义，而在单字条的释义中无法找到答案，显然是有漏收的义项。蒋绍愚《杜诗词语札记》："得，动词。有。杜诗中其例甚多。如：'老树空庭得，清渠一邑传。'

（《秦州杂诗》）、'窜身来蜀地，同病得韦郎。'（《送韦郎》）、'此日此时人共得，一谈一笑俗相看。'（《人日两首》）、'主人留上客，避暑得名园。'（《奉汉中王手札》）、'锦里残丹灶，花溪得钓纶。'（《赠王二十四》）、'宝镜群臣得，金吾万国回。'（《千秋节有感》）。"并且强调："最后三例很值得注意。'避暑得名园'是说主人有名园留客避暑，'得'不是'得到'。《赠王二十四》一诗是杜甫自阆州归成都时作，'锦里'两句是说还成都后家中犹余丹灶，溪上尚有钓纶。……'宝镜'两句是感慨群臣虽有宝镜而无复千秋节之盛。"这均说明上述"得"绝非"得到"之义，而作"有"解无疑。他还指出："'得'字这种用法在唐代不独杜诗有，其余如：'汉酺闻奏钧天乐，愿得风吹到夜郎。'（李白《流夜郎》）、'处处山川同瘴疠，自言能得几人归。'（宋之问《至端阳驿》）"。可见"得"的这一义项在唐代（中古）为常见用法，后世在"得病""得空"等口语词中得到保留，一直延续至今。

　　饮①喝，有时候特指喝酒：～料｜～酒｜～食｜痛～｜～水思源。②可以喝的东西：冷～｜热～。③饮子：人参～｜香苏～。④中医指稀痰。⑤心里存着；含着：～恨。

　　【饮恨】〈书〉 动 抱恨含冤：～而终。

　　【饮弹】〈书〉 动 身上中了子弹：～身亡。

　　【饮誉】 动 享有盛名；受到称赞：～全球｜他的作品～文坛。

（《现代汉语词典》第6版）

　　在上面所列由"饮"组成的复音词中，"饮恨"用的是义项⑤（心里存着；含着）；而用义项⑤解释"饮弹"已觉牵强，至于"饮誉"之"饮"绝找不到对应的义项。《汉语大词典》"饮"条列有"受；享受"一义，并举出唐宋时代以来的大量例证：唐独孤及《唐故朝散大夫河南独孤公灵表》："温江人饮公之化，逋者复，疲者悦，善者劝，不善者知耻。"宋苏轼《叶嘉传》："吾植功种德，不为时采，然遗香后世，吾子孙必盛于中土，当饮其惠矣。"叶紫《星》第四章一："她……无忧愁，无恐惧地饮着她自己青春的幸福！"其实"饮"的"享受"义在中古汉语中是常见义，另如"饮惠"（谓蒙受恩德）、"饮泽"（谓蒙受恩泽）。因此，可在

"饮"下加"受；享受"一义，起码应在"饮誉"的释义中做注释性说明。

同时，有些长期争论的理论问题，也只有"古今沟通"，才能得出正确的结论。如：传统语言学上众说纷纭的联绵词问题，是通过引入现代语言学的语素理论，才有了比较合理的解释。在汉语词汇研究中，用语素区分单纯词与合成词："单纯词，由一个语素构成的词。""合成词，由两个或两个以上的语素组合而成的词。"但实际情况比这种说法复杂得多。所谓"联绵词（字）"，作为汉语中一种特殊的语言现象，随着语素理论引入汉语词汇学的研究与教学领域，人们为了将联绵词（字）与普通的双音合成词相区别，将联绵词（字）说成是两个音节、一个语素的双音单纯词，最通行的表述体现在《辞海》对"联绵字"的释义之中："联绵词，亦称'连绵字''联绵字''连语'。指由两个音节联缀成义而在意义上不能分割的词。"虽然从理论上讲，联绵词属于单纯词，但事实上很多公认的联绵词，从语源上说，也不是绝然不可分释的。如"狐疑"一词，固然可依王念孙之说，认为"'狐疑'与'嫌疑'一声之转"（王念孙《广雅疏证·释训》）但从语源上认为其源于"狐性多疑"，也并非穿凿之说，连段玉裁也说："《离骚》：'心犹豫而狐疑。'以'犹豫'二字貌其狐疑耳。"（段玉裁《说文解字注》十篇上"犹"条注）又如"膏腴"为"肥沃"之义，而其双音词的意义也是由两个语素融合而成的。"膏"为"油脂、脂肪"义；"腴"，依《说文解字》："腹下肥者。"（据《段注》本）是指动物腹部的肥肉，也是"脂肪"之义。而"肥沃"正是"油脂"的引申义。

事实上，对所谓"联绵词（字）"，传统语言学上的理解与目前《辞海》，与各种论著、教材中所下的定义有很大差异。面对这种理论与实践上的矛盾，当今的语言学者采取了不同的态度，做出了不同的解释：一种是维护成说。这是多数人所采取的态度。如黄宇鸿《从〈诗经〉看古代联绵词的成因及特点》一文云："联绵词既然是一种单纯词，那么它和同义合成词的性质完全不同。即使有一部分联绵词上下存在同义关系，分开训解似乎也讲的通，如《诗经》中的'辗转、曲局、跋涉'等，但它们并不等于两字意义的简单相加。……因此，不管是单纯式的联绵词，还是联合式的联绵词，都具有表义单一、不可分释的本质特征。任何分拆训释联绵词的做法都是错误的。"① 一种是另起炉灶。如陈瑞衡《当今 "连绵字"：传统名称的 "挪用"》② 与李运富《是误解不是 "挪用"——兼谈古今联绵字观念上的差异》③。这些学者实事求是地提出质疑的精神，是非常可贵的；但由于相关论点强调了古今的差异而没有充分注意到古今的联系，有关联绵词（字）问题在理论与实际上的矛盾与分歧尚未得到解决。

面对这种情况，人们不得不对语素自身的性质、特征及其在构词过程中的功能与变化做进一步的思考与研究。语素也是可以再分析的，也存在 "大小与层级" 的问题。这仍然是一个 "兼综" "融会" 的问题。为了搞清 "联绵词" 的语义结构，还须从造词学的角度加以分析。汉语的双音词，主要有语法（包括词法、句法）造词、修辞造词和语音造词三大类。其中除单纯的语音造词所形成的双音词外，一般都是可以进行语义分析的。通常所谓的 "联绵词"，来源不外乎两个方面：其中一类是单纯语音造词的，主要是取声定名的专用名词，如 "布谷" "蟋蟀" "知了" 等；以声状物的形容词，如 "玲珑" "逍遥" "尴尬" 等；外来音译词，如 "月氏" "伽蓝" "浮图" "菩萨" 等。另一类是语法、修辞造词的。这后一类，是在以单音词为主的古汉语的基础上逐渐发展起来的，虽然词义与字面意义已无直接联系，而其语义结构大抵是可以分析或探源的。如："狐疑" "狼藉" 为主谓式，"寒暄"（意为 "冷暖"）、"沧桑"（"沧海桑田" 的缩略语，比喻世事的巨大变化）、"仓猝" 为并列式，"螃蟹"（《埤雅》云："蟹旁行，故里语谓之旁蟹。" "旁" 后类化作 "螃"）、"曲蟮"（本称 "蟮"，因其弯曲而行，故称 "曲蟮"）为偏正式。

目前关于联绵词的定义和已有联绵词典的收词，不仅自相矛盾，而且与人们约定俗成的对联绵词范畴的理解，出入很大。理论观点的绝对化与语言现实的复杂性，使人们不得不对这一问题进行新的思考。因而有必要重新明确联绵词的义界，给它下一个更为合乎语言运用实际的较为确切的定义。我们认为，确定一个双音词所含 "语素"，是划分联绵词的关键。

---

① 黄宇鸿：《从诗经看古代联绵词的成因及特征》，《河南师范大学学报》1999 年第 6 期。
② 陈瑞衡：《当今 "联绵字"：传统名称的 "挪用"》，《中国语文》1989 年第 4 期。
③ 李运富：《是误解不是 "挪用"——兼谈古今联绵字观念上的差异》，《中国语文》1991 年第 5 期。

吕叔湘先生说："语素可以定义为'最小的语音语义结合体'。"① 有很多双音节，里边是两个语素还是一个语素可以讨论，例如"含胡"（比较含混，胡涂），"什么"（比较这么，那么，怎么）。这是语素大小问题。联绵词应当是包含一个语素的双音词，但是，语素本身也存在一个大小、层级问题。那种"里边是两个语素还是一个语素可以讨论"的双音节词，往往是两个原始的单音节语素凝结而成的不可分释的新的双音节语素，由于后者是由前者生成的，二者处于不同的层次，这就不仅是语素的大小问题，还存在层级的问题。语言中的联绵词，不仅指两个音节联缀成义而不能分割的词，还应包括两个原始语素在长期组合中凝结成一个新语素，并且语义发生重大转化的双音词。依照上述标准，崔嵬、澎湃、嵯峨、觳觫等，这些是两个音节联缀成义的词，是联绵词；狐疑、膏腴、含胡、什么等，这是两个原始语素凝结成一个新语素并且语义发生了重大转化的词，也应被视为联绵词。某些所谓的联绵词（字）在语源上或历史上曾经是可以分割的，经历了从非单纯的复音结构向单纯的联绵词的转化。如："涟漪"本作"涟猗"，源于《诗经·伐檀》，原为"涟猗"（"河水清且涟猗"）、"直猗"（"河水清且直猗"）、"沦猗"（"河水清且沦猗"）并用，显然是一种临时组合，"猗"为语助词。后"猗"受"涟"的影响，类化作"漪"，遂成"涟漪"一词。"涟漪"应当是公认的联绵词，而探其语源，乃是词根加后缀所成。

总之，如果复音词的语素义能够直接体现词义，语素义与词义具有"表层"的联系，应被视为合成词；如果语素义不能够直接体现词义，构词的语素已经融合成一个整体，语素义与词义仅仅有"深层（或语源）"的联系，如那些字面意义隐没的所谓"联绵词（字）"，应视为单纯词。

三　语义分析与语法分析相结合

我们认为，任何一个语言单位（包括语素；词，特别是复合词）的语

---

① 吕叔湘：《汉语语法分析问题》，商务印书馆，1979。

义关系与语法属性、语义层面与语法层面是同时存在、融为一体的。它们之间既有联系，又有区别。一方面，语义关系与语法属性有大体的对应关系；另一方面，有时相同的语义关系可以用不同的表层语法形式来表达，相同的语法属性可以蕴含不同的深层语义关系。我们研究复合词的内部结构，不能仅仅满足于对其进行语法结构分析，还需要进一步说明其深层的语义关系；但这绝不是排斥对语法形式的揭示。而且，值得注意的是，具备形式标志的语法结构具有相对直观性、概括性的特点，而语义关系具有其特定的隐蔽性、主观性。因而，排斥具有形式标志的语法制约的单纯的语义分析，就很难不发生随意性的偏向。同时，有些复合词的语法结构分析具有歧义性，还有一部分复合词无法用目前已知的语法结构加以分析，这也就说明语法结构的分析需要语义关系分析相配合，作补充。

现代汉语是以复音词（主要是双音复合词）为主的，而这种复合词又是在单音节语素（书写形式是汉字）的基础上发展起来的。因此，语言学者在研究现代汉语词汇学、语义学的时候，非常关注单音节语素义与复合词词义的关系，并力求从语义和语法组合关系上揭示二者的联系与区别。汉语构词法的研究，一开始就成为词汇学与语法学共同关心的问题，这也体现了汉语词汇学研究的民族特征。

早在 20 世纪 20 年代，黎锦熙先生就制成"复合词构成方式简谱"，并在调整、修改后，收入后来出版的《中国语法教材附编》。新中国成立以后，1952 年吕叔湘先生和朱德熙先生合著的《语法修辞讲话》一书中就指出"双音词的构成跟短语相似"，并且将双音词分为四类：联合式（斗争、丰富）、主从式（武装、优点）、动宾式（带头、整风）、其他（打倒、听说、一切等）。① 第一部系统、全面论述现代汉语词汇学的著作——周祖谟先生的《汉语词汇讲话》（1955—1957 年在《语文学习》上连载，1959 年由人民教育出版社出版），就将复合词分为联合式（如土地、城市）、偏正式（如火车、铁矿）、支配式（如动员、带头）、补充式（如说明、指定）、表述式（今为"主谓式"——笔者注，如夏至、地震）、重

---

① 吕叔湘、朱德熙：《语法修辞讲话》，中国青年出版社，1952。

叠式（如稍稍、渐渐）等类型。① 与此同时，中国科学院语言研究所成立了以陆志韦先生为首的汉语构词法研究小组，1953—1956 年完成《汉语的构词法》初稿，经 1957 年语言研究所学术委员会扩大会议讨论，1960 年由科学出版社出版。该书首次明确提出"汉语里，造句的形式与构词的形式基本上是相同的"的观点，并用"偏正格、后补格、动宾格、主谓格、并列格、重叠格、后置成分"等说明现代汉语构词的各种类型。② 后来的不少学者进一步论述和发挥了复合词结构与句法结构具有一致性的观点。如朱德熙先生曾经指出："复合词的结构和句法结构是平行的。"③ 近年来，一些有关的词汇学著作中，人们在说明汉语复合词的"结构类型"时，对"句法学造词"形成的复合词，一般也是分为"主谓式"（霜降、地震）、"谓宾式"（主席、将军）、"补充式"（说明、证实）、"并列式"（人民、朋友）、"主从式"（皮鞋、铁路）等。④

能否用"句法结构"及其相关术语描写复合词的结构，关键在于是否承认复合词的构成成分"语素"具有语法属性。我们认为，目前一些语文辞书主张不为"不成词语素（或"词素"）"标注语法类别，与这种"不成词语素"是否具有语法属性，是两个不同层面的问题。前者是辞书编纂的处理方式问题，后者是这一语言单位自身的属性问题。"不成词语素"也是有其特定的组合功能的，这也就体现了它的语法属性。多年来的实践证明，按语素语法性质分类，并据此分析复合词的构造类型，一般情况下是可行的，但也会遇到一些矛盾和问题。

一是语素的语法类别有些是不能确定的，有时是"仁者见仁，智者见智"。如"自命"、"自备"，有人分析为"副 + 动"，也有人认为是"名 + 动"的主谓结构；"冰凉"、"水灵"，有人分析为"名 + 形"，但其中的"冰"意为"像冰一样"，"水"意为"像水一样"，将它们看作名词性语素就让人难以信服了⑤。

---

① 周祖谟：《汉语词汇讲话》，人民教育出版社，1959。
② 陆志韦等：《汉语的构词法》，科学出版社，1960。
③ 朱德熙：《语法讲义》，商务印书馆，1982。
④ 任学良：《汉语造词学》，中国社会科学出版社，1981。
⑤ 符淮青：《汉语词汇学史》，安徽教育出版社，1996。

二是复合词中有一部分无法用目前已知的语法结构加以分析说明，如"人次""架次""马匹""纸张""木耳""花生"等。

由此有的学者就认为复合词的结构"完全是词汇性的。这种结构的决定因素是词根间的意义结合关系。词根的意义是体现概念的，其互相结合的意义关系只具有概念关系范畴的性质，并非语法关系意义"。[①] "在一个词的内部存在词与词的句法关系，这是荒谬的，逻辑上绝对讲不通。复合词的结构成分是词素，而不是词，词素之间的结构关联当然不能是句法现象。"[②] 因而主张对复合词进行纯语义的分类研究。

针对 20 世纪 90 年代以后一些学者对构词分析的理论与方法提出质疑，符淮青先生指出："现有的构词法分析有它的较强的解释能力"，"构词法的分析对正确解释词语的意义有重要的作用"，并举出《现代汉语词典》的例证进行具体的说明："（1）尘垢：灰尘和污垢；（2）真诚：真实诚恳；（3）浅见：肤浅的见解；（4）轻信：轻易相信；（5）畏难：害怕困难；（6）保健：保护健康；（7）年迈：年纪老；（8）礼成：仪式结束；（9）藏书$_1$：收藏图书；（10）藏书$_2$：图书馆或私人收藏的图书。……（1）（2）词的结构是并列式，释义词语的结构也是并列式；（3）（4）词的结构是偏正式，释义词语的结构也是偏正式……我们不能认为被解释的词的结构同释义词语的结构相同是一偶合，应该说正是由于正确分析了合成词的结构，采用了同合成词结构一致的释义词语，才正确解释了词的意义。"[③]

目前所谓"纯语义"的复合词结构分析，也只是一种理想化的模式，事实上是难于做到的。只要讲结构层次，就涉及语法问题，目前所见到的有关著作对汉语复合词语义构词法的相关论述中，实质上仍隐含着语法分析的影子。如刘叔新先生虽然承认复合词"大部分同语法结构的某种近似，也是不容否认的"，却不赞成用习惯上描述短语（或句法）结构的"主谓关系（即主谓式）、动宾关系（即谓宾式）、述补关系（即补充式）、联合关系（即并列式）、偏正关系（即主从式）"等术语说明复合词的内部结构关系，他认为："复合词的两个结构项之间的结合关系，往往像是

---

① 刘叔新：《汉语描写词汇学》，商务印书馆，1990。
② 刘叔新：《汉语描写词汇学》，商务印书馆，1990。
③ 符淮青：《词典学词汇学语义学文集》，商务印书馆，2004。

句法成分之间的结构关系。如：a.'博物馆''大自然'……'仿佛是"定语——中心词"的定中关系'b.'追加''徒劳'……'仿佛是"状语——中心词"的状中关系'c.'司机''开刀'……'仿佛是"动词——宾语"的动宾关系'……这里说'仿佛是'，意味着并不就是。"并且，他创制了"陈述格、支配格、补足格、质限格、态饰格、并联格"等一套新的指称复合词结构关系的术语。① 朱彦在《汉语复合词语义构词法研究》中指出："尽管汉语复合词的语义结构类型与句法结构类型之间的关系是参差的，交叉的，但是每一个语义结构类型的大部分词例还是对应于某一句法结构类型。具体说来，论元成分互参型基本上对应于定中式，谓词成分互参型基本上对应于状中式，支配型谓词在前式基本上对应于述宾式、述补式和介宾式，支配型谓词在后式基本上对应于主谓式，并联型基本上对应于联合式。"② 这就说明，汉语复合词语义分析与语法分析是具有互补性的，充分借鉴已有的研究成果，将语义关系分析与语法结构分析有机地结合起来，才可能作出以简驭繁、方便理解的论述。

语义分析与语法分析结合，是汉语复合词结构研究的以简驭繁之路。我们知道，语义的分类是最为复杂的，也特别容易具有主观性。从编纂《尔雅》开始，中国人就试图对语义进行类别的划分，历经数千年，到现在也未能取得共识，这就是最好的证明。而语法的分类，一般是具有形式标志的，具有相对的科学性。通过以上分析，我们认为汉语复合词结构的认知与研究应当坚持语义分析与语法分析相结合的原则。

总之，事物有其自身生成的途径与规律。汉语双音复合词的形成有语法（包括词法与句法）造词、修辞造词、语音造词等多种途径。按照其本源认识事物，思路会很清晰；反过来，就可能将简单问题复杂化。在语言的形成和发展中，以逻辑思维为主的语法和以形象思维为主的修辞，从根本上说，都是表达语义的手段，受深层语义的制约；同时，它们自然也就成为语义的形式标志，成为人们认识语义的重要途径。利用这些标志去理解和说明语义，往往是形式化的、直观的，容易为人们所理解；反之，回

---

① 刘叔新：《复合词结构的词汇属性——兼论语法学、词汇学同构词法的关系》，《中国语文》1990 年第 4 期。

② 朱彦：《汉语复合词语义构词法研究》，北京大学出版社，2004。

避或绕过语法、修辞等形式标志，单纯从语义自身去说明语义的变化，语义的抽象性、隐含性不仅难于把握，而且会不可避免地带入研究者自身的主观意识。

四　理性思维与具象思维兼容

语言，尤其是语义（词义）的发展，其生成的机制主要不是逻辑的推理，而是心理的联想。体现"相似（相类）"联想的"隐喻类比"，是汉语词的新义形成的重要途径。引申前后的两个义项或"形式相似"，或"性质相类"，就可以移花接木般地派生出新义。而目前的汉语复合词构词法研究，无论是语法结构上的，还是语义关系上的，都是一种逻辑上的联系，都是理性思维的结果。而汉语双音词的形成有多种来源，其中一些可能本来就不是理性思维的产物，需要用具象思维去体验。

作为约定俗成的语言，其许多概念范畴是隐喻思维的产物，属于原型范畴。语言的规则，一般是多数的、相对的规则，而不是绝对的规则；这种规则可以"描写"，但不一定能"推导"。创造了"梦幻"艺术的东方思维，比附和联想是其最显著的特征，这与继承古希腊文化的"求真"精神形成的西方文化不同。东西方思维与文化的差异，使其在语言研究上呈现不同的特点：如果说，东方（这里主要指汉民族）语言学者在理性思维上存在某种缺陷的话，西方语言学家过分强调语言的理性规则，同样是一种偏向。一定要将意念、联想思维形成的语言现象纳入理性、逻辑的规则，就可能将简单问题复杂化。目前，无论是语法研究，还是语义（词汇）研究，都存在将简单问题复杂化的问题。这是语言研究脱离实际，脱离社会（脱离语言的学习者与使用者）的"误区"。

自然界与人类社会的各种规则都具有相对性，一种规则的成立并不排斥某些例外，某些例外的出现也并不能否认规则的存在。语言具有约定俗成的本质属性，与自然科学与其他社会科学相比，语言规则的相对性更为突出。有相当多的语言规则只是揭示一个大致的趋向。由此说来，传统汉语复合词构词法研究中，用于分析复合词的构造类型的方法，一般情况下是可行的，说明了绝大多数复合词的结构情况，出现不能涵盖、不能说明的例外是正常的。我们的责任是深化、细化这种研究，不一定因此就从根本上否定它。试图建立一种无一例外的汉语复合词构词法模式，无论是语法的，还是语义的，可能都是做不到的。

目前，对于汉语复合词的研究，语法分析所解决不了的问题，用语义分析也未必能解决——因为它们所遵循的是相同的理性思维规则。当前的复合词的语义结构分析，是一种逻辑语义上的联系，问题是语义的组合并非都是逻辑关系上的组合。人类的认知是理性思维与具象思维相兼容的，具有逻辑性成分与非逻辑性成分。语言（包括汉语的书写工具——汉字）是理性思维与具象思维的混合物，有一部分可以作逻辑性的分析与描写，而也有一部分不能作逻辑性的分析与描写，因而不可能完全公式化、形式化。对语义作绝对形式化的描写，就如同试图对文学艺术创作、美术上写意画创作采用公式表示创作规则一样不可思议。我们不妨回顾一下汉语文字学研究的历史：许慎《说文解字》建立了系统的"六书"理论，但许氏在该书中并没有一一标明某一字为哪一书，除形声字外，许慎大多没有明确指出某一汉字的具体造字方法，直接标明"指事"的更是寥寥无几。事实上，人们只能根据典型的或多数的汉字总结出造字规则，任何一种有关汉字构形的理论，也不可能涵盖全部汉字。尤其值得注意的是，有些汉字仅体现一种造字方法，而有的汉字可能一字蕴含多种造字方法，因此不应当，也不可能将每一个汉字在"六书"中一一对号入座。而清代说文四大家之一的王筠试图通过分类的苛细而给每一个汉字定位，致使《说文释例》分类烦琐（如其将"指事"区分为正例一，变例八；"象形"区分为正例一，变例十；"会意"有正例十，变例十二等），而后世多有争议。近代著名学者马叙伦著《说文解字六书疏证》①，将研究注意力放在对《说文解字》中每一个字的"六书"归类上，后人也多有指摘。作为一位近现代著名学者的代表性著作，此书刊行后在学术界面临的沉寂与冷落，很值得人们深入思考。汉语的词汇，特别是复合词的构成，要比文字复杂得多，其形成的心理机制及思维路径更是多元的，绝不是理性的逻辑思维方式所

---

① 马叙伦：《说文解字六书疏证》，科学技术出版社，1957。

能全部概括的。如"谢幕"一词,《现代汉语词典》第 6 版的释义是:"演出闭幕后观众鼓掌时,演员站在台前向观众行礼,答谢观众的盛意。"如果《现代汉语词典》的释义是准确的话,这里有众多的语义角色,而复合词只突现其中的两个,而且"谢"与"幕"之间的组合关系,无法用目前已有的结构关系来解释。吕叔湘先生对此作过形象的说明:"语言的表达意义,一部分是显示,一部分是暗示,有点儿像打仗,占据一点,控制一片。""像'谢幕'那样的字眼,就放弃了很多东西,只抓住两点,'谢'和'幕'。说是'放弃',并不是不要,而是不明白说出来,只隐含在里边。"① 而且,就认知语言学的观点来看,从语言的深层来认识,语素义与复合词词义关系的各种情况,包括能用现行组合关系解释的与不能用现行组合关系解释的,都是从认知场景中提取的结果。近现代一些著名的语言学者对思维与语言,特别汉语复合词组合规则的这一多元性特征早有认识。吕叔湘先生的分析,不失为明智之举,至今对我们很有启发。

参考文献

[1] 陈瑞衡:《当今"联绵字":传统名称的"挪用"》,《中国语文》1989 年第 4 期。

[2] 符淮青:《词典学词汇学语义学文集》,商务印书馆,2004。

[3] 符淮青:《汉语词汇学史》,安徽教育出版社,1996。

[4] 郭锐:《现代汉语词类研究》,商务印书馆,2002。

[5] 汉语大词典编纂委员会:《汉语大辞典》(第 12 卷),汉语大词典出版社,1993。

[6] 胡百华:《汉语体词的内函》,《语言教学与研究》1980 年第 2 期。

[7] 黄宇鸿:《从诗经看古代联绵词的成因及特征》,《河南师范大学学报》1999 年第 6 期。

[8] 李运富:《是误解不是"挪用"——兼谈古今联绵字观念上的差异》,《中国语文》1991 年第 5 期。

[9] 刘叔新:《复合词结构的词汇属性——兼论语法学、词汇学同构词法的关系》,《中国语文》1990 年第 4 期。

[10] 刘叔新:《汉语描写词汇学》,商务印书馆,1990。

[11] 陆志韦等:《汉语的构词法》,科学出版社,1960。

---

① 吕叔湘:《语文常谈》,生活·读书·新知三联书店,1980。

［12］吕叔湘：《汉语语法分析问题》，商务印书馆，1997。

［13］吕叔湘：《语文常谈》，生活·读书·新知三联书店，1980。

［14］吕叔湘、朱德熙：《语法修辞讲话》，中国青年出版社，1952。

［15］马叙伦：《说文解字六书疏证》，科学技术出版社，1957。

［16］任学良：《汉语造词学》，中国社会科学出版社，1981。

［17］宋扬：《现代汉语副词内部兼类及其演化研究》，华中师范大学硕士学位论文，2009。

［18］孙良明：《据历代专书注释语法分析谈高校古汉语语法教学——兼说古汉语语法四大特点及其对语法教学的实用意义》，《语文研究》2008 年第 3、4 期。

［19］谭景春：《名形词类转变的语义基础及其相关问题》，《中国语文》1998 年第 5 期。

［20］王瑛、曾明德：《诗词曲语辞集释》，语文出版社，1991。

［21］邢福义：《关于副词修饰名词》，《中国语文》1962 年第 5 期。

［22］徐烈炯：《语言学就是语言学》，《语言文字应用》1998 年第 1 期。

［23］徐通锵：《中西语言学的结合应以字的研究为基础》，《语言文字应用》1998 年第 1 期。

［24］杨洋：《现代汉语词典（第 5 版）形副兼类词研究》，河北师范大学硕士学位论文，2010。

［25］张谊生：《现代汉语副词研究》，学林出版社，2000。

［26］周祖谟：《汉语词汇讲话》，人民教育出版社，1959。

［27］朱德熙：《语法讲义》，商务印书馆，1982。

［28］朱彦：《汉语复合词语义构词法研究》，北京大学出版社，2004。

"一带一路"需要语言学
提供更多的支持和服务

——对我国五大科研基金语言规划类课题的思考

苏新春[*]

一 引言

我们曾对国家社科基金课题 2008—2013 年的语言学课题进行过分析，发现社会语言生活日益成为语言研究的关注热点，并承担了编制《国家语委"十三五"科研规划》的预调研任务，对我国五大科研基金过去十年语言学立项课题调研，以更好地把握规律与特点，了解语言学的发展趋势，感受成果，发现课题不足。这五大科研基金是国家社会科学基金课题、国家自然科学基金课题、全国教育科学规划课题、教育部哲学社会科学规划课题、国家语委科研规划课题（下文简称为国家社科、国家自科、教育科学、教育部、国家语委）。调查范围为 2005—2014 年，调查资料来自上述各类基金所在的官方网站。

"一带一路"倡议由习近平主席于 2013 年提出，得到国际社会高度关注。"一带一路"倡议顺应了时代要求和各国加快发展的愿望，提供了一

---

* 苏新春，厦门大学文学院教授、博士生导师，研究方向为词汇学、语文现代化。

个包容性巨大的发展平台，具有深厚历史渊源和人文基础，能够把快速发展的中国经济同沿线国家的利益结合起来。要集中力量办好这件大事，近睦远交，使沿线国家对我们更认同、更亲近、更支持。[①]"一带一路"倡议在我国的理论界、应用界、产业界产生了重大反响。语言学在"一带一路"建设中起着重要的作用，语言调查、语言传播、语言研究、语言服务，一样都不能少。不依靠语言，我们就无从认识对方；不依靠语言，我们就无从与对方沟通；不依靠语言，我们就无从表达意愿、宣示主张、维护利益。在国家的国际发展视角下，语言学的作用就是"先行""铺路"，就是"支撑""服务"。

从这个角度来观察，我国现有的语言学研究离"一带一路"倡议要求还差得很远，尽管我们曾把"关注语言生活中的重要问题、现实问题"作为国家社科基金 2008—2013 年语言学课题的第一特点，但从"一带一路"倡议的角度来看，语言学仍未做好准备。因为那时所关注的主要还只是国内语言生活，而不是国外；重点是对国内汉语生活的调查研究与提出对策，而不是为我的的国际发展提供语言服务与对策措施。我们的语言研究，在"一带一路"所需的相邻相近国家的认知上，在语言先行、语言服务上有许多方面还是空白。下面试从两个方面加以分析。

二 从立项课题涉及的国别与地区看存在的缺失

五大科研基金过去 10 年共设有语言学课题 4272 项。从总体上看，"语言应用"类课题已超出"语言本体"类课题，数量为 1858 项（43.49%）对 2414 项（56.51%）。对语言应用、语言生活的关注已经成为学术界的主流。属于语言规划类的课题有 94 项，有关国外语言规划问题的课题有 28 项（见表1）。

---

① 《〈习近平谈"一带一路"〉主要篇目介绍》，《人民日报》（海外版）2018 年 12 月 12 日，第 2 版。

表1　国外语言规划类课题一览

序号	年份	课题名称	课题类型
1	2005	外语政策与国家安全和社会发展——中国与美国、欧洲外语政策比较研究	国家社科
2	2006	中美官方语言的文化差异及其语言策略研究	国家社科
		美国的语言政策研究及借鉴	国家社科
3	2007	语言规划经典研究	国家语委
4	2009	和平繁荣视野下中国和东盟国家外语政策的对比研究	国家社科
5	2010	美国语言政策研究	教育部
		中美外语教育与政策比较研究：1990—2010	教育部
		外国语言政策国别研究	教育部
		原苏联国家语言现状和语言政策研究	教育部
6	2011	新时期国家利益视角下的语言规划研究——中美个案对比	国家社科
		中东国家语言政策与实践研究	国家语委
		东盟国家语言状况及广西语言发展战略研究	教育部
		泰国语言政策、外语竞争及其对汉语国际传播的启示研究	国家社科
		各国语言文字管理体制的比较研究	国家语委
		美、俄、德、日、韩五国语言文字管理体制的比较研究	国家语委
		"金砖五国"语言管理体制与语言政策比较研究	国家语委
		国际与地区组织的语言政策制定及其实施研究	国家语委
7	2012	美国关于恐怖主义的话语策略研究（2001—2011）	国家社科
		土库曼斯坦语言政策研究	国家社科
		美国、法国、俄罗斯、巴西国家外语能力研究	教育部
8	2013	国际化城市的外语规划：上海与纽约、东京的比较研究	国家社科
		欧盟国家外语教育政策的比较研究	教育科学
		美国国防语言规划研究	国家社科
9	2014	语言安全政策主体的多元互动研究——以中美对比为视角	国家语委
		中国和东盟国家的民族语言政策对比研究	国家语委
		美国"关键语言战略"及其对中国面向东盟语言战略的启示	国家社科
		东盟国家外语教育政策及其对汉语国际传播战略的启示研究	教育部
		国家认同视角下的国外少数民族语言政策研究	国家语委

这 28 项课题从时间上看，2010 年之前不多，从 2010 年起明显增多，体现出我国的语言规划研究者们"借他山之石"的意识开始增强。从涉及的国别、地区和语种来看，有这样几个特点。

1. 关注的国家和地区主要是西方发达国家

具体国家中以对美国的关注为最高，有 8 项是专门对它的研究，另有 3 项是兼及研究。对美国的研究占了国外同类课题的 40%。涉及的语言问题有"语言规划""语言政策""语言安全""官方语言""外语政策""外语能力""城市外语规划""恐怖主义""管理体制""关键语言""国防语言"。这显示对美国的关注是相当细的，有的甚至到了城市之间的对比。关于外国普遍情况的有 6 项，排第 3 位的是东盟，有 5 项。其他地区有欧盟、中东、金砖五国等。该专题课题表现出关注西方发达国家，关注活跃的经济实体的特点。

2. 统而论之的多，分而论之的少

除美国外，其所涉及的国别和地区多是统而论之，针对具体国家的少，能符合有地缘经缘特点的课题只有不多的几项，如"土库曼斯坦语言政策研究"（国家社科）、"泰国语言政策、外语竞争及其对汉语国际传播的启示研究"（国家社科）。从"一带一路"倡议角度来看，将关注的重点从西方发达国家转为与我国有地缘经缘关系的相邻相靠国家，由概而论之的概览式研究转为对具体国家的深入研究，是值得思考的问题。

以上是对"语言规划"类课题的分析，如果就所有课题来说，国别与地区的畸轻畸重会表现得更为明显。如紧邻新疆的中亚五国，只有一个课题是关于土库曼斯坦的，其他四个斯坦国都无专门的课题涉及，只是统为"中亚"而论，其实中亚五国的国情、文化与中国的亲疏关系都很不一样。另外对许多关系密切、利益紧要的国家和地区，在课题立项中还都是空白，如印度、巴基斯坦、阿富汗、孟加拉国、锡兰、伊朗、伊拉克等。以整个东南亚为研究对象的课题有相对稍多，但国别的研究只有泰、缅、越有几个课题，柬、新、老各只有 1 个课题，而马、菲等还是空白。

课题的这些特点与我国前几十年的开放态势是相吻合的，即加强对西方的认识，向西方发达国家学习，努力参与到世界事务中去；但从当前

"一带一路"倡议角度来看，这样就不够了，语言学面临繁重的"语言先行""语言服务"的任务和压力。

三 从立项课题关注的内容看存在的偏颇

按课题研究的语种，立项课题可分为汉语、外语、民语三大类。"汉语"的有 2328 项（54.49%），为"外语"的有 1332 项（31.18%），为"民语"的有 612 项（14.33%）。外语类课题看上去不少，似乎显示我们对国外语言状况应该有相当了解，实际上并非如此。

1. 关注重点是"语言本体"而非"语言生活"

在以外语为对象的 1332 项课题中，属于语言本体研究的有 300 多项。语言本体关乎语言结构、语言形式、语言自身的发展规律等。对语言本体的关注更多是语言学圈内的事，体现了更多的学理性。这种研究注重对语言的纯客观研究，注重研究对象自身是什么，而非社会存在与社会功能。本体研究在 20 世纪的语言学中，有着特别强的传统。而"一带一路"倡议要求语言学者更多关注语言的"用"，关注语言与社会、文化、民族、观念、习俗、国情的关系。如对东南亚各国的研究，对泰国、泰语算是关注得最多的，共有 6 项课题，可有 4 项是从语言本体角度来研究的（如《壮语与泰语谚语比较研究》《中泰跨境苗语对比研究》《面向互联网的泰语——汉语双语语料获取及对齐方法研究》《泰语汉语关系词历史层次研究》）；从语言社会角度研究的只有 2 项（如《泰国语言政策、外语竞争及其对汉语国际传播的启示研究》《泰国汉语快速传播模式及其对汉语国际传播的启示研究》）

2. 关注重点是"大语种"，忽略了"小语种"

以外语为对象的课题中，专门探讨外语教学的有 448 多项，涉及我国小学、中学、大学不同阶段的外语教学，其中又以高校为多。按语种来分，其主要是关于英语的，在 448 项中有 384 项，占 85%，我国外语教学呈现一语独大的局面。外语教育本质上仍是为了使我们获得对外部世界的认知能力，特别是获得对以英语为代表的西方国家的认识、沟通能力。外语能力的获得固然是为了走出去，可走出去的目的地仍是走向西方，向别人学习，这与"一带一路"的走出去，在方向、内容、功能都迥然不同。"一带一路"的走出去首先是要走向周边国家，走向与我们有着地缘、经缘关系的近邻国家，主要是第三世界国家，是要发挥我们国家的影响，目的是"共同打造政治互信、经济融合、文化包容的利益共同体、命运共同体和责任共同体"。而目前我们国家盛行的是以英语为主的外语教育，这反映了前 30 年面向西方世界全面开放的需求，但到今天未必是最合适的了。

四　思考与对策

通过以上的考察，可以看到过去十年我国五大科研基金的语言学课题立项表现出以学习为主、以融入为主的特点。"一带一路"要求我们必须首先关注周边国家和地区，关注与我国经济发展、经济利益攸关的地区，做到沿带沿路国家的互联互通互信、共商共建共享。要做到这些，首先当必须做到了解国情、知晓文化、通达语言。而目前恰恰是对与"一带一路"紧密相连国家的语言国情、语言政策、语言使用了解不够、研究不足。语言学研究者和立项单位有责任为国家发展战略提供更充分的服务。

其一，要充分认识到"一带一路"的延伸，首先必须是语言先行，沟通先行，发展国与国、地区与地区之间的和谐关系先行。对所在国家的语言现状、语言政策、语言习俗有深入了解，应是先行先做的第一步。要从科研指南、立项导向、扶持力度上做出明确的、方向性的倾斜和引导。

其二，语言研究与课题立项的重点要努力实现以下几点转变。

（1）研究重心的转变：由"向西方"到"向邻国""向利益攸关国家/地区"的转变。要求做到对与"一带一路"有关联的国家和地区，有关注，有研究，有对策，对措施。

（2）研究范围的转变：由"概而统之"到"分而化之"的转变，应落实到具体的国家和地区。要一个国家、一个地区地去研究，对一些重要国家和地区，还要有深度，对来龙去脉，对原因、影响，都要做到心中有数，为后续的经济、政治、文化、军事的跟进做好语言准备。

（3）研究内容的转变：由"语言结构语言知识"到"语言生活语言政策"的转变。要把长期以来形成的本体研究、结构研究、形式研究的语言研究范式，转为对语言生活、语言政策、语言文化的研究。把语言作为文化现象、政治政策、思想意识的体现物来研究，突出语言的交际性、文化性、民族性的研究。

（4）研究目的的转变：由外语学习的"学习型"到"输出型"的转换。我国持续注重外语教育是一件好事，只是过往的外语学习都是为了强大、丰富、完善自己的"学习型"学习，学别国语言是为了更好向对方学习，所以学习对象都是势力强大的语言，重视的是语言的听说读写，突出的是语言的通畅使用。而现在的外语学习是为了了解对方，为了沟通，为了更好地寻找共同点，为了更好地共商共建共享，是为了使我们自己更好地"强身健体""全面出击"。

参考文献

[1] 国家语委科研数据库网站，http:∥www. ywky. org/prjquery. aspx。

[2] 国家社会科学基金网站，http:∥www. npopss‐cn. gov. cn/。

[3] 国家自然科学基金网站，http:∥www. nsfc. gov. cn/。

[4] 全国教育科学规划课题网站，http:∥www. nies. net. cn/ky/qgjyghkt/lxkt/。

[5] 苏新春、刘锐：《国家社科基金语言学立项课题分析》，《新疆师范大学学报》2015 年第 3 期。

[6] 中国高校人文社会科学信息网，https:∥www. sinoss. net/。

论音韵学辞典的编纂原则与创新

——《中国语言学大辞典》和《语言文字词典》音韵学词目表分析

冯　蒸[*]

一　《中国语言学大辞典》和《语言文字词典》音韵学词目总表及其重要意义

　　汉语音韵学有着上千年的历史，但是长期以来，这个学科并没有一部严格现代意义上的音韵学辞书。首次具有音韵学意义的辞书是 1978 年出版的《辞海·语言文字分册》[①]。该书共收有音韵学名词 87 条，术语部分仅有 8 页。这当然不能算是严格意义上的音韵学辞书。类似的情况在 1927 年出版的《文字学名词诠释》[②] 一书中就已存在。该书虽然名为《文字学名词诠释》，却只收有音韵学名词 132 条，当然不能算是音韵学辞书。不过，应该肯定，这两部辞书特别是《辞海·语言文字分册》虽非专门的音韵学辞书，但其所创立的"术语＋人物＋著作"的编纂模式，还是为此后音韵学专科辞典的编纂提供了可贵的思路。

---

　　* 冯蒸，首都师范大学文学院教授、博士生导师，研究方向为汉语音韵学。
　　① 复旦大学语言研究室编《辞海·语言文字分册》，上海辞书出版社，1978。
　　② 叶长青编著《文字学名词诠释》，上海群众图书公司，1927，第 224 页。

在国内，首次以专科辞典形式出版的音韵学辞书始于1991年。在这一年，有两本重要的音韵学辞书和准辞书出版，一本是1991年3月江西教育出版社出版的《中国语言学大辞典·音韵学卷》，一本是1991年9月湖南出版社出版的《音韵学辞典》，二者各有特色。前一本虽然只是《中国语言学大辞典》中的一卷，但有20余万字，长达150页之多（含人名、著作、音韵学史），完全可以视为一部独立的音韵学辞书。本文暂不讨论《音韵学辞典》，仅讨论笔者主编和独立编纂的两部音韵学辞书。这两部辞典就是《中国语言学大辞典·音韵学卷》和《语言文字词典·音韵学卷》（学苑出版社，1999）。《中国语言学大辞典》和《语言文字词典》在音韵学界有一定影响，与其中的音韵学词目有特色密不可分，下面我们先把这两部辞书的音韵学词目全部列出，作为下文讨论的基础。表1中浪纹线部分是《中国语言学大辞典》收录而《语言文字词典》未收录的词目。

表1 《中国语言学大辞典》与《语言文字词典》音韵学词目总表

（一）总论：研究范围及学科（40条）

序号	条目	序号	条目	序号	条目
（1）	汉语音韵学	（15）	早期等韵学	（29）	近代音
（2）	音韵学	（16）	宋元等韵学	（30）	古官话音（见【近代音】）
（3）	声韵学	（17）	明清等韵学	（31）	早期官话音
（4）	汉语音韵理论（音理）	（18）	北音学	（32）	北音
（5）	汉语语音史	（19）	音韵	（33）	南音
（6）	音韵理论	（20）	声韵	（34）	雅音
（7）	音理	（21）	古音	（35）	正音
（8）	汉语音韵学史	（22）	古韵（见古音）	（36）	中原雅音
（9）	汉语音韵研究方法论	（23）	今音	（37）	戏曲音韵
（10）	古音学	（24）	今韵（见【今音】）		
（11）	古韵学（见【古音学】）	（25）	时音		
（12）	今音学	（26）	上古音	（38）	京剧音韵
（13）	今韵学（见【今音学】）	（27）	近古音	（39）	考古派
（14）	等韵学	（28）	中古音	（40）	审音派

（二）音理篇（297条）

序号	条目	序号	条目	序号	条目
（41）	音韵构造	（71）	唇音	（101）	知系
（42）	头颈腹尾神	（72）	重唇音	（102）	见系
（43）	起舒纵收	（73）	轻唇音	（103）	帮组
（44）	音类	（74）	喉音双飞	（104）	非组
（45）	声母	（75）	喉音二独立	（105）	端组
（46）	声	（76）	独清	（106）	泥组
（47）	单声母	（77）	独浊	（107）	精组
（48）	复辅音声母	（78）	分清	（108）	知组
（49）	复声母（见【复辅音声母】）	（79）	分浊	（109）	庄组
（50）	零声母	（80）	清浊	（110）	章组
（51）	声类	（81）	全清	（111）	日组
（52）	声纽（见【声类】）	（82）	全浊	（112）	见组
（53）	音纽	（83）	次清	（113）	晓组
（54）	纽	（84）	次浊	（114）	影组
（55）	五音	（85）	又次清	（115）	喻$_三$
（56）	七音	（86）	又次浊	（116）	于母（见【喻$_三$】）
（57）	九音	（87）	不清不浊	（117）	云母（见【喻$_三$】）
（58）	九声	（88）	半清半浊	（118）	喻$_四$
（59）	喉音	（89）	最清	（119）	以母（见【喻$_四$】）
（60）	牙音	（90）	最浊	（120）	羊母（见【喻$_四$】）
（61）	舌音	（91）	纯清	（121）	照$_二$
（62）	齿音	（92）	纯浊	（122）	照等第一
（63）	舌头音	（93）	字母	（123）	照$_二$
（64）	舌上音	（94）	三十六字母	（124）	照等第二
（65）	半舌音	（95）	守温字母	（125）	照$_二$组
（66）	半齿音	（96）	三十字母（见【守温字母】）	（126）	照$_三$组
（67）	齿头音	（97）	系	（127）	照$_三$
（68）	细齿头音	（98）	组	（128）	尖圆音
（69）	正齿音	（99）	帮系	（129）	尖团音（见【尖圆音】）
（70）	细正齿音	（100）	端系	（130）	尖音

续表

序号	条目	序号	条目	序号	条目
(131)	尖字	(161)	戛透轹捺	(191)	韵头
(132)	圆音	(162)	发声	(192)	介音（见【韵头】）
(133)	团字	(163)	外收声	(193)	韵腹
(134)	团音（见【圆音】）	(164)	内收声	(194)	韵尾
(135)	喻化	(165)	收声	(195)	阴声
(136)	宫商角徵羽	(166)	初发声	(196)	阴声韵（见【阴声】）
(137)	次商	(167)	送气声	(197)	阳声
(138)	次宫	(168)	忍收声	(198)	阳声韵（见【阳声】）
(139)	半徵	(169)	位同	(199)	舒声
(140)	半商	(170)	同位	(200)	舒声韵
(141)	深喉音	(171)	音	(201)	促声
(142)	浅喉音	(172)	韵母	(202)	促声韵
(143)	半舌半齿	(173)	单韵母	(203)	儿化韵
(144)	正舌	(174)	复韵母	(204)	曲韵六部
(145)	唇外	(175)	鼻韵母	(205)	直喉
(146)	唇内	(176)	韵类	(206)	展辅
(147)	齿上	(177)	附声韵	(207)	敛唇
(148)	半喉半牙	(178)	不附声韵	(208)	抵腭
(149)	轻齿	(179)	呼	(209)	穿鼻
(150)	重齿	(180)	两呼	(210)	碍喉（见【穿鼻】）
(151)	轻牙	(181)	四呼	(211)	闭口
(152)	重牙	(182)	呼法	(212)	闭口韵
(153)	重舌音	(183)	开口呼	(213)	阴轴
(154)	轻舌音	(184)	合口呼	(214)	阴弇
(155)	重齿音	(185)	齐齿呼	(215)	阴侈
(156)	轻齿音	(186)	撮口呼	(216)	阳轴
(157)	同鸣者	(187)	开合口	(217)	阳弇
(158)	不鸣者	(188)	洪细	(218)	阳侈
(159)	字父	(189)	洪音	(219)	弇侈
(160)	戛透拂轹捺	(190)	细音	(220)	字母韵

序号	条目	序号	条目	序号	条目
（221）	复合介音	（251）	闭口卷舌混呼	（281）	平上去入全
（222）	入声韵	（252）	卷舌闭口混呼	（282）	沈浮上去浅深
（223）	入声字韵母	（253）	开口正韵	（283）	开承转纵合
（224）	开口	（254）	开口副韵	（284）	喥喥
（225）	合口	（255）	合口正韵	（285）	音韵系统
（226）	翕	（256）	合口副韵	（286）	音系
（227）	辟	（257）	四声	（287）	音韵地位
（228）	闓	（258）	平声	（288）	音韵位置
（229）	开发收闭	（259）	上声	（289）	音节表
（230）	自鸣者	（260）	去声	（290）	声韵调配合关系
（231）	子母	（261）	入声	（291）	声母与韵母的关系
（232）	孙母	（262）	仄声	（292）	声母与声调的关系
（233）	曾孙母	（263）	平仄	（293）	韵母与声调的关系
（234）	甚次中	（264）	平侧（见【平仄】）	（294）	音韵对应
（235）	喉音一部	（265）	阴调	（295）	历时对应
（236）	喉音二部	（266）	阳调	（296）	共时对应
（237）	喉音三部	（267）	五声	（297）	音韵演变
（238）	鼻音部	（268）	六声	（298）	音变理论
（239）	舌齿音部	（269）	八声	（299）	自然音变
（240）	唇音部	（270）	八音	（300）	条件音变
（241）	闭口呼	（271）	十四声	（301）	音变规律论
（242）	混呼	（272）	阴平	（302）	不规则音变
（243）	齐齿卷舌呼	（273）	阳平	（303）	i－音变
（244）	齐卷而闭呼	（274）	浮平	（304）	u－音变
（245）	舌向上呼	（275）	沈平	（305）	推拉链理论
（246）	咬齿呼	（276）	上仄	（306）	空格理论
（247）	开口旋闭呼	（277）	去仄	（307）	变异理论
（248）	齐齿旋闭呼	（278）	浅入	（308）	古音有连读音变说
（249）	开合混呼	（279）	深入	（309）	古韵通转说
（250）	启口齐齿呼	（280）	清浊上去入	（310）	叶音说

序号	条目	序号	条目	序号	条目
(311)	转注说	(320)	正对转	(329)	对转（见【阴阳对转】）
(312)	音移说	(321)	次对转	(330)	阴阳对转
(313)	王力古音通转说	(322)	正声	(331)	旁对转
(314)	黄侃古声韵"相挟以变"说	(323)	变声	(332)	阳入对转
(315)	合韵说	(324)	交纽转	(333)	阴入对转
(316)	同列	(325)	隔越转	(334)	合流
(317)	近转	(326)	出声	(335)	无变化
(318)	近旁转	(327)	通转	(336)	分化
(319)	次旁转	(328)	旁转	(337)	渐移

（三）音史篇（162条）

序号	条目	序号	条目	序号	条目
(338)	原始汉语音系	(353)	古匣群同母说	(368)	古分六元音说
(339)	殷商甲骨文音系	(354)	匣群喻三古归一说	(369)	古分四元音说
(340)	上古音系	(355)	古有复辅音声母说	(370)	古分二元音说
(341)	喻三归匣说	(356)	一字重音说	(371)	脂微分部说
(342)	喻四归定说	(357)	古无复辅音声母说	(372)	古支脂之三分说
(343)	古音娘日二纽归泥说	(358)	带 l 复声母有 A、B、C 三式说	(373)	东冬分部说
(344)	古无轻唇音说	(359)	上古带 l/r 型复声母分两类说	(374)	冬侵合一说
(345)	古无古上音说	(360)	上古二等有 1 介音说	(375)	谈添盍帖分四部说（古"谈添盍帖"分四部说）
(346)	古"舌音类隔之说不可信"说	(361)	上古喻四（以母）为 l 说	(376)	次入韵说
(347)	照系二等归精系说（照二（庄组）归精说）	(362)	上古送气声母为后起说	(377)	数韵共一入说
(348)	照三归端说［照三（章组）归端说］	(363)	上古汉语有送气和清化鼻流音声母说	(378)	古"异平同入"说
(349)	古双声说	(364)	上古晓母分二类说	(379)	上古有圆唇舌根音韵尾说
(350)	古音邪纽归定说	(365)	古无合口介音说	(380)	上古入声韵尾为浊音说
(351)	古音无邪纽说	(366)	古音韵至谐说	(381)	古无去声说
(352)	上古"晓匣"归"见溪群"说	(367)	古阴阳入三分说	(382)	古无入声说

序号	条目	序号	条目	序号	条目
(383)	古无四声说	(403)	中古音系	(423)	中古三等韵分 A、B、C 三类说
(384)	古有四声今读不同说	(404)	《切韵》音系	(424)	三 A
(385)	古无上去二声说	(405)	《广韵》声类	(425)	三 B
(386)	古"平上去为一类，去入为一类"说	(406)	《广韵》韵类	(426)	三 C
(387)	长去短去说	(407)	《切韵》全浊声母不送气说	(427)	三 D
(388)	"四声一贯"说	(408)	泥娘不分说（泥娘不分立说）	(428)	轻唇十韵
(389)	长入	(409)	俟母独立说	(429)	唇音不分开合说
(390)	短入	(410)	《切韵》船、常声母互易说	(430)	假合口说
(391)	声调起源于复声母说	(411)	喻三喻四为重纽说	(431)	重纽
(392)	声调起源于声母清浊说	(412)	古群母有一二四等说（中古群母有一二四等说）	(432)	重韵
(393)	声调起源于元音说	(413)	一等韵	(433)	复韵
(394)	声调起源于韵尾说	(414)	二等韵	(434)	类相关
(395)	上古音节结构观	(415)	三等韵	(435)	二等有介音说
(396)	古无开音节说	(416)	纯三等韵	(436)	重纽三等有 r 介音说
(397)	古有开音节说	(417)	三四等合韵	(437)	《切韵》音庚三归清说
(398)	上古阴声具辅音韵尾说	(418)	四等韵	(438)	《切韵》四等无 –i– 介音说
(399)	上古阴声为开音节说	(419)	纯四等韵	(439)	《切韵》严/凡、臻/真韵系之别为声调变读说
(400)	上古无介音说	(420)	假二等	(440)	古梗摄韵尾为舌面鼻音及塞音说
(401)	汉代音系	(421)	假四等	(441)	同摄三四等韵主元音相同说
(402)	魏晋南北朝音系	(422)	《切韵》三等韵分 A、B、C、D 四类说	(442)	《切韵》鱼虞之别所据方音说

序号	条目	序号	条目	序号	条目
（443）	中古四声八调说	（462）	清代音系	（481）	止摄诸韵的合流
（444）	四声三调说	（463）	十三辙	（482）	纯四等韵 i 介音的产生
（445）	轻音起源于唐代说	（464）	中州韵	（483）	同摄三、四等韵的合流
（446）	《切韵》按主要元音分韵，不按介音分韵说	（465）	上口字	（484）	江、宕二摄阳声韵的合流
（447）	《切韵》音系合口三四等韵复合介音互易说	（466）	复声母的演变	（485）	梗、曾二摄阳声韵的合流
（448）	晚唐—五代音系	（467）	精庄的分化	（486）	支思韵的形成
（449）	宋代音系	（468）	端知的分化	（487）	车遮韵的形成
（450）	元代音系	（469）	浊音清化	（488）	近代四呼起源于宋元等韵的四等二呼说
（451）	《中原音韵》音系基础观	（470）	唇音清化	（489）	闭口韵之变为抵腭韵（闭口韵变为抵腭韵）
（452）	《中原音韵》知照组分合观	（471）	非敷的合流	（490）	儿化韵的出现
（453）	《中原音韵》"入派三声"观	（472）	知、庄、章组的合流	（491）	卷舌音声母后 i 介音的消失
（454）	幺母	（473）	尖圆（团）音的合流	（492）	古低元音今多高化说
（455）	鱼母	（474）	云、以、影的合流	（493）	调类稳定调值易变说
（456）	合母	（475）	云、以、影、疑合流	（494）	去声备于魏晋说
（457）	明代音系	（476）	二等韵喉牙音字产生 i 介音	（495）	平分阴阳
（458）	早梅诗	（477）	一等重韵的合流	（496）	浊上变去
（459）	有形等韵	（478）	二等重韵的合流	（497）	阳上作去（见【浊上变去】）
（460）	无形等韵	（479）	三等重韵的合流	（498）	入派三声
（461）	母	（480）	《切韵》内转各摄一/三等韵的趋同音变	（499）	次浊上声归清类

（四）资料篇（249 条）

序号	条目	序号	条目	序号	条目
（500）	文字学资料	（502）	谐声系列	（504）	被谐字
（501）	谐声系统	（503）	主谐字	（505）	谐声表

续表

序号	条目	序号	条目	序号	条目
(506)	古"同声必同部"说	(535)	韵脚	(564)	排韵
(507)	无声字多音说	(536)	叶韵	(565)	打铁韵
(508)	高本汉谐声说（高本汉的谐声说）	(537)	取韵	(566)	随韵
(509)	李方桂谐声说（李方桂的谐声说）	(538)	合韵	(567)	递转韵
(510)	普通谐声	(539)	叶句	(568)	交织韵
(511)	特殊谐声	(540)	叶音	(569)	窄韵
(512)	例外谐声	(541)	抱韵	(570)	险韵
(513)	诗律	(542)	纯抱韵	(571)	古假借必同部说
(514)	词律	(543)	准抱韵	(572)	古异部假借转注说
(515)	曲律	(544)	交韵	(573)	读若资料
(516)	诗韵	(545)	纯交韵	(574)	声训资料
(517)	词韵	(546)	复交韵	(575)	譬况
(518)	曲韵	(547)	不完全交韵	(576)	直音
(519)	平水韵	(548)	叠句	(577)	急声
(520)	八病	(549)	富韵	(578)	急读
(521)	平头	(550)	换韵	(579)	慢声
(522)	上尾	(551)	转韵	(580)	缓读
(523)	蜂腰	(552)	开口韵	(581)	急气
(524)	鹤膝	(553)	邻韵	(582)	缓气
(525)	旁纽	(554)	密韵	(583)	急言（见【急气】）
(526)	大纽	(555)	偶句韵	(584)	缓言（见【缓气】）
(527)	正纽	(556)	隔行韵	(585)	徐言（见【缓气】）
(528)	小纽	(557)	隔句韵	(586)	长言
(529)	调四声谱	(558)	疏韵	(587)	短言（见【长言】）
(530)	押韵	(559)	通押	(588)	内言
(531)	合辙	(560)	通韵	(589)	外言（见【内言】）
(532)	韵语	(561)	虚字脚	(590)	笼口
(533)	韵例	(562)	遥韵	(591)	横口合唇
(534)	韵式	(563)	单一韵	(592)	跛口开唇

序号	条目	序号	条目	序号	条目
(593)	舌头	(623)	切音转韵	(653)	韵图
(594)	舌腹	(624)	《切韵》反切上下字清浊搭配说	(654)	韵谱
(595)	反切	(625)	介音和谐说	(655)	等子
(596)	反（见【反切】）	(626)	韵书	(656)	图
(597)	翻（见【反切】）	(627)	韵目	(657)	等韵门法
(598)	反语（见【反切】）	(628)	韵部	(658)	门法
(599)	反言（见【反切】）	(629)	部	(659)	门
(600)	反音（见【反切】）	(630)	韵	(660)	法
(601)	体语	(631)	大韵	(661)	摄
(602)	双反语	(632)	小韵	(662)	等
(603)	被切字	(633)	字组（见【小韵】）	(663)	内外混等
(604)	切	(634)	小韵首字	(664)	独韵
(605)	反切上字	(635)	音节代表字	(665)	开合韵
(606)	切上字（见【反切上字】）	(636)	空	(666)	凭韵
(607)	反切下字	(637)	独用	(667)	音和
(608)	切下字（见【反切下字】）	(638)	《广韵》同用独用表	(668)	类隔
(609)	例外反切	(639)	韵系	(669)	端知类隔
(610)	九弄	(640)	上平声	(670)	类隔切
(611)	反纽	(641)	上平	(671)	转
(612)	双声语	(642)	下平声	(672)	内外转
(613)	双声	(643)	下平	(673)	内外
(614)	叠韵	(644)	重出小韵	(674)	内转
(615)	合声	(645)	重某韵	(675)	外转
(616)	合声法	(646)	《切韵》系韵书	(676)	轻重
(617)	借用	(647)	《切韵》残卷	(677)	轻重交互
(618)	今用	(648)	北音韵书	(678)	广通
(619)	协用	(649)	《中原音韵》系统韵书	(679)	通广局狭（通广偏狭）
(620)	切音直韵直母	(650)	等韵图	(680)	局狭（偏狭）
(621)	切音转母	(651)	异读字资料	(681)	通广
(622)	切音转母转韵	(652)	等韵	(682)	创立音和

续表

序号	条目	序号	条目	序号	条目
(683)	内三外二	(705)	四等	(727)	汉音
(684)	就形	(706)	两等	(728)	唐音
(685)	开合	(707)	韵摄	(729)	新汉音
(686)	窠切	(708)	十六摄	(730)	朝鲜译音
(687)	振救	(709)	十三摄	(731)	高丽译音（见【朝鲜译音】）
(688)	精照互用	(710)	附摄	(732)	越南译音
(689)	匣喻互用	(711)	格子	(733)	安南译音
(690)	凭切	(712)	行韵	(734)	越南汉字音
(691)	正音凭切	(713)	取字	(735)	汉越语
(692)	寄韵凭切	(714)	借声	(736)	古汉越语
(693)	喻下凭切	(715)	寄声	(737)	对音
(694)	日寄凭切	(716)	等呼	(738)	梵汉对音
(695)	日下凭韵	(717)	开合合韵	(739)	西夏语汉语对音
(696)	列围	(718)	开合分韵	(740)	藏汉对音
(697)	助纽字	(719)	归字	(741)	蒙汉对音
(698)	麻韵不定	(720)	八法	(742)	满汉对音
(699)	前三后一	(721)	出切	(743)	回鹘语汉语对音
(700)	射字（射字法）	(722)	域外译音	(744)	于田语汉语对音
(701)	射标	(723)	日本汉字音	(745)	契丹语汉语对音
(702)	击掌知音	(724)	宋音	(746)	十世纪河西方言
(703)	等第	(725)	声明	(747)	朝鲜语汉语对音
(704)	等列	(726)	吴音	(748)	同源异式词

（五）方法论（30条）

序号	条目	序号	条目	序号	条目
(749)	音韵哲学方法论	(755)	同用	(761)	音位归并法
(750)	音韵逻辑学方法论	(756)	互用	(762)	丝联绳引法
(751)	系联法	(757)	递用	(763)	丝贯绳牵法（见【丝联绳引法】）
(752)	反切系联法（见【系联法】）	(758)	系联法正例	(764)	离析唐韵法
(753)	正例	(759)	系联法变例	(765)	审音法
(754)	变例	(760)	反切比较法	(766)	统计法

序号	条目	序号	条目	序号	条目
（767）	音系表解法	（771）	内部拟测法	（775）	对音法
（768）	历史比较法	（772）	类型拟测法	（776）	今音对照法
（769）	拟测	（773）	古调值拟测	（777）	古今音对比法
（770）	外部拟测（见【历史比较法】）	（774）	舌齿音比例式	（778）	时空投影法

（六）音韵学史篇（45条）

序号	条目	序号	条目	序号	条目
（779）	汉语音韵学研究	（794）	反切名义说	（809）	清代今音学
（780）	古音学的起源	（795）	反切的价值	（810）	反切改良运动
（781）	现代音韵学的诞生	（796）	叶韵说	（811）	关于《切韵》性质的讨论
（782）	传统音韵学派	（797）	《广韵》名义说	（812）	关于《中原音韵》音系的讨论
（783）	现代音韵学派	（798）	《广韵》同用独用例来源说	（813）	关于《中原雅音》的讨论
（784）	普林斯顿学派	（799）	陈第语音发展说	（814）	第一次古音学大辩论
（785）	形态构拟学派	（800）	古音繁今音简说	（815）	第二次古音学大辩论
（786）	四声起源说	（801）	古音简今音繁说	（816）	关于"古无轻唇音"的论争
（787）	四声名称来源说	（802）	包－白假设	（817）	等韵图的流派
（788）	永明声律论	（803）	词汇扩散论	（818）	等韵门法的发展
（789）	字母的名义	（804）	普林斯顿假说	（819）	等韵学理的研究
（790）	守温字母来源	（805）	永明七年善声沙门大会集	（820）	明清等韵学理的运用
（791）	三十六字母创始者说	（806）	中古古音学	（821）	上古汉语音节性质研究
（792）	《切韵》名义说	（807）	明代古音学	（822）	二等介音研究
（793）	反切起源说	（808）	清代古音学	（823）	当代音韵学研究

（七）人物篇（115条）

序号	条目	序号	条目	序号	条目
（824）	孙炎	（829）	颜之推	（834）	神珙
（825）	李登	（830）	陆法言	（835）	守温
（826）	吕静	（831）	王仁昫	（836）	陈彭年
（827）	周颙	（832）	孙愐	（837）	丁度
（828）	沈约	（833）	李舟	（838）	贾昌朝

续表

序号	条目	序号	条目	序号	条目
(839)	吴棫	(869)	李汝珍	(899)	王静如
(840)	郑樵	(870)	江有诰	(900)	葛毅卿
(841)	毛晃	(871)	邹汉勋	(901)	潘重规
(842)	韩道昭	(872)	陈澧	(902)	服部四郎
(843)	黄公绍	(873)	莫友芝	(903)	丁声树
(844)	熊忠	(874)	梁僧宝	(904)	林尹
(845)	周德清	(875)	劳乃宣	(905)	葛信益
(846)	刘鉴	(876)	张行孚	(906)	严学宭
(847)	兰廷秀	(877)	汪荣宝	(907)	董同龢
(848)	桑绍良	(878)	章炳麟	(908)	河野六郎
(849)	崔世珍	(879)	曾运乾	(909)	殷焕先
(850)	吕坤	(880)	赵少咸	(910)	黄典诚
(851)	陈第	(881)	黄侃	(911)	周祖谟
(852)	徐孝	(882)	沈兼士	(912)	张清常
(853)	叶秉敬	(883)	钱玄同	(913)	藤堂名保
(854)	樊腾凤	(884)	高本汉	(914)	周法高
(855)	吕维祺	(885)	赵元任	(915)	俞敏
(856)	乔中和	(886)	赵荫棠	(916)	张琨
(857)	梅膺祚	(887)	陆志韦	(917)	李荣
(858)	毕拱宸	(888)	林语堂	(918)	鲍明炜
(859)	顾炎武	(889)	方孝岳	(919)	蒲立本
(860)	毛奇龄	(890)	黄淬伯	(920)	邵荣芬
(861)	李光地	(891)	罗常培	(921)	王显
(862)	张玉书	(892)	白涤洲	(922)	唐作藩
(863)	潘耒	(893)	王力	(923)	杨耐思
(864)	王兰生	(894)	唐兰	(924)	龙宇纯
(865)	江永	(895)	魏建功	(925)	郭锡良
(866)	戴震	(896)	姜亮夫	(926)	薛凤生
(867)	钱大昕	(897)	李方桂	(927)	何九盈
(868)	李元	(898)	张世禄	(928)	平山久雄

序号	条目	序号	条目	序号	条目
(929)	桥本万太郎	(933)	李新魁	(937)	柯蔚南
(930)	赵诚	(934)	陈新雄	(938)	施向东
(931)	梅祖麟	(935)	丁邦新		
(932)	郑张尚芳	(936)	宁继福		

（八）著作篇（185 条）

序号	条目	序号	条目	序号	条目
(939)	《韵集》	(962)	《五音集韵》	(985)	《西儒耳目资》
(940)	《切韵》	(963)	《平水韵略》	(986)	《韵法横图》
(941)	《刊谬补缺切韵》	(964)	《韵会》	(987)	《切韵射标》
(942)	《王韵》	(965)	《古今韵会》	(988)	《韵略汇通》
(943)	《唐韵》	(966)	《古今韵会举要》	(989)	《韵学集成》
(944)	《韵英》	(967)	《中原音韵》	(990)	《韵学大成》
(945)	《广切韵》	(968)	《韵略易通》	(991)	《交泰韵》
(946)	《韵略》	(969)	《切韵指南》	(992)	《韵表》
(947)	《广韵》	(970)	《韵府群玉》	(993)	《重订司马温公等韵图经》
(948)	《大宋重修广韵》	(971)	《中州音韵》	(994)	《正韵笺》
(949)	《集韵》	(972)	《洪武正韵》	(995)	《洪武正韵笺》
(950)	《礼部韵略》	(973)	《琼林雅韵》	(996)	《音韵日月灯》
(951)	《增修互注礼部韵略》	(974)	《词林韵释》	(997)	《等音》
(952)	《增韵》	(975)	《转注古音略》	(998)	《声位》
(953)	《壬子新刊礼部韵略》	(976)	《青郊杂著》	(999)	《太古元音》
(954)	《新刊韵略》	(977)	《字学元元》	(1000)	《切韵声原》
(955)	《韵镜》	(978)	《西字奇迹》	(1001)	《五声反切正韵》
(956)	《七音略》	(979)	《毛诗古音考》	(1002)	《经史正音切韵指南》
(957)	《四声等子》	(980)	《屈宋古音义》	(1003)	《音学五书》
(958)	《切韵指掌图》	(981)	《读诗拙言》	(1004)	《韵补正》
(959)	《韵补》	(982)	《元韵谱》	(1005)	《古韵通》
(960)	《蒙古字韵》	(983)	《韵法直图》	(1006)	《古今韵通》
(961)	《古音辨》	(984)	《泰律篇》	(1007)	《易韵》

序号	条目	序号	条目	序号	条目
(1008)	《声韵源流考》	(1035)	《古韵通说》	(1062)	《中国古音学》
(1009)	《音韵阐微》	(1036)	《古韵溯源》	(1063)	《慧琳一切经音义反切考》
(1010)	《五方元音》	(1037)	《音学十书》	(1064)	《中国声韵学》
(1011)	《古韵标准》	(1038)	《诗古韵表二十二部集说》	(1065)	《声韵学表解》
(1012)	《音学辨微》	(1039)	《词林正韵》	(1066)	《十韵汇编》
(1013)	《四声切韵表》	(1040)	《说文谐声谱》	(1067)	《古音系研究》
(1014)	《唐韵考》	(1041)	《韵学骊珠》	(1068)	《中原音韵研究》
(1015)	《拙庵韵悟》	(1042)	《等韵辑略》	(1069)	《韵史》
(1016)	《类音》	(1043)	《说文谐声孳生述》	(1070)	《汉魏六朝韵谱》
(1017)	《诗词通韵》	(1044)	《切韵考》	(1071)	《中国音韵学史》
(1018)	《佩文韵府》	(1045)	《李氏音鉴》	(1072)	《中原音韵音系》
(1019)	《佩文诗韵》	(1046)	《古今中外音韵通例》	(1073)	《广韵声系》
(1020)	《佩文诗韵释要》	(1047)	《空谷传声》	(1074)	《汉语音韵学导论》
(1021)	《声类表》	(1048)	《音韵逢源》	(1075)	《古音说略》
(1022)	《声韵考》	(1049)	《说文审音》	(1076)	《切韵研究》
(1023)	《古韵谱》	(1050)	《四声切韵类表》	(1077)	《切韵音系》
(1024)	《说文旧音》	(1051)	《音韵辑要》	(1078)	《音韵存稿》
(1025)	《等韵精要》	(1052)	《字类标韵》	(1079)	《汉语语音史》
(1026)	《音切谱》	(1053)	《等韵一得》	(1080)	《汉语音韵》
(1027)	《汉魏音》	(1054)	《切韵求蒙》	(1081)	《诗经韵读》
(1028)	《戚林八音》	(1055)	《四声韵谱》	(1082)	《楚辞韵读》
(1029)	《同文韵统》	(1056)	《韵籁》	(1083)	《康熙字典音读订误》
(1030)	《诗声类》	(1057)	《唐写本唐韵校勘记》	(1084)	《中国音韵学研究》
(1031)	《等韵切音指南》	(1058)	《两周金石文韵读》	(1085)	《汉魏晋南北朝韵部演变研究》（第一分册）
(1032)	《剔弊广增分韵五方元音》	(1059)	《文字学音篇》	(1086)	《唐五代韵书集存》
(1033)	《说文声类》	(1060)	《七音谱》	(1087)	《广韵校本（附校勘记）》
(1034)	《六书音韵表》（《六书音均表》）	(1061)	《音韵学通论》	(1088)	《古今字音对照手册》

序号	条目	序号	条目	序号	条目
（1089）	《上古音研究》	（1101）	《上古音手册》	（1113）	《汉语等韵学》
（1090）	《音韵学讲义》	（1102）	《汉语音韵学基础》	（1114）	《音韵学概要》
（1091）	《汉语语音史概要》	（1103）	《广韵校录》	（1115）	《汉语音韵学论文集》
（1092）	《瀛涯敦煌韵辑》	（1104）	《中原音韵表稿》	（1116）	《古韵通晓》
（1093）	《等韵源流》	（1105）	《经籍旧音序录·经籍旧音辨证》	（1117）	《汉语音韵史论文集》
（1094）	《汉语音韵学常识》	（1106）	《汉字古音手册》	（1118）	《汉语拼音字母演进史》
（1095）	《汉语诗律学》	（1107）	《音韵学教程》	（1119）	《汉语"儿"［ɚ］音史研究》
（1096）	《唐五代西北方音》	（1108）	《古汉语音韵学述要》	（1120）	《北京音系解析》
（1097）	《韵学源流》	（1109）	《中原音韵音系研究》	（1121）	《八思巴字与古汉语》
（1098）	《反切释要》	（1110）	《中原音韵新论》	（1122）	《十驾斋养新录》
（1099）	《中国古代韵书》	（1111）	《古今声类通转表》	（1123）	《国故论衡》
（1100）	《汉语音韵讲义》	（1112）	《反切概说》		

上述词目表共收列《中国语言学大辞典》和《语言文字词典》的全部音韵学词目 1123 条。本文之所以把这两部辞书的音韵学词目全部列出，是基于下面四点考虑。

（1）全面展示当前较有代表性的音韵学辞典的词条设置和分布情况。该词表的具体词目及框架结构可作为今后修订和编纂新的音韵学辞典的参考，对促进音韵学发展很有意义。

（2）这份词目表本身颇具学术价值，特色突出，尤其表现在有诸多前所未有的创新性词目（如理论学说类词目和音变类词目）上，值得关注。

（3）音韵学辞典的编纂从某种意义上来说就是一种音韵学史的研究工作，因为它把一个时代的有共识的音韵学知识和研究成果加以反映和总结。但是当前的音韵学史论著很少把音韵学辞典的成果包括进去，我们在此郑重提出，希望能引起汉语音韵学史研究者的注意。

由于基本上没有多少前人的成果可资借鉴，编纂音韵学辞书可以说是一项前所未有的事业。如何在浩瀚的古今音韵学论著中遴选出词条，并加以诠释，形成一部自成体系的专门性辞书，实非易事。主编必须在熟悉古今已有重要著作的基础上统一规划，做出判断，做出选择。

下面，我们就根据上文所列的音韵学词目表，来具体讨论音韵学辞典的编纂原则。

二　音韵学辞典的编纂原则

（一）汉语音韵学学科框架体系是音韵学辞典编纂的灵魂

任何一门学科都有自己的学科体系，汉语音韵学也不例外。专科辞典的词条不是杂乱无章的堆积，而是一个内部有紧密联系的有机体，其系统性在分类词条中可以清晰地反映出来。我们认为，专科辞典编纂凡是不列出分类词目总表的（样本可参《中国大百科全书·语言文字卷》的音韵学词目框架表），都是不可取的。编纂汉语音韵学辞典这种专科辞书，词条的设立和排列应遵循其学科体系的系统性和完整性。汉语音韵学的学科分类体系是何种结构？目前音韵学界尚无一致意见，冯蒸1988年曾经提出汉语音韵学学科分类体系框架（见表2），或可参考。

表 2　汉语音韵学学科分类体系框架

总论			（1）汉语音韵学的学科性质及其分支	
			（2）汉语音韵学的理论基础	
分论	音理篇（一）		（3）音韵构造理论	
			（4）音韵对应理论	
			（5）音韵演变理论	
			（6）古音拟测理论	
	音史篇（二）	历代共时音系	（7）原始汉语音系	
			（8）上古音系	
			（9）汉代音系	
			（10）魏晋南北朝音系	
			（11）中古音系	《切韵》音系
				非《切韵》音系
			（12）晚唐五代音系	

		（13）宋代音系	
		（14）元代音系	《中原音韵》音系
			《蒙古字韵》音系
		（15）明代音系	
		（16）清代音系	
	历时演变	（17）声母演变	
		（18）韵母演变	
		（19）声调演变	
资料篇（三）	书面文献资料	（20）文字构造资料	谐声字
			重文
		（21）古韵语资料	
		（22）异文通假字资料	
		（23）譬况·读若·声训·直音资料	
		（24）古拟声词资料	
		（25）反切资料	
		（26）异读字资料	
		（27）古连语资料	
		（28）韵书资料	
		（29）等韵图资料	
		（30）同源异式词资料	
		（31）明清两代外国传教士的记录	
		（32）汉字与非汉语文字的对音资料	
		（33）其他（如《中国大百科全书·语言文字卷》176页的"玩弄语言"）	
	活语言资料	（34）现代方言与域外译音资料	
		（35）汉藏系语言的音韵比较	
音韵学史篇（四）	传统音韵学	（36）前古韵学时期	
		（37）古音学时期	
	现代音韵学	（38）现代音韵学时期	
		（39）当代音韵学时期	
方法论		（40）音韵哲学方法论	
		（41）音韵逻辑学方法论	
		（42）学科方法论	求音类法
			求音值法
			求音变法

这个框架体系的特点是：共分三个层次，第一层分为总论、分论、方法论三部分；分论下分音理篇、音史篇、资料篇、音韵学史篇四篇；每篇之内再分细类，共有42个细类，细类下又有子类。根据这个汉语音韵学学科体系框架表，并对照上列两本音韵学辞典的分类词目表，我们可以清晰地看出各词条的类属关系。

（二）理论学说类条目占有较大比重是音韵学辞典创新性表现的重要标志之一

大致说来，一部完整的音韵学辞典，词条通常由五部分组成：术语；理论学说；机构事件；人物；著作。这五类条目中，理论学说类条目的撰写难度最大，也最重要。因为这类条目要求撰写者须对该理论学说的来龙去脉和学术价值有清楚的理解并用最简洁的语言概括、表述出来，撰写者须参考大量国内外相关文献后方可写出，确实有一定难度。但也正因为此，读者也最为需要，才可以体现音韵学辞典的核心价值，对推进音韵学的深入研究有重要意义。一般来说，这一类条目在辞典中多以"××论"或"××说"的形式出现。《中国语言学大辞典》和《语言文字辞典》音韵学条目的重要特色之一就是采录了相当数量的理论学说类条目，据统计有110条之多，约占总词目的1/10，令人读后有耳目一新之感。著名音韵学家邵荣芬先生说："新假设或新论点是新知获得和科学进步的起点，提出新假设或新论点的多少，是衡量一个学科有没有获得良好发展的重要尺度之一。当前音韵学者们在各自的研究领域不断探索挖掘，提出了很多新问题、新假设、新理论，这对于丰富音韵学的研究内容，活跃并推动音韵学的研究具有很重要的意义。"① 今后的音韵学辞典编纂应该继续保持和发扬这个特色，并作为音韵学辞典编纂的一项原则来加以贯彻。

（三）集中设置一定数量的音变类条目是音韵学辞典的特色之一

《中国语言学大辞典·音韵学卷》的另一个创新之处，就是重视汉

---

① 中国社会科学院人文社会科学研究中心编《认认真真做事　踏踏实实做人：邵荣芬访谈录》，载《学问有道——学部委员访谈录》（下），方志出版社，2007。

语历史音变现象的总结，集中设立了相当数量的音变类词目，这是该辞典与其他同类辞典的重要区别之一。这类音变词目有 30 余条。我们知道，历史音变是汉语语音史的核心内容，包括上古早期至上古晚期的音变，上古至中古的音变，中古早期至中古晚期的音变，中古至近代、现代的音变等。这些音变大致可分为声母音变、韵母音变和声调音变三类，但是这些音变具体有多少种类型？每种类型的名称是什么？如何把音变研究成果转化为词条？这些迄无定说，我们是根据自己对汉语语音史的研究和理解拟定了若干前所未有的音变类词条。后来出版的《语言文字词典》对此又有所调整和增加。这两部辞典设置诸多音变类词条这一特色引起了日本汉语音韵学家的重视，日本著名的汉语音韵学家佐藤昭教授曾专门致函笔者，对这部分内容加以肯定。所以今后音韵学辞典的编纂应保持和发扬这个特色。

（四）音韵学辞典的编纂要兼容并收，不主一家，体现共识与创新并举的原则

汉语音韵学是一门国际性学科，我们坚持主张音韵学辞典的编纂应该不分国内国外，不主一家，兼容并收，择善而从。具体来说，不但立目要兼容并收，不主一家，释义也是如此。原则上条目的释义以某一共识意见或者代表性意见为主撰写，但允许某些词目两说甚至三说并存。以"重纽韵舌齿音的归属"一条为例，目前音韵学界有三种代表性意见，尚未取得一致，就应该三说并存，给读者进一步思考和研究的空间。再如"清浊"一条，长期以来只有一种解释，即以声带的是否颤动为区分标准，通常指声母。但是，深入分析汉语音韵史料后就可以知道，中国古代的音韵学家对清浊的理解实有两派：一派是韵镜派清浊，即通常的理解；一派是切韵派清浊。切韵派清浊的含义与前者迥然不同，指的是韵母，指的是元音，与声母无关。[①] 音韵学辞典编纂者就应该对此如实反映，既吸收当代学者的研究成果，又反映中国古代音韵学的实情，提高辞典的编纂水平。这类尚未取得共识的成果我们可暂称为创新性成

---

① 赵元任：《说清浊》，载《中研院历史语言研究所集刊》第三十本下册，1960。

果。今后的音韵学辞典编纂，我们以为，上古音方面，除清代学者外，应主要根据高本汉、董同龢、王力、李方桂、龚煌城、蒲立本、郑张尚芳、斯塔罗斯金、包拟古、白一平、沙加尔、许思莱等诸家之说立目；中古音方面，应主要根据陈澧、高本汉、陆志韦、赵元任、李荣、邵荣芬、蒲立本、丁邦新等诸家的成果立目；近代音方面应主要参考陆志韦、罗常培、赵荫棠、永岛荣一郎等当代国内外成绩卓著的学者的成果立目。

（五）音韵学古籍的立目原则——亟应收录"音义书"和"亡佚书"

音韵学著作是音韵学辞典的重要组成部分，但各辞书的收录范围和收录标准并不完全一样。就音韵学古籍而言，除了收录大家已有共识的韵书、韵图、音论书等典型的有代表性的著作之外，还有一大批传统被划入训诂学的"音义书"，长期被排除在音韵学之外。这些"音义书"有重要的训诂学价值，其音韵学价值绝不低于训诂学，而且往往更有特色，亟应纳入音韵学辞书的收录范围。再就是对已经亡佚的音韵学著作是否收录和立目的问题，学界尚无一致意见。笔者认为，音韵学"亡佚书"的收录是完全必要的，这也是汉语音韵学史研究的一项重要内容，但是具体收录和立目时要视所编辞书的规模大小而定。大型的音韵学辞书自应广为收录"亡佚书"，而中小型的音韵学辞书应以现存音韵学古籍为主，"亡佚书"的收录不必求多求全，只把一些重要的"亡佚书"如中古时期的"五家韵书"、《韵铨》、《韵英》等加以收录就可以了。在这方面，曹述敬主编的《音韵学辞典》率先做出了垂范。该辞典大量收录"音义书"（共 197 种，现存 44 种，亡佚 153 种）和"亡佚书"（共 343 种），应加以肯定和发扬。

三　音韵学辞书编纂现状与问题

据不完全统计，当前国内外已经出版的音韵学辞书有 40 部，详见表 3、表 4、表 5。

表 3　音韵学辞典、含有音韵学词目的语言学辞典和图书

序号	书名	编撰者	出版时间	出版社	条目统计
1	《文字学名词诠释》	叶长青著	1927	上海群众图书公司	132（术语）
2	《中国音韵学研究·名辞表》	高本汉著、赵元任、罗常培、李方桂合译	1940	商务印书馆	
3	《中国语学事典》	中国语学研究会编	1958	东京江南书院	
4	《中国语学新辞典》	中国语学会编	1969	日本光生馆	62（术语31、著作31）
5	《音声学大辞典》	日本音声学会编	1976	日本三修社	12（术语）
6	《语言文字学名词解释》《辞海·语言文字分册》	主编：夏征农　分科主编：许宝华、吴文祺、胡裕树　主要编写和修订人：许宝华、陈光磊、高天如	1978.4	商务印书馆　上海辞书出版社	158（术语87、人物33、著作38）
7	《声韵学名词汇释》	蔡宗祈撰	1979.4	台湾私立东海大学中文研究所硕士论文（指导教师：方师铎）	
8	《国语学大辞典》	国语学会编	1980	日本：东京堂出版社	
9	《语文知识千问》	刘兴策、邢福义、晏炎吾、何金松、邓黔生、刘安浩编著	1983.3	湖北人民出版社	音韵学知识64问
10	《简明语文知识词典》	主编：王凤　撰稿人：李思惟（古代汉语）	1983.6	湖北人民出版社	46（术语29、人物7、著作10）
11	《语文知识词典》	河北师范学院《语文知识词典》编写组编	1984.8	河北人民出版社	80（术语62、人物12、著作6）
12	《中国语言学名词汇编》	温知新、杨福绵合编	1985.1	台湾：学生书局	
13	《简明语言学词典》	王今铮、王钢、孙维张、刘伶、宋振华、信昭辰编	1985.2	内蒙古人民出版社	

续表

序号	书名	编撰者	出版时间	出版社	条目统计
14	《辞海·语言学分册》	主编：夏征农 分科主编：许宝华、吴文祺、胡裕树 主要编写和修订人：许宝华、陈光磊、高天如、戚雨村	1987.3	上海辞书出版社	186（术语104，人物35，著作47）
15	《中国大百科全书·语言文字卷》	中国大百科全书总编辑委员会《语言文字卷》编辑委员会，中国大百科全书出版社编辑部编 汉语音韵学主编：俞敏 汉语音韵学副主编：邵荣芬 汉语音韵学编写成员：杨耐思、谢纪锋	1988.2	中国大百科全书出版社	124（术语74，人物29，著作21）
16	《古代汉语知识辞典》	主编：向熹 编者：向熹、经本植、康瑞琮、李润、何毓玲 音韵学部分编写人：向熹	1988.7	四川人民出版社	283（术语204，人物25，著作54）
17	《古汉语知识辞典》	主编：罗邦柱 副主编：赵世举 音韵学执笔人：唐志东 著作执笔人：封富	1988.11	武汉大学出版社	380（术语233，人物96，著作51）
18	《中学语文教学手册》	北京教育学院编 主编：刘全利 副主编：江希泽、葛留青 古代汉语统稿人：牛文青 著作统稿人：王泽青 人物统稿人：王阳修、庞月光	1990.6	北京教育出版社	31（术语20，人物10，著作1）

续表

序号	书名	编撰者	出版时间	出版社	条目统计
19	《传统语言学辞典》	主编：许嘉璐 副主编：谢纪锋 音韵学分支负责人：谢纪锋 音韵学分支撰稿人：黄易清、龙庄伟、聂鸿音、施向东、谢纪锋、尉迟治平	1990.1	河北教育出版社	同《音韵学辞典》2382（术语 609，语音学常用术语 126，人物 697，著作 950）
20	《简明古汉语知识辞典》	主编：郭芹纳、胡安顺、刘静、刘乐宁 音韵部分编写人：刘静	1990.11	陕西人民出版社	300（术语 184，著作 53，人物 63）
21	《世界汉语教学百科辞典》	主编：王国安	1990.12	汉语大词典出版社	
22	《中国语言学大辞典·音韵学卷》	总主编：陈海洋 音韵学卷主编：冯蒸 音韵学卷副主编：丁锋 音韵学卷编写成员：郭力、哈平安、黄富成、龙庄伟、麦耘、杨剑桥、朱晓农 语言学史卷主编：申小龙 人物卷主编：苏新春 著作卷主编：蒋冀骋、钱宗武	1991.3	江西教育出版社	1069（总论 38，管理篇 284，音史篇 157，资料篇 239，方法论 26，音韵学史 45，人物 115，著作 165）
23	《古代汉语教学辞典》	主编：周大璞 音韵学部分编写人：沈祥源 人物部分编写人：沈祥源、王玉堂 著作部分编写人：沈祥源、马固钢	1991.6	岳麓书社	204（术语 140，人物 36，著作 28）
24	《音韵学辞典》	主编：曹述敬 副主编：尉迟治平、施向东、聂鸿音、龙庄伟、黄易青、谢纪锋 编者：尉迟治平、施向东、聂鸿音、龙庄伟、黄易青、谢纪锋	1991.9	湖南出版社	2382（术语 126，语音学常用术语 609，人物 697，著作 950）

续表

序号	书名	编撰者	出版时间	出版社	条目统计
25	《中国文化语言学辞典》	陈永培、端木黎明编著	1993.1	四川人民出版社	7（事项）
26	《实用中国语言学词典》	主编：葛本仪 审订：殷焕先 音韵学部分编写人：曹正义 人物部分编写人：曹正义 著作部分编写人：郇玉华、鲍时祥	1993.3	青岛出版社	272（术语105，人物78，著作89）
27	《语言学百科词典》	编委：戚雨村、董达武、许以理、陈光磊	1993.4	上海辞书出版社	
28	《王力语言学词典》	撰稿人：冯春田、梁苑、杨淑敏	1995.3	山东教育出版社	491（术语374，人物38，著作79）
29	《语文百科大典》	主编：郑振涛 古代汉语撰稿人：李国祥、方奕、吕东兰、吕滇雯、任文义、吴世丰、梁建国 著作撰稿人：宋均芬（音韵学词条拟定人：冯蒸）	1996.6	国际文化出版公司	313（术语231，人物48，著作34）
30	《汉语知识词典》	董绍克、阎俊杰主编	1996.9	警官教育出版社	
31	《古汉语知识详解辞典》	编著：马文熙、张归璧 音韵学部分撰写人：张柏青（术语）、高福生（著作）人物部分撰写人：马固钢、吴道勤、谭松林	1996.10	中华书局	603（术语376，人物61，著作166）
32	《语言文字词典·音韵学卷》	主编：郱宇骞、王铁柱 编委：王铁柱、尹斌庸、冯蒸、李葆芳、张振兴、宋均芬、周流溪、郱宇骞、黄成稳、谢纪锋 音韵学部分撰稿人：冯蒸	1999.2	学苑出版社	630（总论32，音理篇225，音史篇144，资料篇134，方法论28，人物8，著作59）

续表

序号	书名	编撰者	出版时间	出版社	条目统计
33	《多功能汉语拼音词典》	吴欣欣、管锡华主编	2001.8	太原：书海出版社	
34	《语言文字学常用辞典》	蔡富有、郭龙生主编	2001.10	北京教育出版社	123（术语63，人物33，著作27）
35	《20世纪中国学术大典·语言学》	主编：林焘 音韵学部分撰稿人：唐作藩、耿振生、张渭毅、杨耐思、孙玉文	2002.9	福建教育出版社	41（专题研究8，人物21，著作12）
36	《实用古汉语知识宝典》	杨剑桥著	2003.8一版 2008.5二版	复旦大学出版社	623（术语558，人物37，著作28）
37	《大辞海·语言学卷》	主编：王德春、许宝华 编写人：王德春、申小龙、许宝华、杨剑桥、陈光磊、欧阳觉亚、高天如、戚雨村、道布	2003.12	上海辞书出版社	410（术语281，人物69，著作60）
38	《语言学辞典》（增订版）	陈新雄、竺家宁、姚荣松、罗肇锦、孔仲温、吴圣雄编著	2005.10	台湾：三民书局	306（术语210，人物35，著作61）
39	《中国语言文字大辞典》	主编：唐作藩 副主编：杨耐思、孙竹	2007.5	中国大百科全书出版社	约600（术语、著作）
40	《语言学名词（2011）》	语言学名词审定委员会编	2011.5	商务印书馆	211（术语）

表4 含有音韵学条目的非语言学辞典

序号	书名	编撰者	出版时间	出版社	条目统计
1	《中国戏曲曲艺词典》	上海艺术研究所，中国戏剧家协会上海分会编	1981.9	上海辞书出版社	48（术语39，人物4，著作5）
2	《诗歌辞典》	陈绍伟编	1987.12	花城出版社	33
3	《敦煌学大辞典》	季羡林主编	1998.12	上海辞书出版社	109（术语14，人物8，著作97）

表5 含有音韵学人名、书名的图书

序号	书名	编撰者	出版时间	出版社
1	《中国语文学家辞典》	陈高春编著	1986.3	河南人民出版社
2	《中国现代语言学家》（上、下）	《中国现代语言学家》编写组编	1989.7	河北人民出版社
3	《中国语言学人名大辞典》	陈建初、吴泽顺主编	1997.7	岳麓书社
4	《中国现代语言学家传略》（共4卷）	中国语言学会《中国现代语言学家传略》编写组编	2004.5	河北教育出版社
5	《北京图书馆普通古籍总目（第十卷）文字学门》	北京图书馆普通古籍组编	1995.4	北京图书馆出版社
6	《中国古籍善本书目——经部、史部、子部、集部、丛部》（精装全9册）	中国古籍善本书目编委会编	1998.3	上海古籍出版社
7	《中国古籍总目：全套五部（经部 史部 子部 集部 丛书部）》全26册	中国古籍总目编辑部编	2011.1	中华书局、上海古籍出版社
8	《四库全书总目提要》（全二册）	（清）永瑢等撰	1965.6	中华书局
9	《续修四库全书总目提要（经部）》（全二册）	中国科学院图书馆整理	1993.7	中华书局
10	《韵学古籍述要》	李新魁、麦耘著	1993.2	陕西人民出版社
11	《汉语音韵学论著指要与总目》（上、下）	李无未主编	2007.1	作家出版社

　　表4所列是非汉语语言学的专科辞典，所收音韵学词目虽然不多，但是很有特色，可以补正统的音韵学辞典之缺，不容忽视。如《中国戏曲曲艺词典》所收的"阴出阳收"一条内容已成为当前音韵学讨论的热点问题之一。

　　上述辞典和图书中的音韵学词目多寡不一，撰写水平不一，成就固不容忽视，但也暴露出不少问题，有待进一步改进和提高。

　　（1）袭用。袭用他人的音韵学研究成果，包括别人编纂的音韵学辞书词条而不注明出处，这种行为必须坚决避免。

　　（2）臆说。辞书在读者的心目中是一种学术典范，必须保证词条释义的准确性与科学性。

　　（3）失范。这里强调两点：第一，所有音韵学名词术语都要注明出处，即把古人或者今人有关术语的原始出处及含义一一标明，标明提出人和相关文献著作的名称。另外，原则上要附以例句原文以表明言必有据。第二，每条后面都要求撰写者署名，并且列出该条目的主要参考文献。其实这也是专科性辞书编纂的国际惯例。

　　（4）收录范围与词条排列问题。有的音韵学辞书收录范围不明确，在词目上与其他学科有交叉（如与语音学、文字学、训诂学就有交叉），有的词条排列不科学，有待改进。

　　目前，音韵学的发展令人刮目相看。已经出版的音韵学辞书和准辞书，有的错误需要改正，有的内容已嫌陈旧，需要调整、更新，有的体例需要完善，更重要的是需要增加近几十年来音韵学的最新研究成果，以促进音韵学的进一步发展。学术界有这样一种不成文的共识：对于教科书来说，一般认为应该是5年一修订，10年一重编。我认为对于辞书来说，特别是专科性辞书来说，至少应该是10年一修订，20年一重编，才能跟上时代的步伐。由此看来，新的音韵学辞典的编纂任务已经摆在我们的面前，总结既有的成果和经验，迎接新的挑战，是当前音韵学工作者义不容辞的任务。

参考文献

［1］陈海洋主编《中国语言学大辞典》，江西教育出版社，1991。

［2］冯蒸：《论汉语音韵学的发展方向——为纪念李方桂先生而作》，《湖南师范大学社会科学学报》1988 年第 2 期。

［3］龚煌城：《从汉藏语的比较看重纽问题》，载《声韵论丛》第六辑，台湾学生书局，1997。

［4］骈宇骞、王铁柱主编《语言文字词典》，学苑出版社，1999。

［5］赵元任：《说清浊》，载《中研院历史语言研究所集刊》第三十本下册，1960。

［6］中国社会科学院人文社会科学研究中心编《认认真真做事　踏踏实实做人：邵荣芬访谈录》，载《学问有道——学部委员访谈录》（下），方志出版社，2007。

古韵研究中的十个问题

李葆嘉*

清儒上古韵部研究，顾炎武（1613—1682）《音学五书·古音表》据阴阳立部而以入配阴，倡古韵阴阳相配格局。段玉裁（1735—1815）《六书音韵表》、王念孙（1774—1832）《古韵谱》、孔广森（1752—1786）《诗声类》等沿同此法，尤以孔广森阴阳九九相对至为整齐。

戴震（1725—1777）、承江永（1618—1682）《古韵标准》所言"数韵共一入"，其古韵系统"两两相配，以入声为相配之枢纽"，"以正转之同入相配定其分合，而不徒恃古人用韵为证"，创古韵阴阳入三分格局。此格局既是审音派之产物，又囊括了考古派的成果。其后，牟应震（1745—1827）《毛诗古韵》、李元（约 1748—1816）《音切谱》、刘逢禄（1776—1829）《诗声衍》与庞大堃（1787—1858）《古音辑略》、邹汉勋（1805—1854）《五均论》等皆从之。

至清末民初，章太炎（1869—1936）与黄侃（1887—1935）分别继承了考古派和审音派的成果。章太炎从王念孙（二十一部）、孔广森（十八部）之说，曾问学于黄以周（十九部），定古韵二十三部①。黄侃从邹汉勋（古音二十纽）、刘逢禄（古韵二十六部）、陈澧（今音学）之说，倡古音

---

* 李葆嘉，南京师范大学文学院教授、博士生导师，研究方向为理论语言学、历史语言学、语言学史、语言文化哲学、语言信息工程学等。
① 章太炎：《国故论衡》，上海右文社，1915。

十九纽①与古韵二十八部②。

一　清儒古韵分部之整合系统

经过顾、江、戴、段、王、孔的研究，周秦古韵的韵部划分基本已成定局。如立足于审音派的三分格局，整合"清代古韵六大家"之所分，可得出"古韵二十八部系统"。如若再补上邹汉勋《五均论》（1851）所倡脂、灰分部说及其相配入声韵部，就可得出"古韵三十部系统"③。

"清儒古韵分部之整合系统"今列如次：

阴声韵	入声韵	阳声韵
歌（顾）	月（江、戴、王）	元（江）
支（段）	锡（江、戴）	耕（顾）
脂（段）	质（段、王）	真（段）
灰（邹）	术（王、牟、刘、庞）	文（段）
鱼（江）	铎（江）	阳（顾）
侯（段）	屋（孔、牟、庞）	东（孔）
幽（段）	觉（孔、牟、刘、庞）	冬（孔）
宵（段）	药（戴）	？
之（段）	职（江、戴）	蒸（顾）
？	缉（江、戴）	侵（江）
？	盍（江、戴）	谈（江）

需要说明的是：①术部在王念孙分部中属脂部之入，并未独立，后将术部独立的，是牟应震、刘逢禄（末部）与庞大堃（术部）。②孔广森将屋（属东之入）、觉（属冬之入）分出，但拘于山东方音而未取古有入声。

---

①　黄侃：《音学八种》，载《黄侃声韵学未刊稿》，武汉大学出版社，1985。
②　黄侃：《古韵谱稿》，载《黄季刚先生遗书》（第七册），台湾石门图书公司，1980。
③　王力：《音韵学初步》，商务印书馆，1980。

后将入声韵屋、觉独立的，是牟应震的屋、六部，刘逢禄的屋、药部，庞大堃的屋、觉部。作为独立的入声韵，术、屋、觉三部，实成于牟、刘，而其韵部标目则定于庞。③另外，时庸劢首倡"缉盍有去声说"①，提出缉之阴声挚部、盍之阴声瘵部。

陈新雄曾发问："持曾氏（曾运乾）三十摄与王力晚年三十部相较，竟若析符之复合，其非知者之所见略同耶？"②通过以上排比可见，原因就在于"清儒古韵分部之整合系统"已相当成熟。

"清儒古韵分部之整合系统"中还有3个空位。只有就这3个空位提出新的韵部，才是清儒古韵分部之外的独见或首创。由此观之，除了黄侃的"谈添盍帖分四部说"、陈振寰的古"东、冬、江三分说"③确为独见，曾运乾的三十摄与王力晚年的三十部之中，并无古韵分部的"首创之论"。尽管研究者自以为"脂微分部"为独立发现，然而从古音研究学术史的立场来看，只能说是"推阐续证"。

二 上古韵部分合之主要分歧

上古汉语古韵分部，诸家疏密不一，亦有分合参差。自段玉裁十七部之后，主要分歧集中在9个问题上。④

1. 冬、东之分合

孔广森提出分立，王念孙、江有诰（1773—1851，《音学十书》）从孔说。黄以周（1828—1899，《六书通故》）古韵十九部，其中的东、冬分为二。而姚文田（1758—1827，《说文声系》《古音谐》）、朱骏声（1788—1858，《说文通训定声》）、夏燮（1801—1875，《述均》）与邹汉勋（《五均论》）等主张合。

---

① （清）时庸劢：《声谱》《声说》，清光绪十八年河南星使行台刻听古庐声学十书刻本。
② 陈新雄：《曾运乾之古音学》，《中国语文》2000第5期。
③ 陈振寰：《上古东冬江三分和有关问题》，中国音韵学研究会第五届学术讨论会论文，1988。
④ 王显：《清代学者在古韵分部研究上的贡献》，载《古汉语研究论文集》（二），北京出版社，1984。

2. 冬、侵之分合

孔广森认为冬部"古音与东、钟大殊，而与侵声最近"。严可均（1762—1843，《说文声类》）主张冬、侵合。章太炎早年分二十三部，晚年又主张冬、侵合。王力早年从严说，① 晚年认可章太炎"战国时冬部已从侵部分化出来"② 之说。

3. 真、文之分合

段玉裁提出分立。而孔广森、牟应震与黄式三（1789—1862，《音均部略》）主张合。黄以周在其父黄式三的十五部基础上分为十九部，其中真、文分为两部。

4. 祭、月之分合

戴震提出祭部独立。王念孙提出合。其后，庞大堃、朱骏声也主张分。

5. 质、术之分合

王念孙提出分，牟应震、刘逢禄、庞大堃等从之。而张惠言（1761—1802，《说文谐声谱》）、夏燮、龙启瑞（1814—1858，《古韵通说》）主张合。

6. 幽、侯之分合

段玉裁提出分立，而戴震、黄式三父子主张合。

7. 幽、宵之分合

段玉裁提出分立，而时庸劢合之③，但分上下。

8. 缉、盍之分合

江永、戴震提出分立。而孔广森、牟应震、姚文田主张合。

9. 脂、微之分合

邹汉勋首倡脂、灰分部说④。黄侃未从。章太炎举棋不定，大矢透⑤、曾运乾⑥、赵少咸、王力⑦和董同龢⑧主张分。严学宭⑨不主张分。

---

① 王力：《上古韵母系统研究》，《清华学报》1937 年第 3 期。
② 王力：《音韵学初步》，商务印书馆，1980。
③ （清）时庸劢《声说》，清光绪十八年河南星使行台刻听古庐声学十书刻本。
④ （清）邹汉勋《五均论》，载《邹叔子遗书》，清光绪九年左宗棠署检家刻本。
⑤ 〔日〕大矢透：《周代古音考韵徵》，株式会社国定教科书共同贩卖所，1914。
⑥ 曾运乾：《古本音齐韵当分二部说》，国立湖南大学《文哲丛刊》第一卷，1940。
⑦ 王力：《上古韵母系统研究》，《清华学报》1937 年第 3 期。
⑧ 董同龢：《上古音韵表稿》，《历史语言研究所集刊》第十八本，1948。
⑨ 严学宭：《上古汉语韵母结构体系初探》，《武汉大学学报》1963 年第 2 期。

以上 9 个问题，已有定论。还有以下几个问题，尚须斟酌：

10. 谈、添、盍、帖之是否四分

黄侃首倡，董同龢①、俞敏②、陈新雄③、潘悟云④、施向东⑤有所续证。王力⑥认为证据不足。

11. 闭口六部是否有相配的阴声韵

时庸劢首倡"缉盍有去声说"⑦。董同龢⑧肯定闭口韵有相应之阴声韵。李方桂⑨认为缉、叶两部的一些字，似乎曾有 ∗ b 尾而后来失去的迹象。张琨在"《诗经》35 韵部系统"中没有构拟与闭口六部相配的阴声韵，但在"原始汉语语音 66 韵母系统"中构拟了与闭口六部相配的阴声韵 ∗ ib、∗ əb、∗ ab 等。⑩

12. 东、冬、江是否三分

陈振寰⑪提倡。

此外，还有一个关于古音构拟的关键问题：阴声韵音节是闭音节还是开音节。

三　黄侃古音学说之直接由来

对清代古音学之集大成者黄侃的古音学由来，很多人不甚明了。而昧

---

① 董同龢：《上古音韵表稿》，《历史语言研究所集刊》第十八本，1948。

② 俞敏：《汉藏韵轨》，《燕京学报》第 37 期，1949；俞敏：《俞敏语言学论文集》，商务印书馆，1999；俞敏：《汉藏同源字谱稿》，《民族语文》1989 年第 1、2 期。

③ 陈新雄：《古音学发微》，台湾文史哲出版社，1972。

④ 潘悟云：《上古谈、叶二部的再分部》，中国音韵学研究会第五届学术讨论会论文，1988。

⑤ 施向东：《黄侃闭口韵六部与俞敏闭口韵六部之异同》，载《中国海峡两岸黄侃学术研讨会论文集》，华中师范大学出版社，1993。

⑥ 王力：《黄侃古音学述评》，载《大公报在港复刊三十周年纪念文集》，香港大公报出版，1978。

⑦ （清）时庸劢《声谱》《声说》，清光绪十八年河南星使行台刻听古庐声学十书刻本。

⑧ 董同龢：《中国语音史》，台湾中华文化出版事业委员会，1954。

⑨ 〔美〕李方桂：《上古音研究》，台湾《清华学报》1971 年第 2 期；商务印书馆，1980。

⑩ 〔美〕张琨：《古汉语韵母系统与〈切韵〉》，载《汉语音韵史论文集》，华中工学院出版社，1990。

⑪ 陈振寰：《上古东冬江三分和有关问题》，中国音韵学研究会第五届学术讨论会论文，1988。

于清儒上古韵部研究史和上古声组研究史，难免臆断之言。

黄侃其古韵分部立目，虽可远绍郑（郑庠六部之说，见元·熊朋来《熊先生经说》）、顾、江、戴、段等，其直接来源却是刘逢禄的二十六部。其"古本音在一四等"之说、古音十九纽之说，皆源自邹汉勋《五均论》之论。黄侃云："邹汉勋谓等韵一、四等为古音，此为发明古声十九纽之先导"。①《古韵谱稿·扉页》曰："十九声之说略同于新化邹君，二十八部之说略同于武进刘君。予之韵学，全恃此二人及番禺陈君而成，不可匿其由来也"。②

一些学人对黄说持有非议，以至于非语言学界也以讹传讹。胡文辉《现代学林点将录》之《托塔天王晁盖：章太炎》（注⑧）的评论今录如下：

> 林语堂指黄氏的古音十九组说为"循环式论证"、"以乙证甲，又以甲证乙的乞贷论证"③；张世禄承林说，亦称黄说为"循环式的乞贷论证"④；王力更将"古本韵"学说批评得体无完肤。⑤ 此外，李方桂谓黄氏未做过任何古音构拟的工作，而且"没有出过什么有影响的书"⑥；周法高也说："研究中国语言的必需通晓普通语言学的原理和方法。黄季刚先生的二十八部（晚年又分为三十部），把阴阳入分立，是相当有道理的，在中国音韵学史是有地位的；但是他的一四等为古本音的学说就不合语言学原理。"⑦ 而王静如则称之为"音韵学中之神学"，指"他是总结清儒一些材料，加以排列分析，其功不可没。但择韵目故弄文字游戏有如棋弈之佞，实出科学之外"⑧。按：近时李开针对林语堂、张世禄之说，否定黄氏是循环论证，但却认为黄氏关于

---

① 黄侃述、黄焯编《文字声韵训诂笔记·邹汉勋论古音》，上海古籍出版社，1983。
② 黄侃：《古韵谱稿》，载《黄季刚先生遗书》（第七册），台湾石门图书公司，1980。
③ 林语堂：《古音中已遗失的声母》，载《语言学论丛》，开明书店，1933。
④ 张世禄：《中国音韵学史》下册，商务印书馆，1936，第316页。
⑤ 王力：《黄侃古音学述评》，载《龙虫并雕斋文集》第三册，中华书局，1982。
⑥ 王启龙、邓小咏译《李方桂先生口述史》，清华大学出版社，2003，第50、79页。
⑦ 周法高：《何谓汉学》，载《汉学论集》，台湾正中书局，1965。
⑧ 冯蒸：《汉语音韵学论文集》，首都师范大学出版社，1997。

古韵二十八部划分乃参照钱夏（玄同）的《韵摄表》，而钱说又来自高本汉。① 若如此，黄说不仅继承戴震，亦暗袭高本汉矣。

林语堂、张世禄、王力对之持否定态度，周法高、王静如对之毁誉参半。李方桂口述史指其缺失，李方桂②又另外对十九纽的基本性予以肯定。李开③批驳林语堂的"循环论证"是维护黄氏之说，但联系到高本汉的中古音研究对黄说有影响而无实据。以上这些学者，盖都未翻阅过邹汉勋的《五均论》和刘逢禄的《诗声衍》，亦未见过黄侃的《音学八种》④ 和《古韵谱稿》⑤ 等，仅凭《音略》等文而遽然断之，难免郢书燕说。

李开提出："黄侃正是在钱表（《钱夏韵摄表》）的基础上找出古本韵。"⑥ 其实，黄侃古音说在《钱夏韵摄表》之前早已形成。

1. 《钱夏韵摄表》约成于 1915—1916 年

《钱夏韵摄表》未注明编撰时间，但是钱玄同何时用"钱夏"之名大致可考。据刘思源整理《钱玄同自撰年谱》⑦，钱玄同 1905 年东渡日本，毅然以明种姓为己任，因更名曰"夏"；自 1917 年 5 月 13 日改称"钱玄同"。据曹述敬《钱玄同先生年谱》⑧，1916 年，钱玄同与马裕藻合著《高等师范学校预科国文教授法》草案，署名钱夏。虽然高本汉 1919 年发表《中古韵母的拟测》后，钱玄同即采用为北京大学讲义，但是《钱夏韵摄表》至晚成于 1917 年。据钱玄同《致潘景郑书》与黄侃"维民国四、五年间，商量音韵，最为契合"，即 1915—1916 年。故笔者推测《钱夏韵摄表》成于此时，不可能受高氏的影响。

2. 黄侃古音学形成于 1913—1914 年

黄侃在《音略·今韵》中收《钱夏韵摄表》，但是黄侃古音学形成于

① 李开：《黄侃的古音学：古本声十九纽和古本韵二十八部》《高本汉和他的汉学名著〈中国音韵学研究〉》《汉语古音学研究》，上海人民出版社，2008。

② 〔美〕李方桂：《上古音研究》，台湾《清华学报》1971 年第 2 期；商务印书馆，1980。

③ 李开：《黄侃的古音学：古本声十九纽和古本韵二十八部》，《江苏大学学报》2002 年第 1 期。

④ 黄侃：《音学八种》，载《黄侃声韵学未刊稿》，武汉大学出版社，1985。

⑤ 黄侃：《古韵谱稿》，载《黄季刚先生遗书》（第七册），台湾石门图书公司，1980。

⑥ 李开：《黄侃的古音学：古本声十九纽和古本韵二十八部》，《江苏大学学报》2002 年第 1 期。

⑦ 刘思源：《钱玄同自撰年谱》，《鲁迅研究月刊》1999 年第 5 期。

⑧ 曹述敬：《钱玄同先生年谱》，《北京师范大学学报》1982 年 5 期。

1913—1914 年。1914 年秋冬，黄侃受聘于北京大学。1915 年春，钱玄同已借黄侃《音学八种》手稿转录古音十九纽和古韵二十八部之说，并有《小序》：

> 乙卯仲春，黄君季子来都中，语余曰：顷绌绎声韵，有所著录。……古音即在《广韵》之中。凡舍《广韵》别求审古音者，皆妄也。又曰，古纽止十有九。古韵则阴声、阳声之外，入声当别立。顾、江、段、孔诸公，皆以入声散归阴声各部中，未为审谛。谓宜墫戴氏分阴、阳、入为三之说，爰就余杭师所分古韵二十三部，盖为二十八部。余闻其论而韪之。因假取其稿，遂箸是册。其中颇有未定之论，季子谓此乃草创，他日尚须修正云。

上文中"乙卯"即 1915 年；"顷"，不久前，谓 1914 年；"古音即在《广韵》之中"，此为邹汉勋研究古音之法；"古纽止十有九"，见钱氏所录黄侃《声韵通例·第五表古今音异同》（初定二十二纽）、《声韵通例·第七表正变声洪细》（将正声合并得十九纽）；"二十八部"，见钱氏所录黄侃《声韵通例·古韵旁转对转表》。《音学八种·均纽分配表》，横行为均，纵行为纽，乃十九纽（于纽已改称为纽，甾、囟、师已改称庄、初、疏）与二十八部相配之图表。1918 年 5 月，黄侃的《古韵谱稿》在京校毕。1917 及 1918 年，钱玄同始在北京大学初授音韵，编《音韵学讲义》（北大 1919 排印本《文字学音篇》为其节编），其"三代古音"已用黄侃之说。而黄侃古声说，其师章氏"初不谓然，后乃见信。其所著《菿汉微言》，论古声类，亦改从侃说矣"。考章氏撰《菿汉微言》，时在 1915—1916 年。

由此，李开寻觅的证据：①高氏 1919 年发表《中古韵母的拟测》后，钱玄同即采用为北京大学讲义[①]；②其时黄侃正在北京大学任教（王庆元《黄季刚先生年表》，黄侃从 1914 年秋至 1919 年 7 月在北大），作为"证明黄侃古音说基于《钱夏韵摄表》"、"黄侃已经过钱玄同间接受到高的影响"显然无效。

---

① 王立达：《汉语研究小史》，商务印书馆，1959。

3. 钱夏的文字音韵学是"拜门"得到的

关于黄侃古音说与钱夏文字音韵学之间的关系：黄侃认为钱氏是偷的自己的，而钱氏说自己是"拜门"得到的。黄侃去世后，《立报》上登过一篇《黄侃遗事》。黄侃尝于课堂上说，"汝等知钱某一册《文字学讲义》从何而来？盖由余溲一泡尿得来也。当日钱与余居东京时，时相过从。一日彼至余处，余因小便离室，回则一册笔记不见。余料必钱携去，询之钱不认可。今其《讲义》，则完全系余笔记中文字，尚能赖乎？是余一尿，大有造于钱某也。"周作人将此文寄给钱，钱玄同回信说："披翁（黄侃别号）轶事颇有趣，我也觉得这不是伪造的。虽然有些不甚符合，总也是事出有因吧。例如，他说拙著是撒尿时偷他笔记所成的，我知道他说过。是我拜了他的门得到的。夫'拜门'之于'撒尿'，盖亦差不多的说法也。"[①] 由此可见，钱氏文字音韵学接受了黄侃的主要观点，是拜黄侃为师才得到的。黄侃的今音研究，是基于陈澧的《切韵考》和邹汉勋的《五均论》。钱玄同为黄侃挽云："小学本师传，更绌绎韵纽源流，黾勉求之，于古音独明其真谛；文章宗六代，专致力沉思翰藻，如何不淑，吾同门遽丧此隽才"。其中"于古音独明其真谛"，是钱玄同对黄侃古音学的肯定。钱作《古韵廿八部音读之假定》也说过："古韵分部截至现在为止，当以黄氏二十八部之说为最当。"[②]

4. 《音略》写于 1919 年，发表于 1920 年

李开又言：

《黄侃论学杂著》一书中的明古声 19 纽和古韵 28 部的《音略》未标作于何时，钱夏的《韵摄表》亦未标著于何时。黄侃 1924 年至 1926 年秋受聘于武昌师大，兼教中华大学，所撰《说文略说》《声韵略说》《尔雅略说》皆师范大学讲章，《音略》大体也是 1924、1925 年或稍后著作。如此看来，黄侃正式发表论古音二十八部的文章《音略》时，引用钱玄同《韵摄表》，钱无疑早已受到高本汉的影响，黄

---

① 刘宜庆：《浪淘尽：百年中国的名师高徒·章太炎与黄侃》，华文出版社，2010。
② 钱玄同：《古韵廿八部音读之假定》，《师大月刊》卅二周年纪念专号，1934。

侃已经过钱玄同间接受到高的影响，否则很难想象黄侃与高本汉的惊人一致。①

李葆嘉曾考定：1913～1914 年，黄侃提出二十八部与古音十九纽，有钱玄同 1915 年借录《音学八种》为证。黄侃 1918 年完成《古韵谱稿》。1919 年 5 月至 7 月，《声韵通例》《与人论小学书》刊北京《唯是》月刊一至三册。1919 年秋，到武昌高等师范学校任教，编有讲义《音略》《声韵略说》。《音略》曾先后在 4 种刊物上登载：1920 年，武昌高等师范学校国文历史地理学会《国学卮林》一卷一期；1923～1924 年，上海《华国月刊》一卷一、三、五期；1935 年，苏州章氏国学讲习会《制言》第六期（第五篇），有孙世扬识语"此文亦系一九一九年任教武昌时的讲义"；1936 年，南京中央大学《中央大学文艺丛刊·黄季刚先生遗著专号》二卷二期。②

可见，李开所言"《音略》大体也是 1924、1925 年或稍后著作"失考，盖受"黄侃 1924 年至 1926 年秋受聘于武昌师大"之误导。其实，黄侃 1919 秋应聘武昌高等师范学校（1923 年改名武昌师范大学，1924 年改名武昌大学），直至 1927 年应聘北京师范大学才离开，在该校连续任教 8 年。如果知《音略》撰于 1919 年，则"钱无疑早已受到高本汉的影响""黄侃已经过钱玄同间接受到高的影响"失之蹈空更明矣。

5. 黄侃二十八部比高本汉上古音研究早 9 年

至于高本汉，1910 年来华，1912 年初返欧。1915 年 5 月，高本汉以《中国音韵学研究》（全书的前一部分）获博士学位。1915～1919 年，他陆续完成《古代汉语》《现代方言描写语音学与历史上的研究》。1926 年《方言字汇》完成后，《中国音韵学研究》才全部完成。高本汉的《韵母表》是中古韵母研究。陆志韦曾批评高本汉错把《广韵》当《切韵》，而且没有研究过《广韵》，就连用的《广韵》反切好像都是从《康熙字典》

---

① 李开：《黄侃的古音学：古本声十九纽和古本韵二十八部》，《江苏大学学报》2002 年第 1 期。

② 李葆嘉：《清代学者上古声纽研究概论》，徐州师范大学硕士学位论文，1986；李葆嘉：《关于章黄古声纽说的若干问题》，载《活页文史丛刊》，中州古籍出版社，1990；李葆嘉：《论清代上古声纽研究》，《语言研究》1992 年第 2 期；李葆嘉：《清代上古声纽研究史论》，台湾五南图书出版公司，1996。

中转抄下来的，并且借重的是伪《指掌图》与非牛非马的《等韵切音指南》（附于《康熙字典》）。① 高本汉的上古音研究成果（*Analytical Dictionary of Chinese and Sino-Japanese*）发表于 1923 年。黄侃的古韵二十八部之说，比高本汉的中古音研究早 1 年，比高本汉的上古音研究早 9 年。

6. 古本韵二十八部本于邹汉勋《五均论》

然而，李开进一步举证：

> 十分有意思的是，当我们把高本汉《中国音韵学研究》一书中的《韵母表》各摄列出纯一等、纯四等韵作为古本韵。所谓"纯"，是指不跨等，结果得到高本汉《韵母表》古本韵，它们是：歌、戈、哈、灰、齐、覃、谈、添、寒、桓、先、痕、魂、登、青、唐、豪、萧、侯、模、东、冬、合、盍、帖、曷、末、屑、没、德、锡、铎、屋、沃。共 34 韵，除了谈和盍以外，还有 32 韵，合并歌戈、寒桓、锡末、痕魂，得 28 部，与黄侃全同。

如果看过邹汉勋的《五均论》，也就不可能有此议论了。兹将邹汉勋《八呼廿论·十一论广韵一等专纽九十六》上面的文全文引录（序号为笔者所加，个别次序有所微调）如次：

1. 东均东属十七 董均十四 送均送属十九 宋均五
2. 屋均屋属十七
3. 冬均十 肿均湩属二
4. 沃均十五
5. 模均十九 姥均十八 暮均十八
6. 齐均齐属二十一 荠均十七 霁均二十 齐均圭属五 霁均三
7. 灰均十九 贿均十七 队均十九
8. 哈均十八 海均二十一 代均十六

① 陆志韦：《古音说略》，《燕京学报》专号之二十，1947。

9. 魂均十九　混均十七　恩均十八　痕均五　很均三　恨均四

10. 没均十八　没均麴属二

11. 寒均十四　旱均十一　翰均十五　桓均十七　缓均十七　换均十九

12. 曷均十五　末均十八

13. 先均先属十七　铣均铣属十三　霰均霰属四　先均渊属六　铣均法属四　霰均绚属四

14. 屑均屑属十九　屑均血属五

15. 萧均十　篠均十二　啸均十一

16. 青均青属十三　迥均顶属十三　径均十　青均荧属二　迥均迥属八　径均一

17. 锡均阒属三

18. 豪均十九　皓均十八　号均十七

19. 歌均十四　哿均十四　简均十二　戈均戈属十七　果均十九　过均过属十九

20. 唐均唐属十四　荡均荡属十八　宕均宕属十七　唐均荒属七　荡均广属五　宕均螃属四

21. 铎均铎属十八　铎均霍属八

22. 登均登属十四　等均四　嶝均十二　登均靳属三

23. 德均十八　德均式属三

24. 侯均十七　厚均十九　候均十九

25. 覃均十五　感均十五　勘均十四

26. 合均十七

27. 谈均十二　敢均十三　阚均十

28. 盍均十六

29. 添均九　忝均十　桥十均二

30. 帖均十三

31. 泰均泰属十六　泰均会属十五

笔者记得 1985 年看到邹汉勋此论时，眼前一亮，不仅有"古本韵二十八部所本",而且包括了黄侃所倡的"谈添盍帖分四部说"。邹汉勋将纯四等韵的"齐、先、萧、青、添"列同一等专纽,在《廿声四十论·三十九论〈四声切韵表凡例〉定四等字纽图及群母古音》中有相关论述:

> "又凡有舌头、齿头者,非一等,即四等,以粗细别之"。其在四等者,谓"齐、先、青"三韵。此实等韵家误隶。今以《广韵》见母反谓之上字分粗细,"齐、先、青"仍在一等。以"古、公"诸字为切也,一二两等为粗,三四两等为细。其三四两等之见母,以"居、九"等字为切。《广韵》之例可求也!

把高本汉《韵母表》中各摄的纯一、四等韵排出来,是将邹汉勋做过的排比再来一次。其区别在于:邹汉勋是按照《广韵》和江永的《四声切韵表》排比,其旨趣在说明"古本韵在等韵一、四等";李开是在 150 年后,按照 80 年前高本汉套用《等韵切音指南》所改造的《韵母表》排比,其旨趣在说明"与黄侃全同"。这只能再次证明"等韵的一、四等是黄侃所说的古本韵",而不能证明"古本韵在等韵一、四等"并非邹汉勋之说。

邹汉勋吸收了江永(《四声切韵表》;《音学辨微》内有反切上字表)所言"一等声纽为十九位""四等与一等同"之说,提出"古本音(古本韵)"之说。《廿声四十论·三十九论〈四声切韵表凡例〉定四等字纽图及群母古音》曰:

> "一等有牙,有舌头,有喉,无舌上;有重唇,无轻唇;有齿头,无正齿;有半舌,无半齿;而牙音无群,齿头无邪,喉音无喻。通十九位:见溪疑端透定泥邦滂并明精清从心晓匣影来也",按:今增许母,为二十位。……"四等与一等同"。

江永的《四声切韵表》《音学辨微》还是等韵与今音研究,而邹汉勋的研究是以等韵贯通今音和古音,倡音有正变说。故黄侃说"邹汉勋谓等韵一、四等为古音,此为发明古音十九之先导";故罗常培说"所谓'本声''变声',实由邹汉勋'字纽有古本音有流变'之目而推阐加详者"。由此可见,未知江永—邹汉勋—黄侃这一"古本音"说之渊源，可能徒生若干误解。

现将刘氏《诗声衍》的二十六部，与黄氏《音略》的二十八部（括号内）对照列出如次：

阴声韵	入声韵	阳声韵
歌（歌）	未（曷）	元（寒）
	质（屑）	文（先）
微（灰）	（没）	真（痕）
支（齐）	锡（锡）	青（青）
鱼（模）	陌（铎）	阳（唐）
愚（侯）	屋（屋）	东（东）
萧（萧）		
肴（豪）	药（沃）	冬（冬）
灰（咍）	职（德）	蒸（登）
	（合）	侵（覃）
	缉（帖）	盐（添）

基于刘逢禄二十六部，黄侃从王念孙至（质）、祭（月/曷）、脂之入（术/没）三分说，又参照其师章太炎的脂之入（队），比刘氏多分出一个没部。其又从戴震之说，将闭口入声韵缉部拆分为帖、合两部，由此比刘逢禄多"没、合"两个韵部。黄侃吸收了"邹汉勋谓等韵一、四等为古音"的音理说，惜未能吸收邹氏的"脂灰分部说"。

四　重申脂微分部之学术沿革

"脂灰分部说"始见于邹汉勋《五均论》[①]，其理由是"考之《广韵》，脂皆、灰微二部已备八等"。验之《韵镜》，属此两部的咍、灰、皆、脂、

---

① （清）邹汉勋：《五均论》，载《邹叔子遗书》，清光绪九年左宗棠署检家刻本。

微、齐六韵，开口有一等咍、二等皆、三等脂与微，以及四等齐；合口有一等灰、二等皆、三等脂与微，以及四等齐。开合已备八等。邹氏以为古韵一部只应四等，若八等当分为二部。《说文谐声谱》毁于火，而不得知其具体归字，灰部大致包括灰微蒸登，及齐之咍的一部分。

邹氏吸收了戴、段、江（有浩）的古韵分部成果，加上己见，定古韵十五部，其中十部有入声，实为二十五部。"目录大致依江晋三有浩之《谐声表》而并之，古反切及取字之限断不违也"。邹氏十五部的详细目录共五论，已亡佚，然《八呼表上》《十五部目录图》《入声十类合正韵十五类，协于五五二十五声之图》的论述部分具存。其中，微上 脂皆 脂、皆、支之半；微中 灰蒸 灰、微、蒸、登。在《论蒸登旧音》中，又认为蒸登"古实近之咍"，故将其合之。另外提出，脂皆，古读脂与皆同；灰蒸，古读微与灰同。尽管蒸登并入灰部不足取，但脂微分立说，邹汉勋诚为先导。

章太炎在《新方言》中主脂、灰分部，"月近灰谆，质近脂真。……脂灰昔本合为一部，今验以自、夔等声，与脂部鸿纤有异，《三百篇》亦有分别"；《文始》去灰立队，"队、脂相近，同居互转。若聿、出、内、术、戾、骨、兀、郁、勿、弗、卒诸声，谐韵则《诗》皆独用；而回、佳、雷或与脂同用"；《二十三部韵准》[①] 脂与队的区别变成了平上韵部与去入韵部的不同，队部成了纯粹的去入韵部。

日本大矢透《周代古音考韵徵》[②] 采取尔（相当脂）、类（相当微）分部，归字已经分明：尔（脂）部所列《诗经》韵字凡 70 个；类（微）部所列《诗经》韵字凡 116 个，表明此说已趋成熟。章太炎看过《五均论》，其脂、灰分部盖受邹氏之影响。而大矢透的尔、类分部，盖受章太炎《新方言》的影响。[③]

曾运乾《声学五书叙》[④] 所列之一《切韵补谱》，即今所见《音韵学

① 章太炎：《国故论衡》，载《章氏丛书》，上海右文社，1915。
② 〔日〕大矢透：《周代古音考韵徵》，株式会社国定教科书共同贩卖所，1914。
③ 李葆嘉：《〈汉语语音史·先秦音系〉补苴》，《古汉语研究》1989 年第 1 期。
④ 曾运乾：《声学五书叙》，《东北大学周刊》1926 年第 9 期。

讲义》①之《广韵补谱》。在《广韵补谱》（《音韵学讲义》183—186 页）中，曾氏提出"脂微齐皆灰当分二部"。把齐脂皆微之半并为衣摄，齐之入为屑质栉；灰韵与脂皆微之半并为微摄，灰之入为没术迄物黠。1940 年刊发《古本音齐韵当分二部说》。曾氏的齐韵二分说，盖受邹氏"脂灰分部说"之影响。杨树达《曾星笠传》："曾氏笃精音韵，所业过于汉勋。"邹氏名闻湖中，与魏源、何绍基合称"湖中三杰"，而曾氏为湖南益阳人。杨树达《曾星笠传》曾评价："娘日归泥之说，发自吾乡邹氏叔绩（《二十八论泥娘日一声》），而章君证成之。"同样，"喻三归匣之说，发自吾乡邹氏叔绩（《三十一论喻当并匣》），而曾君证成之"。尽管当时作者只字不提（用现在的话说：文献梳理不足，重要文献缺漏）前贤成就，从学术史的角度，岂能掩而不彰耶？

为纠正黄侃"先以屑为入而无对转阴声"，赵少咸将脂、微、齐中与青韵对转之字析出为齐部，作为先、屑的对转阴声韵，乃从音位的平行性原则出发所得之论。王力②据南北朝诗人用韵发现脂、微分押，在《上古韵母系统研究》③，从章太炎队部受到启发，提出脂、微分部说。王力的脂、微分部，基于南北朝诗韵及《诗经》押韵，但未能据"同声必同部"原则用谐声证之。其弟子董同龢《上古音韵表稿》④就谐声及重组研究，进一步证明脂、微当分。

现将《周代古音考韵徵》⑤的尔、类归字与王力《诗经韵读》⑥的脂、微归字比照如下（见表1）。

表1　大矢透与王力归字对照

作　者	论著	年份	尔/脂	类/微	合　计
大矢透	《周代古音考韵徵》	1914 年	70	116	186
王　力	《诗经韵读》	1980 年	81	52	133

---

① 曾运乾：《音韵学讲义》，中华书局，1996。
② 王力：《中国音韵学》，商务印书馆，1936。
③ 王力：《上古韵母系统研究》，《清华学报》1937 年第 3 期。
④ 董同龢：《上古音韵表稿》，载《历史语言研究所集刊》第十八本，1948。
⑤ 〔日〕大矢透：《周代古音考韵徵》，株式会社国定教科书共同贩卖所，1914。
⑥ 王力：《诗经韵读》，上海古籍出版社，1980。

具体归字有所不同，如"湄""郿""麋""迷"等字，《周代古音考韵徵》入类（微）部，而《诗经韵读》归脂（尔）部。《周代古音考韵徵》中有个别字入两部（如鷖）的情况。[①]

尽管王力说"脂微分立是王力的发现"[②]，但是学术史就是学术史。脂微分立之说，不能不认为邹汉勋[③]是先导，章太炎举棋不定，大矢透[④]证实之。20世纪二三十年代，相继论述此说或重新发现的有曾运乾[⑤]、赵少咸与王力。[⑥]

但是，严学宭在《上古汉语韵母结构体系初探》[⑦]中，却主张脂、微是元音松紧之别，不必分部。

五　谈添盍帖是否应分为四部

在编撰《音略》的前一年，即《古韵谱稿》校毕的 1918 年，黄侃在京已撰成《谈添盍帖分四部说》。1928 年夏，黄侃曾说过：

> 我的古声十九组是采用邹汉勋之说。我的古韵二十八部，仅仅是综合乾嘉古韵学家之说。而我自己的看法，认为覃、添、合、帖应分为覃、谈、添、合、盍、帖六部。[⑧]

在等韵图表中，谈、盍为一等，添、帖列在四等。从邹汉勋的"古本韵观"出发，谈、盍当从添、帖析出[⑨]。黄侃复以形声、声训、异读等，

---

① 李葆嘉：《〈汉语语音史·先秦音系〉补苴》，《古汉语研究》1989 年第 1 期。

② 王力：《汉语语音史》，中国社会科学出版社，1985，第 41 页。

③ （清）邹汉勋《五均论》，载《邹叔子遗书》，清光绪九年左宗棠署检家刻本。

④ 〔日〕大矢透：《周代古音考韵徵》，株式会社国定教科书共同贩卖所，1914。

⑤ 曾运乾：《声学五书叙》，《东北大学周刊》1926 年第 9 期。

⑥ 王力：《中国音韵学》，商务印书馆，1936；王力：《上古韵母系统研究》，《清华学报》1937 年第 3 期。

⑦ 严学宭：《上古汉语韵母结构体系初探》，《武汉大学学报》1963 年第 2 期。

⑧ 陆宗达：《季刚先生二三事》，载《量守庐学记》，生活·读书·新知三联书店，1985。

⑨ 参见邹汉勋《八呼廿论·十一论广韵一等专纽九十六》。

考覃、谈、添、合、盍、帖与痕、寒、先、没、曷、屑相通。闭口四韵当分。而黄侃当时未将其古韵定为三十部，一缘此四韵入《诗经》字少，二缘今音覃、谈不殊。鲁国尧[①]论及，通泰方言和赣方言覃、谈音殊，其关系相当于桓、寒。

董同龢[②]据谐声将谈部分为两类。（1）中古的覃（合）韵的字不仅出现于上古的侵（缉）部，也出现于谈（盍）部。（2）中古的添（帖）韵与咸（洽）韵比较接近，而与衔（狎）韵较远。（3）中古的盐（叶）韵按谐声关系可分为两类，一类谐覃（合）、咸（洽）、添（帖），一类谐谈（盍）、衔（狎）。于是，董同龢把传统的谈（盍）部再分为覃（合）类和谈（盍）类，大体与黄侃相合。

俞敏在《汉藏韵轨》[③] 中首次运用汉藏语言比较证明，覃、合可分为覃甲、覃乙、合甲、合乙，连同添、帖为六部；在《后汉三国梵汉对音谱》[④] 中，又用梵汉对音加以证明，改称为侵甲、侵乙、谈、缉甲、缉乙、盍六部；在《汉藏同源字谱稿》[⑤] 中，将闭口音六部的韵目定为侵、覃（冬）、谈、缉、合、盍。其高足施向东撰有《黄侃闭口韵六部与俞敏闭口韵六部之异同》[⑥]。

潘悟云[⑦]讨论了上古谈、叶二部的再分部问题。此后[⑧]除了基于谐声系列，有的学者还用其他文献材料和亲属语言，来证实 $*em$、$*ep$ 类韵母的存在。郑张主张上古六元音（$*i$、$*ɯ$、$*u$、$*e$、$*a$、$*o$）都配韵

---

① 鲁国尧：《泰州方音史及通泰方言史研究》，载日本《アジア・アフリカ语の计数研究》30 号，1988。
② 董同龢：《上古音韵表稿》，载《历史语言研究所集刊》第十八本，1948。
③ 俞敏：《汉藏韵轨》，载《汉语的"其"跟藏语的 gji·附录》，《燕京学报》1949 年第 37 期。
④ 俞敏：《后汉三国梵汉对音谱》，载《中国语文学论文选》，日本东京光生馆，1984 年。又载《俞敏语言学论文集》，商务印书馆，1999。
⑤ 俞敏：《汉藏同源字谱稿》，《民族语文》1989 年第 1、2 期。
⑥ 施向东：《黄侃闭口韵六部与俞敏闭口韵六部之异同》，载《中国海峡两岸黄侃学术研讨会论文集》，华中师范大学出版社，1993。
⑦ 潘悟云：《上古谈、叶二部的再分部》，中国音韵学研究会第五届学术讨论会论文，1988。
⑧ 潘悟云：《上古收 $-p$、$-m$ 诸部》，《温州师范学院学报》1992 年第 1 期。

尾，所以闭口韵 - m 及 - n、- ŋ 的相对塞尾都分为六类，即谈 * am、盍 * ap、添 * em、帖 ep、覃 * om、合 * op。陈新雄[①]于黄侃二十八部之外另增微、肃两部，加上黄侃所分闭口韵谈、盍，定古韵三十二部，并撰有《谈添盍帖分四部说》。

但是，王力[②]认为"谈添盍帖分四部说"证据不足。

六　闭口六部是否有相配阴声

古韵有闭口六部"侵、覃、谈、缉、合、盍"可以确认，但闭口六部是否有相应的阴声韵，值得进一步探讨。晚清时庸劢撰有《缉盍有去声说》[③]，从《广韵》寘、至、霁、祭几韵中，析出从"劦、执、立、疌、夹、陟、盖、曳、世、枼、习、钘"得声之字，合成挚、瘗两部，作为缉部和盍部之去声，且信"至当不易"。此为倡闭口韵有阴声韵之先导。

董同龢[④]认为，谈叶、侵缉的 * - b 尾字少，暂略，然肯定闭口韵有相应之阴声韵。李方桂[⑤]认为，虽然据《诗经》押韵，没有发现与缉、叶两部相配的阴声韵，但是据谐声系统考察，一些字似乎曾有 - b 尾而后来脱落的迹象。到《诗经》时期，* - b 尾已变成 * - d 尾。这些字或与脂、微相押，如"内、讷、对、怀、位、鸷、挚"等，或归入祭（月）部，如"盖、芮、瘗、荔"等。余迺永[⑥]考察了入声闭口九韵（缉、合、盍、叶、帖、洽、狎、业、乏）及其上、去声，与非收唇音韵尾的韵类相通情况。依据系统性原则，陈振寰《上古东冬江三分和有

---

①　陈新雄：《古音学发微》，台湾文史哲出版社，1972。
②　王力：《黄侃古音学述评》，载《大公报在港复刊三十周年纪念文集》，香港大公报，1978。
③　（清）时庸劢《声谱》《声说》，清光绪十八年河南星使行台刻听古庐声学十书刻本。
④　董同龢：《中国语音史》，台湾中华文化出版事业委员会，1954。
⑤　〔美〕李方桂：《上古音研究》，台湾《清华学报》1971 年第 2 期；商务印书馆，1980。
⑥　余迺永：《上古音系研究》，香港中文大学出版社，1985。

关问题》①，虚拟了谈之阴声韵 ＊au 和缉之阴声韵 ＊əu。

据上述诸家之说，今定闭口六部"谈、添、侵、盍、帖、缉"相配之阴声韵为"盖、荔、挚"三部，则闭口韵上古音或原始汉语盖为九部。

七　宵药之阳声与东冬江三分

孔广森从东部析冬部，刘逢禄以愚（侯）、屋、东相配，钱玄同②以幽、觉、冬相配。姚文田从屋部析菊部，刘逢禄改韵目"菊"为"药"，作为看（宵）部之入。黄侃将药部并于萧部，其弟子黄永镇③复增肃部为萧部之入。曾运乾有夭摄与夭之入（药）。王力④以宵、药相配。然从系统性和对称性而论，宵、药两部尚缺相配的阳声韵部。

陈振寰⑤在王力三十部的基础上，倡上古"东、冬、江三分说"，主三十一部说。江韵靠近钟韵，而与东韵一等稍远。江韵的常用字仅十余个，最常用的仅"邦、降"二字；难以自押成章，通过钟韵与东韵一等发生联系。江韵声旁的本字在江韵的为 7 个，在钟韵的为 7 个，占 68％。其余的几个字，分属阳韵、冬韵、东韵（属东韵之工，上古可能属江韵）。甲金文中江韵字极少，除自谐之外，仅与钟韵互谐，而与东韵无涉。盖上古前期，江、钟二韵合一，后钟韵合于东韵，但江韵仍然独立。在南北朝韵文中，江韵（含入声）已独用。到《切韵》划清东、江之界，韵图中的江韵单独成摄，可见江韵的特殊性。《切韵》可投射出上古与原始汉语音系，也不必拘于古本韵一、四等说。析出江韵，与宵、药二韵相配，允当无缺。

---

① 陈振寰：《上古东冬江三分和有关问题》，中国音韵学研究会第五届学术讨论会论文，1988。
② 钱玄同：《古韵廿八部音读之假定》，《师大月刊》卅二周年纪念专号，1934。
③ 黄永镇：《古韵学源流》，商务印书馆，1934。
④ 王力：《汉语史稿》，中华书局，1957。
⑤ 陈振寰：《上古东冬江三分和有关问题》，中国音韵学研究会第五届学术讨论会论文，1988。

八 阴声韵是否应有塞音韵尾

在主阴阳二分的考古派那里，阴声韵与其相应的入声韵包在一个韵部里，就等于默认入声韵和阴声韵的韵尾近同。在主阴入阳三分的审音派那里，入声韵和阴声韵分开立部，自然就认为入声韵和阴声韵的韵尾有别。上古的入声韵可参照中古音和方言拟测韵尾，上古的阴声韵在中古音和方言中却没有辅音韵尾。不过，清儒没有采用音标去构拟古音，阴入两类的韵尾到底如何也就可以含糊其词。自高本汉①采用音标构拟法，两类韵尾的问题无法回避了。要解释押韵中的阴入通押、形声字中的阴入相谐，就必须给阴声韵构拟一个与入声韵近似的韵尾。由此形成了两种观点：一派是主张阴声韵为闭音节，持此观点的有高本汉、陆志韦②、董同龢③、李方桂④、周祖谟⑤、丁邦新、邢公畹⑥等；一派是主张阴声韵为开音节的钱玄同⑦、王力⑧、潘悟云⑨等。

高本汉在《汉语分析字典》序论中讨论了"谐声的原则"，首次提出上古汉语阴声韵带塞音尾。除鱼、侯、歌三部的部分字拟作开音节以外，其余阴声韵部一律据谐声原则构拟了 * - b、* - d、* - g 等韵尾。西门华德⑩以古藏语只有 - b、- d、- g 韵尾为由，将高氏所拟上古入声韵的清

① 〔瑞典〕高本汉：《高本汉的谐声说》，清华研究院《国学论丛》一卷二号，1923。

② 陆志韦：《古音说略》，《燕京学报》专号之二十，1947。

③ 董同龢：《上古音韵表稿》，载《历史语言研究所集刊》第十八本，1948。

④ 〔美〕李方桂：《上古音研究》，台湾《清华学报》1971年第2期；商务印书馆，1980。

⑤ 周祖谟：《魏晋音与齐梁音》，载《中华文史论丛》（第3辑），上海古籍出版社，1982。

⑥ 邢公畹：《上古汉语塞音韵尾 * - g、* - gw、* - kw 和 * - d》，《南开语言学刊》创刊号，2002。

⑦ 钱玄同：《古韵廿八部音读之假定》，《师大月刊》卅二周年纪念专号，1934。

⑧ 王力：《汉语史稿》，中华书局，1957。

⑨ 潘悟云：《上古阴声韵部不带塞韵尾的内部证据》，载《中西学术》，复旦大学出版社，1996。

⑩ 〔德〕西门华德（Walter Simon）：Zur Rekonstruktion der Altchinesischen Endconsonanten（《中国古韵尾辅音之拟测》），Mitteilungen des Seminars für Orientalische Sprachen 30：147 - 167；31：157 - 204，1927 ~ 1928。

塞尾＊－p、＊－t、＊－k 改为浊塞尾，而把上古阴声韵的塞尾拟成
＊－β、＊－δ、＊－γ。高本汉不同意西门华德的修正。陆志韦[1]虽对高氏
阴声韵塞尾的构拟存疑，但又认为谐声"这样的材料只可以教人得到这样
的结论"。董同龢[2]进一步为鱼、侯两部构拟了浊塞尾。李方桂将全部阴声
韵，包括歌部在内，都构拟为带＊－b、＊－d、＊－g、＊－r 浊尾的音
节，并认为这些浊尾直到《切韵》时代才最终消失。丁邦新[3]通过研究两
汉以前诗文的异调相押现象，认为阴声韵收浊音尾符合音理，而且得到异
调相押的支持。周祖谟[4]认为："上古时代阴声韵与入声韵相承，应该是有
韵尾辅音的，有的韵部有－g 尾（如之幽鱼侯），有的韵部有－d 尾（如脂
微祭），后来－g 尾失落变为－i 或－u，－d 尾失落变为－i，由闭切音变
为开切音。"邢公畹[5]进一步用汉台语言的比较材料，证明上古汉语阴声韵
有＊－g、＊－d 类塞尾。

王力早年[6]是考古派，晚年[7]转向审音派，对上古阴声韵闭音节持否定
态度。王力说：据我所知，世界上各种语言一般都有开音节和闭音节。在
汉藏语里，没有一种语言有－b、－d、－g 和－p、－t、－k 两套韵尾的。
如果承认阴声韵有一套浊辅音韵尾，那么在整个上古汉语韵部，除歌部以
外，就全是闭口音节。这种开口音节十分贫乏的语言似乎不大可能有。
"把上古汉语拟成开口音节极端贫乏或完全没有开口音节的语言，是不合
理的"。"如果把先秦古韵一律拟测成为闭音节，那将是一种虚构的语言"。
王力的措辞尚为委婉，如"一般都有""似乎不大可能"。而陈复华、何九
盈则认为"没有开音节的语言是不可思议的语言。这种语言不仅在世界上
找不到，就是在历史上也不可能存在过"[8]，其措辞，如"不可思议""不

---

① 陆志韦：《古音说略》，《燕京学报》专号之二十，1947。
② 董同龢：《上古音韵表稿》，载《历史语言研究所集刊》第十八本，1948。
③ 丁邦新：《上古汉语的音节结构》，载《历史语言研究所集刊》第五十本第四分，1979；
又载《丁邦新语言学论文集》，商务印书馆，1998。
④ 周祖谟：《魏晋音与齐梁音》，载《中华文史论丛》（第 3 辑），上海古籍出版社，1982。
⑤ 邢公畹：《上古汉语塞音韵尾＊－g、＊－gw、＊－kw 和＊－d》，《南开语言学刊》创刊
号，2002。
⑥ 王力：《上古韵母系统研究》，《清华学报》1937 年第 3 期。
⑦ 王力：《汉语史稿》，中华书局，1957。
⑧ 陈复华、何九盈：《古韵通晓》，中国社会科学出版社，1987，第 456 页。

可能存在过"则显得过于坚硬。

而在此前，李方桂①、李壬癸②已发现邵语中没有开音节，蒲立本（E. G. Pulleyblank）则发现古孟语（Mon）中没有开音节。③ 邵语属台湾南岛语；古孟语属南亚语，有 6 世纪的铭文和碑文。这两种语言与原始华夏汉语都具有发生学关系。南亚语的词音结构通常是一个主要音节，有时可前加一个次要音节。主要音节的组成是（C）CVC；次要音节是 CV 或一个成音节的 C。

尽管雅柯布森（R. Jakobson）说过，如果构拟的原始语与现在类型学研究所发现的通则有矛盾，那就应该怀疑所构拟原始语的正确性。所谓"语言类型学研究所发现的通则"也只能相对参考，并非绝对标准，因为这种"通则"只是"不完全归纳"的产物。况且，语言类型学中也没有规定"世界上任何一种语言的音节不可能全是闭音节"。因此，依据邵语和古孟语，势必得出："没有开音节的语言并非不可思议。这种语言不仅在世界上现存的语言中可以找到，就是在历史上也可能存在过。"

将阴声韵都构拟为闭音节，就是基于《诗经》中存在一批阴入通押，谐声字中存在一批阴入相谐。如若阴声韵没有辅音韵尾，则无法加以解释。阴声韵的去声与入声韵通押，可用去声字有 ∗ − s 解释。而带 ∗ − p、∗ − t、∗ − k 塞尾的入声韵跟阴声韵的平、上声字通押，实在是支持阴声韵带塞尾的资料。在没有对通押、相谐现象有更好的解释时，也只能依据文献证据构拟古韵音节。

当然，还有一种介乎两种观点之间的收浊擦音方式。蒲立本④将阴声韵尾拟为 ∗ − i、∗ − w、∗ − j、∗ − l、∗ − h、∗ − ts；周法高将阴声韵尾拟为 ∗ − ɣ、∗ − wɣ、∗ − r。但是，在说明谐声和押韵时，这些浊擦尾尚有一定困难。

---

① 〔美〕李方桂等：《邵语记略》，台湾大学《考古人类学专刊第一种：日月潭邵族调查报告》，1958。

② 李壬癸：《邵语音韵》，《历史语言研究所集刊》，1976，第四十七本第二分。

③ 丁邦新：《上古汉语的音节结构》，《历史语言研究所集刊》1979，第五十本第四分；又载《丁邦新语言学论文集》，商务印书馆，1998。

④ 〔加拿大〕蒲立本：《上古汉语的辅音系统》，中华书局，1962。

九 古韵三十六部系统之假定

在前贤研究基础上，李葆嘉[1]曾提出了古韵三十六部系统之假定（见表2）。今列如次：

表 2 李葆嘉古韵三十六部系统

元音	舌根韵尾			舌尖韵尾			唇音韵尾		
	− g	− k	− ŋ	− d	− t	− n	− b	− p	− m
a	鱼	铎	阳	歌	月	元	盖	盍	谈
e	支	锡	耕	脂	质	真	荔	帖	添
∩	之	职	蒸	微	物	文	挚	缉	侵
△	宵	药	江						
o	侯	屋	东						
u	幽	觉	冬						

这一系统并非《诗经》押韵系统，亦非谐声韵母系统，而是一个并非一时一地的远古复合性系统。无论《诗经》韵系，还是谐声韵系，都具有历时性和跨域性，但是此三十六部系统超乎其上。这一系统既是基于音系的系统性、音位的平行性原则构设出来的抽象物，也是贯通诸家之说，在考据基础上加以审音与演绎的必然结果。无论考据派，还是审音派，还是考据－审音派，都可以从中找到立足的基点。无论是比此简约的古韵部系统，还是比此繁复的古韵部系统，都是在此基础上的删节或添加。换而言之，三十六部系统是古韵部研究中的一个基本参照系，此为价值之所在。

下面来看张琨[2]的《诗经》韵部35部系统（见表3）。

---

① 李葆嘉：《展望世纪交会的汉语音韵学研究》，《云梦学刊》1992 年第 1 期。
② 〔美〕张琨：《古汉语韵母系统与〈切韵〉》，张贤豹译，载《汉语音韵史论文集》，华中工学院出版社，1990。

表 3　张琨《诗经》韵部 35 部系统

韵腹		舌根韵尾			舌尖韵尾			唇音韵尾			r韵尾
		-g	-k	-ŋ	-d	-t	-n	-b	-p	-m	-r
展唇	-i-	支 ig	锡 ik	耕 iŋ	脂 id	质 it	真 in				ir
	-ə-	之 əg	职 ək	蒸 əŋ	微 əd	物 ət	文 ən		缉 əp	侵 əm	ər
	-a-	鱼	铎	阳	祭 ad	月 at	元 an		叶 ap	谈 am	
	-△-	△g	△k	△ŋ	△d	△t	△n	△b	△p	△m	△
圆唇	-au-／-△u-	宵 aug △ug	药 auk								
	-uə-	幽 uəg	觉 uək	冬 uəŋ							
	-ɨə-	əug	əuk	əuŋ							
	-u-	侯 ug	屋 uk	东 uŋ							

　　* - a - ／ * - △ - 和 * - au - * ／ - △u - ，只在三等 - j - 介音后头构成对立状态。原表没有汉字韵目。在这一上古汉语系统中，除了一个开音节 * △ ，其余韵母都是闭音节结构。

　　再引出张琨设计的原始汉语语音 66 韵母系统（见表 4）。

表 4　张琨原始汉语语音 66 韵母系统

韵腹		舌根韵尾			舌尖韵尾			唇音韵尾			r韵尾
		-g	-k	-ŋ	-d	-t	-n	-b	-p	-m	-r
展唇	-i-	支	锡	耕	脂	质	真	ib	ip	im	ir
	-ə-	之	职	蒸	微	物	文	əb	缉	叶	ər
	-a-	鱼	铎	阳	祭	月	元	ab	侵	谈	ar
圆唇	-au-	宵	药	auŋ	aud	aut	aun	aub	aup	aum
	-əue-	幽	觉	冬	əud	əut	əun	əub	əup	əum
	-uə-				uəd	uət	uən	uəb	uəp	uəm
	-u-	侯	屋	东	ud	ut	un	ub	up	um

这个原始系统的特点就是，依据音位的平行性原则，把《诗经》系统的空档尽可能填满。

十 古音研究常见的三个悖论

（一）考古归纳与审音演绎

强调归纳者，即考古派，可能认为巧于演绎是玄乎；强调演绎者，即审音派，可能认为拘泥归纳太刻板。戴震主张，"以正转之同入相配定其分合，而不徒恃古人用韵为证"。早年王力[①]基于考古派的阴阳二分，对戴震持批评态度，而晚年王力[②]转从戴震审音派的阴阳入三分。总体而言，考古派强调的是音证，审音派强调的是音理和音史。

李葆嘉[③]曾提出，黄侃古音学度越前修之处就在于其音理、音史、音证的三相古音观。黄侃曰：

> 故音韵之中约为三端：一音理，二音史，三音证。古人言学，皆不能离事而言理。余之言音韵，就音史、音证言之，而音理在焉。（《文字声韵训诂笔记》）

所谓音理，见《声韵通例》所述六十一条，约之为三：音之常理、音之变理、音之通理。"从前论古韵者，专就《说文》形声及古用韵之文，以求韵部；专就古书通假字，以求声类，而于音理或不了然。"所谓音史，即沟通古音、今音、等韵。"往者，古韵、今韵、等韵，各有专家，而苦无条贯。自番禺陈氏出，而后《广韵》之理明；《广韵》明，而后古韵明；今、古之音尽明，而后等韵之纠纷始解。"（《声韵略说》）所谓音证，即："以《说文》为主，而求制字时之声音；以《广韵》为主，而考三代迄于

---

① 王力：《中国音韵学》，商务印书馆，1936。
② 王力：《汉语史稿》，中华书局，1957。
③ 李葆嘉：《清代古音学研究的枢纽》，《徐州教育学院学刊》1996 年第 1 期。

六朝之音变。然后参之以等韵，较之以今世之方言；证据具而理亦明，斯
其为音学之盛矣乎！"

（二）以今证古与以今律古

引用今音证古音，赞同者称其为信而有征，反对者刺其为以今律古、
昧于流变。如果构拟的音值与现代汉语语感相合，则可能被质疑，古今音
怎么如此相似；如果构拟的音值与现代汉语语感差别较大，则被讥刺为是
不是在"画鬼"。

印欧历史比较语言学与传统汉语古音学的主要区别有三。

1. 传世文献不同

前者有数种语言的远古拼音文献，据说梵语《梨俱吠陀》的编订年
代可能在前15世纪，赫梯语文献早至前12世纪，古希腊语文献早至前9
世纪，最晚的古日尔曼语文献4世纪也就有了。后者主要以古汉语为对
象，仅有谐声字与上古文献，虽然甲骨文献为前13至前11世纪的记
载，但是周边语言中最早的藏语文献则为7世纪，傣语文献则晚至13
世纪。

2. 基本方法不同

前者采用比较构拟法，后者采用考据系联法。

3. 研究目的不同

前者寻求语音对应规则，确立亲属关系，进而构拟祖语；后者建立古
音系统及音转条例，因声求义，以讽典籍而明语源。近世研究重在用音标
构拟汉语古音。就此意义而言，汉语的古音构拟，其实质是用音素式拼音
文字"转写"汉语古代文献音系。即使做到此点，其成果也仅能达到传世
的古梵语、希腊语、拉丁语文献的水平。换而言之，西方流传下来的公元
前的古老文献及字母表，就已经相当于清代古音学家所做的音类归纳及现
代古音学家所做的音值构拟的总和。

古音构拟是一个多环节过程，包括：音类系统—拟音原则—证据援
引—音值权衡—音变解释。在音类系统确定以后，则需要选择拟音原则。
如，对上古韵部的拟音是采取韵辙原则，还是韵母原则；是采用音素式构
拟原则，还是音位式构拟原则？证据援引包括从方音、译音、对音以及周

边语言中寻找证据，或从音系结构的平行性原理出发采用内部构拟法。传统音韵学对古音构拟参证方言、译音、对音视为正常，而对使用周边语言资料难以接受。音值权衡是指基于系统，对相近的音标进行选择，反复权衡后拟定音值；还要用所拟音值来解释文献中方域音转、历时音变。高本汉从一种韵脚不可能只包含一个元音这一角度去理解韵部，所以在一个韵部内拟有几个相近的主元音。钱玄同依据对转原则，王力、李方桂依据"同韵部主元音必同"原则，使元音系统简化。上古声母的构拟，高本汉用复辅音解释谐声现象，又用阴声韵闭音节解释阴入通押、通谐现象。但坚持"从汉语本身证明汉语"的前提，意见也就无法统一。高本汉的构拟是历史比较法下的中国古音重建。钱玄同的"转写式构拟"与清儒的主张一脉相承。

综合中西学者的研究，对汉语古音构拟的评估标准大致如下：①与文献语音的一致性程度；②与现代方言的对应性程度；③与周边语言的对应性程度；④与历史音变的贯通性程度；⑤与语言类型的切合性程度；⑥构拟的体系性；⑦构拟的简约性；⑧构拟的语感性。

（三）循环论证与相互验证

林语堂[①]掊击黄侃古音学为"乞贷论证"，王力[②]评判"黄侃的研究方法是唯心主义的"，而黄淬伯认为，"声与韵相挟而变之说，与唯物辩证法之旨相会"。不过，王力[③]却认为《诗经》中的韵式与韵部不是循环论证，而是相互验证。

20世纪30年代，林语堂掊击古本韵二十八部与古本纽十九个为"以乙证甲，又以甲证乙的乞贷论证"。虽然《语言学论丛》（开明书店民国22年）付梓后，林语堂便淡出了语言学界，不过，因为掊击黄侃古音学，其大名还不时为音韵学界提及。20世纪60年代，早年信奉林语堂之说的黄淬伯，曾与徐复先生谈到：

---

① 林语堂：《古音中已遗失的声母》，载《语言学论丛》，开明书店，1933。
② 王力：《黄侃古音学述评》，《大公报在港复刊三十周年纪念文集》，香港大公报，1978。
③ 王力：《诗经韵读》，上海古籍出版社，1980。

往年于季刚先生古音之学，未曾深究，反信林语堂"乞贷论证"之妄说，受其蛊惑。及寻绎《音略》诸文，乃知先生声与韵"相挟而变"之说，偶然与唯物辩证法之旨相会，岂不伟欤？

20世纪80年代，黄典诚曾面告徐复先生：

> 古音之学，以季刚先生之说为最谛，其古声十九组、古韵二十八部，与闽南方言无不淹若合符，妙达神恉，唯先生有焉！①

不过，林语堂似乎并未全盘否定黄说，《八十自叙》曾提及：

> 古韵分部对于构拟古音很有价值，要从陈兰甫和黄季刚的研究入手。不过，清儒王念孙、段玉裁，还有近世瑞典学者高本汉，都已取得了很大成就。

正如林语堂撰写博士学位论文时，盖未广泛研读西洋汉语古音研究论著一样，清儒的古音论著，林语堂同样未能深究。其仅依据对《音略》的一知半解，则难免信口"乞贷论证"。

由此可见，只要有材料支撑，即使冠以"乞贷论证"亦无伤大雅。从哲学角度而论，人类知识就是一个大循环论证或互相验证体系，即使在中、微观层面也在所难免。作为日常生活中的配对词语，"丈夫"与"妻子"的释义（《现代汉语词典》）如下：

> 丈夫：男女两人结婚后，男子是女子的丈夫。
> 妻子：男女两人结婚后，女子是男子的妻子。

林语堂们一看到就会开口，此为用A定义B、再用B定义A的"循环定义"。下面再引语法学最基本的配对范畴：

---

① 徐复：《黄侃声韵学未刊稿·前言》，武汉大学出版社，1985。

> 主语：谓语的陈述对象，指出谓语说的是谁或者是什么的句子
> 成分。
> 谓语：对主语加以陈述，说明主语怎样或者是什么的句子成分。

显然，"主、谓"定义也难逃"循环"。然而如果没有这种"对待释义"，若干词语、概念或范畴将无法加以简明解释。所谓"循环定义"，反映的是一种常见的客观关系或认知图式，即事物的双方互为存在条件，如果一方消失则另一方不复存在。

从学术史上，二十八部与十九组各有来源。就音理而论，声韵"相挟而变"，故二十八部与十九组之相互验证。至于古本音在等韵中大体处于一、四等，盖是上古音系在中古音系中的投射。古声纽、古韵部的研究结论殊途同归，适足表明了古音体系的和谐性与古音研究的吻合性。20 世纪 70 年代以来，李方桂、黄典诚、郭锡良的研究，分别从结构分布、方言实例、音系投射三方面，进一步证实了古音十九组的基本性、实在性和可信性。①

1978 年，"文革"结束不久，王力发表了《黄侃古音学述评》。有人用"王力更将古本韵学说批评得体无完肤"② 来评价王力的这篇文章的杀伤力，仿佛黄侃古音学一无是处。王文述评的细节部分无须在此赘举，重要的是对黄侃古音学的判词：

> 黄侃的研究方法是唯心主义的研究方法，他在古音学上虽然有一些贡献，但是在研究方法上的坏影响远远超过了他的贡献。

早年王力③也曾批评"戴氏都根据他心目中的音理作主观的演绎"，给戴震带上的同样是"唯心主义"的帽子。其实，"唯心主义"是政治标签，没有升华到"任何唯心都是唯物中的唯心，任何唯物都是唯心中

---

① 李葆嘉：《论古音十九组的重新发现》，《南京师大学报》（社会科学版）1995 年第 2 期。

② 胡文辉：《现代学林点将录·托塔天王晁盖：章太炎》，广东人民出版社，2010。

③ 王力：《中国音韵学》，商务印书馆，1936。

的唯物"的哲学境界;"坏影响"是道德评价,没有摆脱"非好即坏"的固执偏见。

戴震曾曰:

> 其得于学,不以人蔽己,不以己自蔽。不为一时之名,亦不期后世之名。有名之见,其蔽二:非掊击前人以自表襮,即依傍昔儒以附骥尾。二者不同,而鄙陋之心同,是以君子务在闻道也。……私智穿凿者,或非尽掊击以自表襮,积非成是而无从知,先入为主而惑以终身;或非尽依傍以附骥尾,无鄙陋之心,而失与之等。故学,难言也。(《答郑文用牧书》)

验之学林,要做到"不以人蔽己,不以己自蔽",难;要做到"不为一时之名,亦不期后世之名",更难;要力戒"非掊击前人以自表襮,即依傍昔贤以附骥尾",则难上加难。为避免"积非成是而无从知,先入为主而惑以终身",今人须对掊击黄侃古音学的"棍子"和"帽子"不得不予以澄清,否则会贻笑后人。

清儒的古音研究是文献语音学研究,直接目的是为讽读上古典籍服务,以说明古字通假、因声说义及押韵为目标。20 世纪以来,受西洋理论影响,古音学的研究目的已与清代有不少差别,以古音构拟为己任。无论是文献古音学,还是构拟古音学,研究者们由于着眼点不同,对材料的处置方式不同,各自得出的结论必然体现一种个人色彩。而古音重建又不能"起古人于地下质之",因此具有解释功能的个人结论始终蕴涵着或然性。

语音,历史上的语音,随着时空的转移而不复存在,留下的是一些孑遗,让人们像七巧板那样去拼凑。然而,又有谁能断定自己拼凑出来的图案就是历史的真实呢?随着新方法的出现、新材料的发现、新视角的转换及相关学科中新成果的影响,上古音的结论自然而然地会做出这样或那样的调整。总之,无论是以应用为目的的传统研究,还是以重建为目标的现代研究,上古音系只是一个必须对古代文献中的语音现象做出阐释,而又永远无法直接证明的假设。

参考文献

［1］陈复华、何九盈：《古韵通晓》，中国社会科学出版社，1987。

［2］陈新雄：《古音学发微》，台湾文史哲出版社，1972。

［3］陈新雄：《曾运乾之古音学》，《中国语文》2000 年第 5 期。

［4］陈振寰：《上古东冬江三分和有关问题》，中国音韵学研究会第五届学术讨论会论文，1988。

［5］〔日〕大矢透：《周代古音考韵徵》，株式会社国定教科书共同贩卖所，1914。

［6］丁邦新：《上古汉语的音节结构》，载《历史语言研究所集刊》第五十本第四分，1979；又载《丁邦新语言学论文集》，商务印书馆，1998。

［7］丁邦新：《上古阴声字具辅音韵尾说补证》，载《丁邦新语言学论文集》，商务印书馆，1998。

［8］董同龢：《汉语音韵学》，台湾学生书局，1970。

［9］董同龢：《上古音韵表稿》，《历史语言研究所集刊》第十八本，1948。

［10］〔瑞典〕高本汉：《高本汉的谐声说》，赵元任译，清华研究院《国学论丛》一卷二号，1923。

［11］胡文辉：《现代学林点将录·托塔天王晁盖：章太炎》，广东人民出版社，2010。

［12］黄侃：《古韵谱稿》，载《黄季刚先生遗书》（第七册），台湾石门图书公司，1980。

［13］黄侃：《黄侃论学杂著》，上海古籍出版社，1964。

［14］黄侃：《音学八种》，载《黄侃声韵学未刊稿》，武汉大学出版社，1985。

［15］黄侃述、黄焯编：《文字声韵训诂笔记·邹汉勋论古音》，上海古籍出版社，1983。

［16］黄式三：《儆居集》，清光绪十四年续刻本。

［17］黄以周：《六书通故》，清光绪癸巳黄氏试馆刊本。

［18］黄永镇：《古韵学源流》，商务印书馆，1934。

［19］江永：《四声切韵表》，严氏音韵学丛书本。

［20］江永：《音学辨微》，严氏音韵学丛书本。

［21］李葆嘉：《〈汉语语音史·先秦音系〉补苴》，《古汉语研究》1989 年第 1 期。

［22］李葆嘉：《当代中国音韵学》，广东教育出版社，1998。

［23］李葆嘉：《关于章黄古声纽说的若干问题》，《活页文史丛刊》，中州古籍出版社，1990。

［24］李葆嘉：《论古音十九纽的重新发现》，《南京师大学报》（社会科学版）1995 年第 2 期。

［25］李葆嘉：《论清代上古声纽研究》，《语言研究》1992 年第 2 期。

［26］李葆嘉：《清代古声纽学》，上海古籍出版社，2012。

［27］李葆嘉：《清代古音学研究的枢纽》，《徐州教育学院学刊》1996 年第 1 期。

［28］李葆嘉：《清代上古声纽研究史论》，台湾五南图书出版公司，1996。

［29］李葆嘉：《清代学者上古声纽研究概论》，徐州师范大学硕士学位论文，1986。

［30］李葆嘉：《新化邹氏古声二十纽说研究》，《古汉语研究》1991 年第 1 期。

［31］李葆嘉：《展望世纪交会的汉语音韵学研究》，《云梦学刊》1992 年第 1 期。

［32］〔美〕李方桂：《上古音研究》，台湾《清华学报》1971 年第 2 期；商务印书馆，1980。

［33］〔美〕李方桂等：《邵语记略》，台湾大学《考古人类学专刊第一种：日月潭邵族调查报告》，1958。

［34］李开：《黄侃的古音学：古本声十九纽和古本韵二十八部》，《江苏大学学报》2002 年第 1 期。

［35］李壬癸：《邵语音韵》，《历史语言研究所集刊》第四十七本第二分，1976。

［36］李雪涛：《一段鲜为人知的往事背后》，《中华读书报》2005 年 8 月 3 日。

［37］李元：《音切谱》，清嘉庆元年本衙藏版。

［38］林语堂《古音中已遗失的声母》，载《语言学论丛》，开明书店，1933。

［39］刘逢禄：《诗声衍》，清光绪二十二年思贤讲舍刊本。

［40］刘宜庆：《浪淘尽：百年中国的名师高徒·章太炎与黄侃》，华文出版社，2010。

［41］龙启瑞：《古韵通说》，清同治六年刻本。

［42］鲁国尧：《泰州方音史及通泰方言史研究》，日本《アジア·アフリカ语の计数研究》30 号，1988。

［43］陆志韦：《古音说略》，《燕京学报》专号之二十，1947。

［44］罗常培：《周秦古音研究述略》（西南联合大学《上古音讲义》），载《罗常培纪念论文集》，商务印书馆，1984。

［45］牟应震：《毛诗古韵》，清嘉庆刻道光二十九年补刻本。

［46］潘悟云：《上古收 - p、- m 诸部》，《温州师范学院学报》1992 年第 1 期。

［47］潘悟云：《上古谈、叶二部的再分部》，中国音韵学研究会第五届学术讨论会论文，1988。

［48］潘悟云：《上古阴声韵部不带塞韵尾的内部证据》，载《中西学术》，复旦大学出版社，1996。

［49］庞大堃：《古音辑略》，民国二十四年影印本。

［50］蒲立本 "The final consonants of Old Chinese"（《上古汉语的韵尾辅音》），*Monu-*

menta Serica，1977～1978（33）：180－206。

［51］〔加拿大〕蒲立本：《上古汉语的辅音系统》，潘悟云、徐文堪译，中华书局，1962。

［52］钱玄同：《古韵廿八部音读之假定》，《师大月刊》卅二周年纪念专号，1934。

［53］施向东：《黄侃闭口韵六部与俞敏闭口韵六部之异同》，载《中国海峡两岸黄侃学术研讨会论文集》，华中师范大学出版社，1993。

［54］时庸劢：《声谱》《声说》，清光绪十八年河南星使行台刻听古庐声学十书刻本。

［55］王力：《汉语史稿》（上册），中华书局，1957。

［56］王力：《汉语音韵》（古韵29部），中华书局，1963。

［57］王力：《汉语音韵学》，中华书局，1956。

［58］王力：《汉语语音史》，中国社会科学出版社，1985。

［59］王力：《黄侃古音学述评》，《大公报在港复刊三十周年纪念文集》，香港大公报，1978。

［60］王力：《上古韵母系统研究》，《清华学报》1937年第3期。

［61］王力：《诗经韵读》，上海古籍出版社，1980。

［62］王力：《音韵学初步》（《诗经》时代29部、《楚辞》时代30部），商务印书馆，1980。

［63］王显：《清代学者在古韵分部研究上的贡献》，载《古汉语研究论文集》（二），北京出版社，1984。

［64］〔德〕西门华德（Walter Simon）"Zur Rekonstruktion der Altchinesischen Endconsonanten"（《中国古韵尾辅音之拟测》），Mitteilungen des Seminars für Orientalische Sprachen 1927～1928（30：147－167），（31）：157－204。

［65］夏燮：《述均》，清乙卯中秋鄱阳官廨刻本，北平富晋书社民国十九年影印。

［66］邢公畹：《上古汉语塞音韵尾 ∗－g、∗－gw、∗－kw 和 ∗－d》，《南开语言学刊》创刊号，2002。

［67］徐复：《黄侃声韵学未刊稿·前言》，载《黄侃声韵学未刊稿》，武汉大学出版社，1985。

［68］严学宭：《上古汉语韵母结构体系初探》，《武汉大学学报》1963年第2期。

［69］姚文田：《古音谐》，清道光二十六年刻本。

［70］姚文田：《说文声系》，清嘉庆九年粤东使署刻、光绪七年补修重印本。

［71］余迺永：《上古音系研究》，香港中文大学出版社，1985。

［72］俞敏：《汉藏同源字谱稿》，《民族语文》1989年第1、2期。

［73］俞敏：《汉藏韵轨》，《汉语的"其"跟藏语的gji·附录》，《燕京学报》1949年

第 37 期。

［74］俞敏：《后汉三国梵汉对音谱》，载《中国语文学论文选》，日本东京光生馆，1984；又载《俞敏语言学论文集》，商务印书馆，1999。

［75］曾运乾：《古本音齐韵当分二部说》，国立湖南大学《文哲丛刊》第一卷，1940。

［76］曾运乾：《声学五书叙》，《东北大学周刊》1926 年第 9 期。

［77］曾运乾：《音韵学讲义》，中华书局，1996。

［78］曾运乾：《喻母古读考》，《东北大学季刊》1928 年第 12 期。

［79］张惠言：《说文谐声谱》，民国二十三年叶景葵影印本。

［80］〔美〕张琨：《古汉语韵母系统与〈切韵〉》，张贤豹译，载《汉语音韵史论文集》，华中工学院出版社，1990。

［81］张清常：《–m 韵古今变迁一瞥》，载《语言研究论丛》第 2 辑，天津人民出版社，1982。

［82］张清常：《中国上古 –b 声尾的遗迹》，《清华学报》1948 年第 1 期。

［83］章太炎：《二十三部音准》，载《国故论衡》，上海右文社《章氏丛书》，1915。

［84］周祖谟：《魏晋音与齐梁音》，载《中华文史论丛》（第 3 辑），上海古籍出版社，1982。

［85］邹汉勋：《五均论》，载《邹叔子遗书》，清光绪九年左宗棠署检家刻本。

出土战国文献给予动词"入"研究*

张玉金**

在本文所使用的出土战国文献中,缴纳、献纳意义的"入"共出现 68 次,其中作为单音词出现的有 63 次;作为词素出现的(作为"没入"一词的词素)有 5 次。本文研究的就是这种意义的"入"。

这种意义的动词"入",以往没有人做过研究。

一 "入"的配价及语义特征

"入"的本义是进入。例如:

(1)王入陈,杀微舒,取其室以予申公。(《清华藏简二·第十五章》)

这种意义的"入"是二价动词,有两个配价成分,一是施事,如例(1)中的"王";二是位事,如例(1)中的"陈"。

---

* 本文为 2102 年度教育部人文社会科学研究项目"动词理论与出土战国文献动词研究"(12YJA740110)的中期研究成果。

** 张玉金,华南师范大学文学院特聘教授、博士生导师,研究方向为出土文献语言研究、古文字学和汉字学。

这种意义的"入"可以有使动用法。例如：

（2）秦穆公乃内（入）惠公于晋。（《清华藏简二·第六章》）

（3）秦人起师以内（入）文公于晋。（《清华藏简二·第六章》）

这种意义的"入"应看作三价动词，有三个配价成分，一是致事，如例（2）中的"秦穆公"、例（3）中的"秦人"；二是使事，如例（2）中的"惠公"、例（3）中的"文公"；三是位事，如例（2）中的"晋"、例（3）中的"晋"。这种"入"可以称致使动词。由致使动词"入"构成的"入"字句或可用下面的公式表示：

$$NP_1 + 入_{使动} + NP_2 + （于） + NP_3$$

在这个公式中，NP_1代表致事，NP_2代表使事，NP_3代表位事。上述"入"字句式可以变换为：

$$NP_1 + 使 + NP_2$$
$$NP_2 + 入 + （于） + NP_3$$

在"$NP_2 + 入 + （于） + NP_3$"中，NP_2一般是称人名词，是表人的，可以发出"入"（进入）这种动作。

当"$NP_1 + 入 + NP_2 + （于） + NP_3$"中的$NP_2$由称人名词变为指物名词后，就发生了变化。这时$NP_2$自身已不能发出进入这种动作；相应地，"入"的意义也发生了变化，变成放入、纳入、收入这样的意义了。例如：

（4）为作务及官府市，受钱，必辄入其钱缿中。（《睡虎地秦简·秦律十八种》）

此例中的"必辄入其钱缿中"，可用下述公式来表示：

$$（NP_1） + 入 + NP_2 + NP_3$$

例（4）中的"NP_1"表施事，在句中承前省略了；NP_2是"其钱"，为受事；NP_3是"缿中"，为位事。例（4）中的"其钱"自己不能主动进入"缿中"，要有外力的作用才可以。可见例（4）跟前引例（2）、（3）

不同。这种意义的"入",可以归入放置动词这个大类之中。

放置动词"入"是三价动词,支配三个配价成分,一是施事,为放置者,记为 NP_1;二是受事,为被放置物,记为 NP_2;三是位事,为放置位置,记为 NP_3。

陈昌来[1]认为,放置动词的位事跟给予动词的与事,在句法语义上都有相似之处。放置动词所带的位事虽然与处所词语相当,但是这种位事在句法语义结构中的功能和位置非常接近于给予动词的与事。给予动词中的给予物(受事)在句子语义结构中发生转移,施事转移到与事;放置动词句中被放置物(受事)也发生转移,由施事转移到位事。两类句子在句法形式上也有平行变换式。所以放置动词的位事虽然从语义所指上看是表示空间位置的,但依然可以称为与事。

陈昌来认为放置动词的位事和给予动词的与事在句法语义上都非常接近,这种观点我们是赞同的。例如出土战国文献中放置动词"入"的位事和给予动词"入"的与事就很有相似之处。

不但如此,放置动词"入"和给予动词"入"也是非常接近的。放置动词"入"表示施事把某物放进某处;给予动词"入"是表示把某物献纳给某机构(如官府),其实也就是放进官府。

正因两者如此接近,所以我们认为给予动词"入"就是来自放置动词"入"的,两者有源流关系。

缴纳、献纳意义的"入",具有 [+ 动作]、[+ 自主]、[+ 给予] 的语义特征。它应是三价动词,有三个配价成分,一是施事,二是受事,三是与事。

二 "入"的施事、受事、与事

(一) 施事词语

表示这种意义"入"的施事的词语,一般是官府名、官名、民名、人

---

[1] 陈昌来:《现代汉语动词的句法语义属性研究》,学林出版社,2002,第215页。

名等。例如：

（5）将牧公马牛，马［牛］死者，亟谒死所县，县亟诊而入之。（《睡虎地秦简·秦律十八种》）

（6）丞迁大夫居洛阳城中能入赀在廷。（《里耶秦简一·8 - 232》）

（7）乡征敛之，黔首未肎（肯）入。（《里耶秦简一·8 - 1454》）

（8）大宫痿内（入）氏（是）等（志）。（《包山楚简·文书》）

此外，作这种"入"施事主语的，还有"有殿""臧王之墨"等。

这种"入"的施事词语不是表示新信息的，所以常常省略：

（9）入顷刍稾，以其受田之数。（《睡虎地秦简·秦律十八种》）

（10）入刍稾，相输度，可殿。（《睡虎地秦简·秦律十八种》）

（二）受事词语

这种意义"入"的受事，一般是钱物。这容易理解，钱物正是应献纳之物。如前引例（6）中的"赀"、例（8）中的"氏（是）等（志）"、例（9）中的"顷刍稾"、例（10）中的"刍稾"，又如：

（11）其日未备而被入钱者，许之。（《睡虎地秦简·秦律十八种》）

（12）虽不养主而入量（粮）者，不收。（《睡虎地秦简·法律答问》）

（13）军人禀所、所过县百姓买其禀，赀二甲，入粟公。（《睡虎地秦简·秦律杂抄》）

（14）其他禁苑杀者，食其肉而入皮。（《睡虎地秦简·秦律十八种》）

此外，这种受事词语还有"刍三石稾三石""其贾（价）钱""齎（资）钱""赐（货）""其皮""其筋革角""田邑""其溺箕（典）""其臣之溺箕（典）""其金及铁器"。

这种受事词语都是名词性词语，可用代词"之"来替代，例如：

（15）秋丙、庚、辛材（裁）衣，必入之。（《睡虎地秦简·日书甲种》）

（16）其入赢者，亦官与辨券，入之。（《睡虎地秦简·秦律十八种》）

有些谓词可以出现在这种"入"的后面作宾语，这时它们已经指称化，转指钱物。例如：

（17）官啬夫、冗长皆共赏（偿）不备之数而入赢。（《睡虎地秦简·效律》）赢：多余的钱财。

（18）入叚（假）而毋（无）久及非其官之久也，皆没入公。（《睡虎地秦简·秦律十八种》）假：借领的武器。

受事词语也可以省略，例如：

（19）问安置其子？当异。或入公，入公异是。（《睡虎地秦简·法律答问》）

（20）□□服弓弩裹二，裹各七尺，有殿入。（《里耶秦简一·8－2186》）有殿：人名。

（三）与事词语

这种"入"的与事词语，数量很少。在出土战国文献中只见到"公"和"尸"。

"公"指官府。例如前引例（13）和例（19），又如：

（21）河（呵）禁所杀犬，皆完入公。（《睡虎地秦简·秦律十八种》）

"尸"指神主。例如：

（22）室既成，无以内之，乃窃郜人之僮以祭。惧其主，夜而内（入）尸。（《清华藏简壹·楚居》）

与事词语通常是省略的。如前引例（7）、例（8）、例（9）、例（10）等。

三　"入"字句的句式

（一）单动句句式

这种"入"的典型价位格式是，构成典型的双宾语句式：

$$NP_1 + 入 + NP_2 + NP_3（NP_1可省）$$

这里的NP_1代表施事词语，NP_2代表受事词语，NP_3代表与事词语。如前引例（13）中的"入粟公"，又如：

（23）入其皮□县道官。（《龙岗秦简》86）

参见"没入私马、牛、［羊］、［驹］、犊、羔县道官。"（《龙岗秦简》102）

在动态的句子里，这种"入"的三个配价成分在句法结构中是有一些变化的。这主要有两种情况，一是NP_2和NP_3的隐现；二是NP_2句法位置的变化。

如果NP_3（与事词语）省略，则构成下述句式：

$$NP_1 + 入 + NP_2（NP_1可省）$$

这种句式是比较常见的，例如前引例（8）、例（9）、例（10）等。

"$NP_1 + 入 + NP_2$"中的NP_2如果用"之"来替代，则可构成下述句式：

$$NP_1 + 入 + 之（NP_1可省）$$

这种例子如前引例（15）、例（16）。

如果典型价位格式中的 NP_2 省去，则可构成下述句式，

$$NP_1 + 入 + NP_3（NP_1 可省）$$

这种例子如前引例（19）、例（22）。

如果典型价位格式中的 NP_2 和 NP_3 都省去，那么就构成下述句式：

$$NP_1 + 入（NP_1 可省）$$

这种例子如前引例（7）、例（20）。

如果把典型价位格式中的 NP_1 省去，把 NP_2 移到动词"入"之前，那么就构成下述句式：

$$NP_2 + 入 + NP_3$$

这种例子如：

（24）河禁所杀犬，皆完入公。（《龙岗秦简》82）

（25）马、牛、驹、犊、[羔]皮及□皆入禁□□（官）□☒。（《龙岗秦简》112）

$$NP_2 + 入 + 之$$

（26）其赢者入之。（《睡虎地秦简·秦律十八种》）

（二）多动句句式

用作谓语一部分的"入"，还可以跟其他动词一起构成并列句、连谓句、兼语句等句式。

1. 并列句式

（27）其弗能入及赏（偿），以令日居之。（《睡虎地秦简·秦律十八种》）

（28）官啬夫、冗长皆共赏（偿）不备之货而入赢。（《睡虎地秦简·效律》）

例（27）中的两个谓语之间用了连词"及"，而例（28）中的两个谓语之间用了连词"而"。

2. 连谓句式

（29）将牧公马牛，马〔牛〕死者，亟谒死所县，县亟诊而入之。（《睡虎地秦简·秦律十八种》）

（30）其他禁苑杀者，食其肉而入皮。（《睡虎地秦简·秦律十八种》）

（31）以亡，必挈（执）而入公而止。（《睡虎地秦简·日书甲种》）

上引例（29）（30）都是两个谓语相连，中间都用"而"连接，而例（31）是三个谓语相连，中间也用"而"连接。

3. 兼语句式

（32）王廷于蓝郢之游宫；安（焉）命大莫嚣屈昜（阳）为邦人内（入）其溺典。（《包山楚简·文书》）

四 "入"的指称化和修饰化

这种"入"和以"入"为核心的动词可以不表陈述，而指称化。这有两种情况，一是有标记的指称化，另一种是无标记的指称化。

（一）有标记的指称化

1. 者字词组

如前引例（11）、例（12）。又如：

（33）隃（逾）岁而弗入及不如令者，皆以律论之。（《睡虎地秦简·秦律十八种》）

（34）或赎罄（迁），欲入钱者，日八钱。（《睡虎地秦简·秦律十八种》）

这种"者"一般都表转指，指发出动作、行为者，亦即"入"的施事。

2. 所字词组

（35）廷等（志）所以内（入）。（《包山楚简·文书》）

志：记录或文书。

例（35）是说，受讼场所的记录是用来上报的。

（二）无标记的指称化

以"入"为中心语的动词，作主语或宾语，已经指称化了，表自指。

1. 作主语

（36）问安置其子？当畀。或入官，入公异是。（《睡虎地秦简·法律答问》）

2. 作宾语

（37）谓有貉者，其子入养主之谓也。（《睡虎地秦简·法律答问》）

（三）修饰化

依据郭锐①的看法，修饰语位置上成分的表述功能应是表修饰的。这种"入"可作定语，例如：

（38）䡅𫐉执事人书入车。（《曾侯乙墓简》2）

---

① 郭锐：《现代汉语词类研究》，商务印书馆，2002，第86页。

此例中的 "入" 作 "车" 的修饰语，"入车" 是说所纳之车。此句的核心动词是 "书"（记录）。修饰名词语的，郭锐称之为体饰。

五 出土战国文献中给予动词 "没入"

《汉语大词典》中收入了 "没入" 一词，解释为没收财物、人口等入官，所举的最早的例子是《史记·平准书》中的 "敢私铸铁器煮盐者，鈦左趾，没入其器物"。其实，这种意义的 "没入" 在秦简中已可以见到：

（39）入叚（假）而毋（无）久及非其官之久也，皆没入公，以齎律责之。（《睡虎地秦简·秦律十八种》）

（40）行之，有（又）没入其车、马、牛县、道 [官]。（《龙岗秦简》58）

（41）坐其所匿税臧（赃），与没入其匿田之稼。（《龙岗秦简》147）

（42）没入私马、牛、[羊]、[驹]、犊、羔县道官。（《龙岗秦简》102）

（43）没入其贩假殴钱财它物于县、道官☒。（《龙岗秦简》26）

上引各例中的 "没入"，在中国文物研究所、湖北省文物考古研究所编的《龙岗秦简》①中注释为 "没收"。这种注释是不够准确的。

其实，"没入" 是两个动作，一是没收，指没收钱财、货物、人口等；二是缴纳，是指把没收的钱财、货物、人口上缴给官府。

"没入" 后的句子成分，主要是 "入" 所带的成分。"没入" 后可以出现 NP$_2$（受事），构成如下句式：

$$NP_1 + 没入 + NP_2 （NP_1可省）$$

如前引例（41）。

---

① 中国文物研究所、湖北省文物考古研究所编《龙岗秦简》，中华书局，2001，第81页。

"没入"后也可以出现 NP_3（与事），构成如下句式：

$$NP_1 + 没入 + NP_3$$

如前引例（39）。

"没入"后还可以同时出现 NP_2 和 NP_3，这样构成如下句式：

$$NP_1 + 没入 + NP_2 + NP_3$$

如前引例（40）、例（42）。

在"$NP_1 + 没入 + NP_2 + NP_3$"中的"NP_3"之前，还可以加上介词"于"，例如：

$$NP_1 + 没入 + NP_2 + 于 + NP_3$$

如前引例（43）。

例（43）原在"殴"后断句，看来是不正确的。作为句中语气词，"殴"不但可用于状中之间，也可以用于定中之间，例（43）即是。例（43）是说，没收其出卖或出借所获钱财及其他物品上缴县、道官府。

结　语

"入"有缴纳、献纳之义，具有［＋动作］、［＋自主］、［＋给予］的语义特征。它应是三价动词，有三个配价成分，一是施事，二是受事，三是与事。

"入"所带的施事词语，一般是官府名、官名、民名、人名等。"入"的受事词语，一般是表钱物名词语，可以用"之"来替代，也可以是已指称化、转指钱物的谓词。"入"的与事词语少见，一个是"公"，指官府；另一个是"尸"，指神主。

这种"入"的典型价位格式是构成典型的双宾语句式：

$$NP_1 + 入 + NP_2 + NP_3 （NP_1可省）$$

由于 NP_2 和 NP_3 的隐现，以及 NP_1、NP_2、NP_3 的句法位置的变化还可以构成下述一些派生句式：

$$NP_1 + 入 + NP_2$$
$$NP_1 + 入 + 之$$
$$NP_1 + 入 + NP_3$$
$$NP_1 + 入$$
$$NP_2 + 入 + NP_3$$
$$NP_2 + 入 + 之$$

这种"入"不但可以构成上述单动句式,还可以构成并列句、连谓句以及兼语句等句式。

这种"入"可以指称化,可以依靠"者""所"等标记指称化,也可以不用标记指称化。后者主要是指作主语和作宾语的"入"。

这种"入"作定语时,可以视为修饰化。

"没入"是没收、上缴的意义,在秦简中已经可以见到。可以构成下述句式:

$$NP_1 + 没入 + NP_2 + NP_3 (NP_1可省)$$
$$NP_1 + 没入 + NP_2 + 于 + NP_3 (NP_1可省)$$

由于 NP_2 和 NP_3 的隐现,还可以构成下述句式:

$$NP_1 + 没入 + NP_2 (NP_1可省)$$
$$NP_1 + 没入 + NP_3 (NP_1可省)$$

"没入"句中起支配作用的是"入",它决定着这种句式的基本格局。在这种意义上说,"没入"句和"入"字句的句式具有一致性,只是在"入"字句中没有见到"$NP_1 + 入 + NP_2 + 于 + NP_3$"这种句式。

参考文献

[1] 陈昌来:《现代汉语动词的句法语义属性研究》,学林出版社,2002。
[2] 郭锐:《现代汉语词类研究》,商务印书馆,2002。
[3] 王延栋:《战国策词典》,南开大学出版社,2001。
[4] 殷国光:《〈庄子〉动词配价研究》,商务印书馆,2009。
[5] 张双棣等:《吕氏春秋词典》(修订本),商务印书馆,2009。

汉字不宜再简化

党怀兴　张　艳[*]

一

当今，汉字的繁简问题在学术界仍然存在较大争议，最近又有人提出汉字的再简化问题。《光明日报》2013 年 2 月 19 日第 11 版刊发《论汉字再简化——让汉字成为易识易写易记的文字》（以下简称《论汉字再简化》）的文章，使"汉字繁简之争"再次进入人们的视野。汉字作为汉语的载体，作为汉语交际的辅助工具，"易识、易写、易记"是人们的用字之愿，但以损害汉字的表意性、区别度、结构美为代价，要求汉字形体一味趋简，只强调书写的便捷性，还是需要认真思考、谨慎从事的。国家关于新时期文字使用的政策明确指出："当前必须巩固汉字简化的成果，继续推行简化字。今后，对汉字简化应持慎重态度，使汉字保持稳定，以利社会应用。"（《国务院批转国家语委关于当前语言文字工作请示的通知》现今再启汉字简化旧题，显然已不符合当前国家的语言文字政策。汉字实在不宜再简化。

《论汉字再简化》一文认为"汉字的工具性决定它宜简不宜繁"。但

---

[*] 党怀兴，陕西师范大学教授、博士生导师，研究方向为汉语言文字学；张艳，陕西师范大学文学院文学博士，研究方向为文字学，擅长汉字字族研究及教学、出土文献训诂研究和俗字研究。

是，纵观几千年来的汉字发展史，我们认为，这一观点是片面的。早在古文字时期汉字已存在简化现象是客观事实，汉字数千年历经甲骨文、金文、小篆、隶变、楷化，虽然整体趋简，但其简化是有底线的，即文字作为一种交际工具，不是越简单就好，不是"宜简不宜繁"，这个底线就是要求它的简化程度不能影响汉字表意性质的保留，不能影响人们的交际效果。就汉字构形系统而言，历代汉字在共时平面的整体系统，都是按表意原则维系的，汉字构形的最大特点就是根据所记录词的意义来构形，而字形总是携带着可供分析的意义信息。今天的汉字仍然顽强地坚持着自身的表意特质，这个事实充分告诉我们，保持汉字的表意性是实现汉字工具性的关键。如何准确、有效地使汉字表达所记录词的意义，如何有效地让汉字使用者在书写时选用合适的汉字、避免使用错别字，如何有效地使汉字使用者根据汉字构形理据识记汉字，才是根本，才是最重要的。"简化"主要带来的是易写（在电脑操作中也谈不到"易写"），这不是汉字问题的根本。从深层上讲，其与易识、易记没有必然联系，易识、易记离不开汉字表意的理据性。

作为一种目治文字，决定了汉字一定要有较高的区别度。汉字太简，丧失区别度，影响交际，便丧失其工具性。我们知道汉字职能的发挥由书写与辨识完成，即当一个字记录一个词时，人们看到字形就能联想到哪个词，表什么意；而不是人们形成盲目的猜测，产生无限的阅读障碍。汉字的工具属性并不能决定汉字宜简不宜繁，作为一种交际工具，繁简适宜、最佳的交际效果是衡量优劣的基本条件。以够简单、够易写、够易记，匆匆出台而很快取消的《第二次简化方案（草案）》（以下简称"二简"）中的简化字为例：

弁—辩、辨、辫；刁—凋、碉、雕

可以看出："辩、辨、辫"三字统一简化为"弁"，"凋、碉、雕"三字统一简化成"刁"，不可否认这样的简化字书写时实现了"易写"的目的，但是作为同音词的用字如果没有一定的语境恐怕也难以辨识。从汉字的理据性分析，原字"辩"、"辨"、"辫"分别用"言"、"刀"、"糸"；"凋、碉、雕"分别用"冫、石、隹"维护着自己的表意体系及与同音字的区别度。一旦分别被简化为"弁"、"刁"，则让人很难再看出其构形理据，不利于人们的阅读和快速理解。

所以，汉字不论是人为的简化还是自然的选择，其工具属性的良好发挥都是与汉字构字的理据性紧密相连的。我们决不能抛开汉字的理据性而一味地追求工具属性之"易写"。"二简"自 1977 年 12 月发布，历经九年之后，至 1986 年 6 月国务院正式发文废止。究其原因，正是因为它满足了汉字"易写"的要求，但汉字的理据性被忽略，这是一个值得记取的教训。例如：

原—厡；源—沅；愿—恕

我们可以看出原字"原、源、愿"本应是同源字，但是因为"二简"毫无规律的过度省减导致无法溯其源头。而恰恰因为字形的过度减省，汉字字形与字义失去原有的联系，反而给"易识""易记"带来了更多的困难。"二简"对字形的过度省减违反了文字自身的发展规律，自然失去了生命力，最终被废止。反之，若汉字字形太繁，书写费时费力，历代便产生不少简化字以正其弊。所以从汉字工具属性中的区别度而言，今天的汉字已经与人们的生活约定俗成，如果经常变动，势必会出现书写与辨识上的混乱，当下或者今后相当长的一个时期应当让汉字处于一种稳定的状态，不宜再简化。

《论汉字再简化》中，作者引用许嘉璐先生"大家一起来研究汉字的特点、汉字的优势，充分利用它，发挥它的优势，来迎接挑战"一段话，试图支持自己的汉字再简化说。其实，许先生的这句话并不是因汉字需要再简化而说的，因此自然并不能支持"汉字的工具性决定它宜简不宜繁"的观点。我们今天所用的简化字，虽然存在一些弊端，但并未偏离汉字顺应历史自然发展的主线，基本坚持了汉字表意体系的原则，符合汉字内部发展规律。从汉字发展的演变规律来看，汉字形体繁简并存的现象古已有之，但是主导趋势仍以简化为主。今天我们谈到的简化字，是指 1956 年 1 月国务院公布实施《汉字简化方案》中规定的简化字，其中所收录的简化字大都有其来源，在历代古籍中可寻到出处，有广泛的群众基础。例如：门、鸟、马、书、报、龟等字都是"草书楷化"的结果；飞、气、丰、从等字都是在隶楷书阶段，为简化字形，又经繁化恢复到古字形的产物。这些字形今天看来寻求构形的理据已毫无源头，但因笔画简单、便于书写历经约定俗成而广泛为人们所接受。正如《国务院批转国家语委关于当前语言文字工作请示的通知》（国发〔1992〕63号）所说："三十五年来，全国已有七亿多人学习、掌握了简化字。简化字是有深远的历史渊源和广泛的群众基础的。"进入新世纪，除我国港澳台地区及海外部分华人外，综观国际汉学界、东南亚国家、欧美华语圈及联合国都在使用中国现行规范的简化字，简化汉字作为中国官方文字已经得到国际社会的认可。可以说，书写和识读中国现行简化汉字已经成为华语圈汉字使用者的习惯，如果我们一而再地简化汉字，将会给国内外汉字的使用带来新的混乱与恐慌。因此，继续简化汉字的观点是不现实的，从国内外对汉字的各种态度来看，我们恰恰要继续维护现行简化字的稳定。

从汉字发展历史的角度看，汉字不论"简化"还是"繁化"都是在适应社会的发展和人们的需求。"一简"方案实施以来，实践证明"一简"简化字适应当前社会的交际需求，它已经在人们的生活中形成了一个稳定的状态。汉字需要稳定性，所以要求汉字继续简化的观点我们是不认同的，而要求汉字走回头路完全使用繁体字，我们也是不支持的。但是为了增加汉字的区别度，为了区别字形、字义，适当地恢复一些繁体字，我们的态度是肯定的。例如："明了""了解"本应写作"明瞭""瞭解"。"瞭"字从"目"，表示用眼睛看，自然有"明白""清楚"义。写作"了"，因为"了"字的古文作ㄗ，就是"子"字古文ㄗ去掉左右手的形状，以示"完了"之义。所以从字形可以知道"了"有"没有""没了"义。可见，如果将"瞭"字恢复使用，更能体现汉字字形与字义之间的联系性。因为易识要求信息量大、区别性高，那么适当地繁比过简好；易记要求有字理才好；易写则是简比繁好。我们只能在简繁、在保持汉字的理据的矛盾中寻找一个适度反映汉字的理据性的字形，才能使汉字更好地发挥其工具性，满足人们的交际需要。

《论汉字再简化》中提出"简化是汉字进化、优化、美化的必由之路"，对此我们的态度是否定的。唐兰先生在《中国文字学》中指出："文字演化，从理论上说，应该是对着简易的目标前进的，不过，有些时候，人们又觉得是繁复的好，由繁而简，由简而繁，总是跟着风气跑的。"汉字几千年的发展历史告诉我们，不一定只有简化才是汉字进化、优化、美化的必由之路。其实，汉字的分化、美化、增加区别度，繁化也是重要手段。例如：

最初"吴公"假借为"蜈蚣"，为使汉字进一步明确假借义，后来加注"虫"旁分化出"蜈蚣"来专门表示假借义。同样的例子又如"鹒鹒"，最初本作"仓庚"，为进一步明确假借义，加意符"鸟"进行字形繁化来记录假借义。

取，《说文解字·又部》："捕取也。"《诗经·豳风·伐柯》："取妻如之何。"而"娶妻"之义为引申义，加"女"旁进一步明确"娶妻"之义。

莫，《说文解字·茻部》："从日在茻中。"甲骨文作"𦳝"、"𦱹"，像日在草丛、丛林的样子，表示日落之景。故日落时、傍晚为其本义。因"莫"字借为他用，为明确本义，在原字形上加意符"日"进行繁化。又如，原—源、益—溢、臭—嗅，都是为明确本义分别加意符"水"、"水"、"口"进行繁化的例子。

所以，工具性的关键并不是一味求"简"。汉字作为记录汉语的符号，我们要求它易识、易写、易记。但是实现这个目标的前提一定是汉字自身有区别度，而在区别度的基础上，适当地繁化来增加汉字的区别度、明确表意信息是有必要的。可是，汉字构形理据与汉字简化本身是一对矛盾体，"繁化""简化"的出现就是对这一矛盾的协调，简化是要牺牲一些标音表意功能，但要增强区别度维护汉字理据就需字形上的繁化。总之，不论"繁化"还是"简化"，都是以便于人们交际使用为最终目的。从汉字发展的历史看，汉字作为一种符号系统，"简化"与"繁化"在汉字字形内部发展过程中既矛盾又统一。恰恰是在两者之间进行自我调整，整个汉字体系才趋于完善。因此，我们今天不能简单说"简化是汉字进化、优化、美化的必由之路"。

二

汉字不仅不宜再简化，而且我们今天要重新审视并完善简化汉字。中华人民共和国成立以来的文字改革，最大的成果是汉字的简化。汉字的简化是在对汉字进行全面整理的基础上，广泛征求各方面的意见，经过认真的研究和深入的讨论后，根据"约定俗成、稳步前进"的方针，并最终形成了《汉字简化方案》。从《汉字简化方案》中的简化字来看，整体上是成功的。因为从源头看，简化字渊源有自，有"古字"，有"俗字"，有"草书楷化"字①。据研究，简化字的30%源自先秦两汉②，采用宋元以来的俗字就更多了。由此可见，汉字的简化有着深厚的历史基础和广泛的群众基础，因此才受到人民群众的普遍欢迎。汉字简化取得了十分明显的效果，确实减少了汉字笔画数，提高了写字的效率。据对《辞海》的16296个汉字的统计，平均每个汉字的笔画数是12.7061画，其中12画的字数最多，有1553个。笔画少于12画的汉字，画数越多，包含的汉字数越多，笔画多于12画的字，画数越多，包含的汉字数越少。字数与笔画间呈正态分布。由此可见，常用汉字笔画较少，冷僻汉字笔画较多，这种统计规律性正反映了笔画使用的"经济原则"。用较少的笔画表示最常用的汉字，以便省时省力，正是语言的经济原则这个普遍规律在汉字简化中的体现③。汉字简化也增加了文字的清晰度，给人们的认读、书写，也给计算机的汉字信息处理提供了极大的方便。繁体字笔画繁多，有的字多至几十画，认读、书写都极为不便。汉字简化也减少了通用汉字字量，减轻了学习使用者的负担。《简化字总表》2235个简化字共代替了2261个繁体字，包括同音代替的及两个繁体字共简为一字的，连同附录中的地名同音代替字，减少了100多个繁体字。

然而，经过半个多世纪的实践，人们发现汉字简化也存在一些弊端，给学习与应用造成了一定的困难。这些问题有待于进一步研究，以便完善。汉字简化的主要弊端如下。

---

① 周有光：《中国语文的时代演进》，清华大学出版社，1997，第55页。
② 李乐毅：《30%的简化字源自先秦两汉》，《普通话》（香港）1994年第2期。又据李乐毅《简化字来源》（华语教学出版社1996年版）一书统计，《简化字总表》2235个简化字中的521个是基本简化字，其他字都是由此类推而来，这521个简化字的"始见"时代分别是：先秦两汉共159字，占31%；三国晋南北朝隋唐五代共61字，占12%；宋辽金元共80字，占15%；明清太平天国及中华民国共110字，占21%；中华人民共和国（截止到《汉字简化方案》公布时，包括1949年前的"解放字"）共111字，占21%；"始见"材料以出版物为准。
③ 何九盈等：《中国汉字文化大观》，北京大学出版社，1995，第79—82页。

（1）另造新字，特别是新造的一些符号代替字破坏了原来字的合理结构，增加了学习者识记的负担。如邓（鄧）、鸡（雞）、戏（戲）、对（對）、凤（鳳）、观（觀）、汉（漢）、艰（艱）、劝（勸）、仅（僅）、树（樹）、圣（聖）、双（雙）等字，以"又"代替原字的一部分，加上原来就用的"驭"及"又"字本身，"一个符号承担了音义各不相同的13种构件的职能，把这13个构件的表义、示源、表音的不同功能都在视觉上等同、混淆了。加之，用'又'替代下来的原有构件又不能从汉字构形系统中彻底取消：'鸡'从'又'，'溪'仍存在；'鄧'改'邓'，'燈'却改'灯'，'澄'又仍从'登'形，……结果是增加了构件、繁化了体系，在技术上是一种疏忽"。① 这种简化字虽然笔画数减少了，但是许多字难以拆分、解说，不如原字的结构合理。符号代替的还有：如以"×"代替了许多字构成部件，并无规律可循，如代替"赵（趙）、区（區）、冈（岡）、风（風）"等字的一部分；以"双"代替"轰（轟）、聂（聶）"等字的一部分，但同类字如"磊、森、毳、鑫、淼"等不能类推；其他如师（師）、帅（帥）、归（歸），枣（棗）、搀（攙）增加了新的记号，都造成学习上的不便。再如，养与養、买卖与買賣、头与頭、兰与蘭等。这种新造记号增加了汉字的基本构件，以不便称说的记号构件代替已有汉字部件的做法是汉字发展史上的一种退步。如何处置这一系列无规律可循的记号，是我们今后应认真研究解决的重要问题之一。今后的汉字简化应该注意汉字自身的构成系统性，在原有汉字构件的基础上进行简化，以不增加新的汉字构件为基本目标。

（2）增加了新的形近字，识记时不易分辨，容易混淆。汉字简化减少了笔画，笔画越少，形近字越多。如《简化字总表》注释中指出的"坏（壞）"与"坯"，其他如"归（歸）"与"旧（舊）"、"历（曆）"与"厉（厲）"、"竞（競）"与"竟"、"儿（兒）"与"几"、"扰（擾）"与"拢（攏）"、"风（風）"与"凤（鳳）"、"伦（倫）"与"伧（傖）"、"师（師）"与"帅（帥）"、"庄（莊）"与"压（壓）"等字差别较小，不便识记。汉字简化也减少了一些形近字，如"卢（盧）"与"虏

---

① 王宁：《论汉字简化的必然趋势及其优化的原则》，《语文建设》1991年第2期。

（虞）"、"画（畫）"与"昼（晝）"，但相比之下，汉字简化增加了较多的形近字。

（3）部分同音代替字在交际中容易造成歧义或误解，特别是在由简体变繁体、翻印古籍时或阅读学习古代文献作品时常常产生歧义或误解。如"后"与"後"原为两个字，"后"是名词，指君主、帝王或君王的正妻；"後"是先后的后，也指后代、子孙，两字意义差别较大，归并为一，容易造成阅读理解上的不便。其他如"姜"与"薑"、"出"与"齣"、"仆"与"僕"、"谷"与"穀"、"征"与"徵"、"饥"与"饑"、"斗"与"鬥"、"丑"与"醜"、"叶"与"葉"、"台"与"臺"、"几"与"幾"、"只"与"隻"、"干"与"乾""幹"、"纤"与"纖""縴"、"系"与"繫"等。为了减少这种问题，1986年重新发布《简化字总表》时已对个别字作了调整，如"叠、覆、像、啰"等字的恢复，"徐、雠、瞭"等字用法的调整。这说明我们已经意识到了同音替代造成的交际上的不便、用字上的混乱问题。同音替代问题是大家意见最大、一个必须解决的问题。国家公布的《第一批异体字整理表》选用了810个笔画少、较为通行的字，把笔画多、不太通行的1055个异体字废除掉，减少了汉字的数量，方便了人们的使用。经过多年的使用，后来国家对该表做过一些修订，如1956年3月、1986年10月、1988年3月先后发布的三个文件又恢复了28个异体字的规范身份，如"晔、雠、翦、邱、澹、彷、黏、晖、涧、楞"等。由王宁先生主持完成、国务院2013年8月公布的《通用规范汉字表》，恢复了不多的繁体字以及45个异体字，这是为了尊重社会习惯，方便国人用字。这一做法就是为了使汉字符号表达系统更加完备，更好地表达汉语，方便人们交际使用。

（4）部分"草书楷化"字不符合汉字固有的结构形式，难以拆分，不便识记与书写。如"办、齐、兴、来、单、书、尧、东、乐、为、发、农、专、长"等字。如"尧（堯）"的上部"垚"简化成为一个记号，同类的字有"绕（繞）、饶（饒）、桡（橈）、荛（蕘）、娆（嬈）、铙（鐃）"等。此类字最易出错，人们常常将上部写成"戈"字，此类简化字虽少写一笔，但造成识记的不便，还不如简化成便于称说的多一笔的"戈"字好。

（5）简化规律不能任意类推，给学习者带来较大的不便。《简化字总表》第二表是"可作简化偏旁用的简化字（132 个）和简化偏旁（14个）"，第三表是"应用第二表所列简化字和简化偏旁得出来的简化字"，共 1753 个。这说明类推简化是汉字简化的一个基本方法。然而，这种类推有时候是有限的，并不能随意类推。如"盧"字简化为"卢"，以"盧"为声符的字可以类推简化的有"垆（壚）、泸（瀘）、轳（轤）、胪（臚）、鸬（鸕）、舻（艫）、颅（顱）"等字，但有的不能类推，作偏旁时却应写作"户"，如"炉（爐）、庐（廬）、芦（蘆）、驴（驢）"等；这些偏旁简化作"户"，又与"沪、房、扇、扁"等字的构件混同。其他如"冓"，其声符可类推简化为"勾"，如"沟（溝）、购（購）、构（構）"等，不能类推简化的字有："媾、觏、篝、韝（以上四字声符不简化）、遘（此字以异体"逅"为规范字）、講（简化为"讲"，声符简化为"井"）"等。再如"歡"字，声符可简化为"又"，如"欢（歡）、观（觀）、劝（勸）、权（權）"等，不能类推简化的有"罐、灌、鹳、獾、爟、玃"等字。再如部件"昜"，在"湯、楊、揚、腸、暢、場、蕩、煬、瘍"等字中简化为"㐅"，在"傷"中却简化为"力"，而在"賜、錫、場、蜴"等字中没有简化。再如"随、椭（隨、橢）"与"隋、髓"，"跃（躍）"与"耀、曜"，"酿（釀）"与"让（讓）"以及"壤、攘、嚷、瓤、穰、襄"，"浑、晕（渾、暈）"与"运（運）"，"拣练炼（揀練煉）"与"谏阑澜"，"弹、阐（彈、闡）"与"战（戰）"，"邮（郵）"与"陲锤棰捶唾"，"谗搀馋（讒攙饞）"与"镵、巉"，"监（監）"与"舰（艦）"等的不一致。还有，根据《简化字总表》注释中的有关特殊规定，如"乾净、乾燥"的"乾（gān）"简化为"干"，"乾坤、乾隆"的"乾（qián）"却并没有简化。这种简化现象很多，这种不能类推的做法，在某种程度上破坏了汉字原有的系统，表面上简化了形体，但实际上增加了理解汉字的难度，反而加重了汉字学习者的负担。有些不能类推的字，现在看来使用者常常按常理类推，如从"户"的"炉、庐、芦、驴（爐、廬、蘆、驢）"等字，改从"卢"，应该并无多大妨碍，也不会造成混乱。当然，操作起来还是要慎之又慎，以免造成新的混乱。

2013 年新颁布的国家《通用规范汉字表》对类推简化采用了尊重现实和严格限制的原则。即对社会上出现的在《简化字总表》和《现代汉语通用字表》之外的类推简化字进行了严格的甄别，采用有限类推、不扩大范围的办法，仅收录了在社会生活中广泛使用的 226 个简化字。《通用规范汉字表》以外的字，根据国务院 1986 年"今后，对汉字的简化应持谨慎态度，使汉字的形体在一个时期内保持相对稳定"的指示精神，不再类推简化；个别领域确需类推简化的，需报国家语言文字工作主管部门批准。这样做有利于规范汉字，有利于维护汉字系统的基本稳定。

与其相对的说法是"无限类推"，也就是某个字不管其现在是否使用，只要其形体含有已经简化了的繁体字形，都类推简化。比如"鸑"现在基本不用，但因为"龍"简化作"龙"，"馬"简作"马"，于是把"鸑"类推简作"鸾"。某种程度上无限类推造成了社会用字的混乱，有些字典收入大量的类推汉字，许多字实际上是从没有使用过的新形字[①]，这种号称收字最多的字典，实际上助推了新的用字混乱。限制无限类推是汉字定形的正确选择。这样做有利于汉字规范，有利于维护汉字体系，有利于纠正社会用字的混乱现象。通过对《汉语大字典》54678 个汉字范围内所有可类推简化的繁体字进行穷尽性的类推简化试验，相关研究者发现这种无限制的类推简化会导致无用的同形字的大量增加和对汉字平衡结构的破坏，因此，无限类推"既无必要也不可能"[②]。

像此类问题的出现，就是因为只注意汉字笔画的减少，而忽视了汉字固有的构形系统。正如王宁先生所说："汉字的简化，首先是构形系统的简化。个体字符的简化，应当纳入这一系统。所以，个体字符优化的条件，……要把较好地适应汉字的整体系统列为首要。"王先生将汉字简化的优化标准概括为五点：①有利于形成和保持严密的文字系统；②尽量保持和维护汉字的表意示源功能；③最大限度地减少笔画；④字符之间有足够的区别度；⑤尽可能顾及字符的社会流通程度。[③] 王宁先生的话值得我

① 李国英：《简论类推简化》，《语言文字应用》2004 年第 4 期。
② 章琼：《汉字类推简化的考察和分析》，《语言文字应用》2003 年第 1 期。
③ 王宁：《汉字的优化与简化》，《中国社会科学》1991 年第 1 期。

们认真思考。今后汉字简化问题应该注意从这几个方面入手研究。这是我们应该认真对待，深入研究的一个十分重要的问题。

汉字的简化还存在一些值得研究的问题，今后的研究工作应该注意汲取以往的经验教训，力争克服过去出现的弊端，把汉字简化得更加完善。

《中国语言学大辞典》的历史意义

陈海洋*

20世纪 90 年代初,一部全面反映中国语言学历史与现状的专科百科词典——《中国语言学大辞典》的面世,引得了学界震动,社会瞩目,好评如潮。

《人民日报》的报道称:"《中国语言学大辞典》,填补了国际语言学领域的空白,为中国文字学、语言学的发展做出了突出贡献。"

《中国语文》杂志的评论称:"《中国语言学大辞典》一面世,就引人注目。出版不到一年就在原 5000 册的基础上加印 3000 册。这大概是许多同类专业词典望尘莫及的。这本书有鲜明的特色,突出的优点。"

香港《中国语文通讯》杂志发表的评论称:"《中国语言学大辞典》就是一部饱含语言学者汗水与心血的著作。内容丰富,收录客观;大胆探索,述、作结合;风格统一,体例完善。实在地说,没有默默耕耘、精诚合作的精神,很难想象会有这样一部详尽、平实而又颇具分量的语言学工具书。在中国大陆目前滥出辞书的不良风气中,《中国语言学大辞典》无疑以其严谨、负责的态度赢得了广大读者的青睐。"

澳门《华侨报》称:"《中国语言学大辞典》完全无愧于前卫辞典的称号。尤值得赞扬的是,辞典兼收并蓄了各家各派、各种不同的学术观

---

* 陈海洋,教授,清华大学体育与健康科研中心大健康产业首席专家,海南省人民政府政务中心综合评审专家,海南省休闲产业智库首席专家,海南广播电视总台特约评论员。

点，令人强烈地感到百家争鸣的蓬勃气息，也正好体现了该辞典的中青年编纂者的蓬勃朝气和进取精神！"

《中国语言学大辞典》获评首届汉字文化学术奖，颁奖仪式在北京人民大会堂举行，由著名语言学家、北京大学教授周祖谟宣读获奖评语，全国人大常委会副委员长习仲勋颁奖。人民日报社、新华社、光明日报社、中新社等各大媒体纷纷报道。

《中国语言学大辞典》还获评第六届中国图书奖。中国图书奖评委会由中宣部、新闻出版总署、中国版协、中国图书评论学会负责同志和科技、学术、知识界著名专家组成，评选主要依据图书的内容质量、技术指标，兼顾印刷质量、印数、装帧水平，全面综合评比，同时参考读者反映和书评文章的评价。

一部语言学工具书为何能引起如此广泛的社会反响呢？细究之，主要原因大概有以下几点。

一 全面反映中国语言学的历史与现状，信息量大

《中国语言学大辞典》采取大型辞典的框架设计与小条目主义相结合的方式，有文字学、音韵学、训诂学、语音学、词汇学·语义学·辞书学、语法学、修辞学、方言学、中国诸民族语言、语言理论·语言新学科、人物、著作、语言学史等卷，收词目近万条。

其内容涉及中国语言学的各个分支领域。不仅反映了大陆学者的研究状况，对海外学者研究中国语言学的成果亦多有反映。

不少珍贵资料由该辞典首次披露。例如方言学卷与中国诸民族语言卷中就有不少资料是第一次公开。

对于新学科、边缘学科、新动态，《中国语言学大辞典》也不吝篇幅予以反映。例如神经语言学、病理语言学、人机对话、中文信息处理、代码转换等，不胜枚举。

读者们惊讶地发现，以往的语言学辞典不收录或很少收录的辞书学、语音学、方言学、少数民族语言修辞、语言新学科等内容，不仅设有专门

篇幅，立目、释义也十分专业、严谨。为了做到这一点，《中国语言学大辞典》编委会特意挑选了专业的编写班子，并聘请专业权威的博士生导师来指导、把关。

书末另编有《中国语言学大事记》，以时间为经，以事件为纬，简明扼要地勾勒出中国语言学发展的历史轨迹。此外，还配有《中国少数民族用语简表》等多种附录。

《中国语言学大辞典》信息量非常大，堪称集大成的语言学工具书，真正达到"一册在手，可览中国语言学全貌"之效。

二 具有鲜明的中国特色

《中国语言学大辞典》的宗旨就是要着力反映中国语言学的真实面貌，自然要彰显鲜明的中国特色，以区别一般的语言学辞典。因此，编纂者有意识从选目、立条、释文、例证等多方面来综合体现"中国特色"。譬如，除了利用人物、著作、语言学史、中国诸民族语言、音韵学、训诂学等卷集中反映中国特色外，还有意识在其他各卷的释文中尽量体现。一般的语言学辞书在介绍各类元音、辅音与各类语法范畴时，大都喜欢采用外国语言的例证，《中国语言学大辞典》努力选用中国境内语言的例证，因为汉语普通话、汉语方言、少数民族语言中就蕴藏着丰富的原生态语言学资料。

特别值得一提的是，《中国语言学大辞典》特意设立《中国诸民族语言》卷，并在《修辞学》卷增设少数民族语言修辞部分，在《文字学》卷增设少数民族文字部分，从而使得中国境内少数民族的许多重要语言现象，少数民族语言学、语法学、语音学、方言学、文字学、修辞学术语，都能得到较为充分的反映。当一大批闻所未闻的语言现象、语言文字学术语出现在读者眼前时，学者们由衷地为中国少数民族千差万别、丰富多彩的语言现象、语言资料、语言文字学研究感到震惊与叹服，也自然为《中国语言学大辞典》的中国语言学情结与开放式视野而拍案叫好。

三 规范与描写相结合，学术性与资料性并重

《中国语言学大辞典》的编纂者认为，专科辞典与语文辞典的编写原则应有明显区别，后者可以强调规范性与描写性，而前者由于有科学研究工作的需要，应做到规范与描写相结合、学术性与资料性并重。《中国语言学大辞典》将这种指导思想体现在各卷，而以人物、著作、语言学史等卷尤甚。

《中国语言学大辞典》着力打破论资排辈、门户之见的陋习，尽量公允地对待各种流派、各种学说、各种年龄层次学者的研究成果，唯以学术价值与资料价值为取舍的标准。

譬如，《中国语言学大辞典》大胆设立了语言学史、中国诸民族语言等卷，并突破以往语言学辞典对立目价值的认识，果敢地为以往语言学辞典不予立目而确有参考价值的内容设立条目。

譬如，语言学史卷经过征求意见与认真筛选，将一些有影响的当代语言学学派、学说、事件、研究状况、机构、刊物等设为条目，以利于研究者、学习者的查阅。例如"当代国外汉语研究"、"国外藏语研究"、"当代港台及国外方言研究"、"言语交际学研究"、"古汉语研究"（杂志）、"中国民族语言学会"、"中国社会科学院语言文字研究所"等。

以往的语言学辞典，囿于盖棺论定的思维，为求保险，一般很少收录在世语言学家及其著作。《中国语言学大辞典》大胆收录卓有贡献的当代语言学家乃至有影响的青年语言学家（如游汝杰、唐钰明、申小龙等），还收录了一些港台地区学者及外籍学者，引起了较大反响。

上述创新做法被权威辞书专家评价为"有利于更好地、更集中地反映中国语言学的发展趋势"。

四 系统性强，方便实用，收藏价值高

《中国语言学大辞典》的设计者深谙辞书编纂的规则，将整部辞典视

为一个有机的工具书整体，各个分卷巧妙互补，相得益彰，具有较高的实用价值与收藏价值。

譬如，读者在查阅词条"知照分合观"时，可将释文中所涉及的音韵术语、音韵学说、音韵学著作、音韵学家、音韵学讨论情况等，分别与音韵学、语言学史、著作、人物等卷及附录的《中国语言学大事年表》中的相关内容联系起来阅读，这样便可以轻而易举地对某一语言学现象或研究状况获得较为全面的了解。

有辞书专家注意到，《中国语言学大辞典》在一些精心设计的词目前标有星号，有的词条释义后面还标注"参见××"以提示该词条有"超级链接"功能。这种设计，与今天的网络"超级链接"功能已有几分类似。

五 资源优化整合，破门户之见，开风气之先

说到"破门户之见，开风气之先"，特别应该提到的就是《中国语言学大辞典》创新的编委会组织形式。

以往这种集大成者的大型工具书编纂工程，一般都由功成名就的权威专家、教授担任。《中国语言学大辞典》的编写者却打破常规地由来自江西师范大学、北京大学、北京师范大学、复旦大学、中山大学、中国社会科学院研究生院、中央民族学院、北京语言学院、北京师院、湖南师范大学、广州师范学院、上海师范大学、杭州大学、江西大学、湘潭大学、浙江教育学院等四十多所院校的百余名中青年语言学者担任。

由陈海洋担任主编，邱尚仁、丁峰担任副主编，蒋冀骋、申小龙、苏新春、唐钰明、游汝杰、冯蒸、王建华、吴为善、张玉今、匡国建、钱宗武、冯隆、王远新、张林林、宋永培等担任各分卷主编。他们大多是刚毕业不久的博士、硕士。

这支编写队伍最大的优势在于：热情高涨，精力充沛，不计名利，团结合作，不守成规，敢于创新。

为了加强《中国语言学大辞典》的权威性、学术性与严谨性，编委会聘请北京大学副校长、中国语言学会会长、语言学大师朱德熙先生担任总

顾问，聘请陆宗达、张世禄、商承祚、胡裕树、曹先擢、唐作藩、郭锡良、刘坚、胡明扬、黄典诚、安子介、马学良、袁晓园、徐德江、周秉钧、濮之珍、张永言、吴宗济、王伯熙等数十位知名语言学家担任顾问；聘请余心乐、许嘉璐、詹伯慧、许威汉、唐启运、李维琦、刘焕辉、李新魁、曾宪通、陈建民、倪宝元、戴庆夏、郭在贻、王勤、鲍怀翘、郑张尚芳、张公瑾、史有为、雷有梧、陶立璠等数十位知名语言学家担任各卷审订。国学大师、著名书法家启功先生亦欣然为《中国语言学大辞典》题签。

各位编写者、顾问、审订来自不同的院校、不同的专业、不同的流派，老、中、青三代结合的互补优势，开阔了思路和视野。因而，《中国语言学大辞典》亮点频仍，"开风气之先"也就是顺理成章的事了。

六　几点启示

白驹过隙，光阴荏苒。从《中国语言学大辞典》开始编纂的 1986 年至今，一转眼 27 个年头已经过去了。当年的中青年如今到了天命花甲之年，当年的博士、硕士如今成了博士生导师，当年的普通教师成了知名学者，当年的一些顾问有的已离开我们驾鹤西去。回首往事，历历在目，感慨万千。

《中国语言学大辞典》的成功编纂，带给我们几点启示。

1. 中国语言学可持续发展的生命力在于年轻人

一个学科要想能可持续发展，最关键的一点就是要后继有人。所以，从当年意气风发的青年时代走过来的导师们，一定要时刻注意为今天的年轻后辈创造顺利成长的条件，营造鼓励进取的氛围。"长江后浪推前浪"，"江山代有人才出"，中国语言学领域亦不例外。

2. 中国语言学健康发展的关键在于破门户之见

门户之见实乃中国语言学健康发展之大敌。一个学科之所以能兴旺发达，就在于能包容，能纠错，能纳新。中国语言学的健康发展，有赖于各流派和门户间的融通、共存、共进。

3. 中国语言学繁荣昌盛的出路在于走向社会，与时俱进

中国语言学有过辉煌的昨天，但也走到了尴尬的今天。当今之世，科技发展日新月异，社会新规层出不穷。在数字化时代、大数据时代、商品化时代、地球村时代，中国语言学该如何应对，何去何从？

不融入现代化社会肯定死路一条。中国语言学的前身——传统"小学"，之所以在古代中国能成为"显学"，根本原因就在于其能融入社会，服务社会。所以，肩负中国语言学中兴发达责任的青年学人，必须开拓进取，调整知识结构，服务多元社会。须知，中国语言学必须与时俱进，满足社会需求，才不会被日新月异的时代所抛弃。

中国语言学一定要破茧化蝶，中国语言学也一定能破茧化蝶！

附　录

《中国语言学大辞典》编辑出版大事记

《中国语言学大辞典》的诞生不是偶然的，其策划、编写、出版的过程也并非一帆风顺。

本文根据本人当时的日记记载与其他文字佐证及部分当事人记忆，以时间为主线，力图还原《中国语言学大辞典》诞生的全过程。因时间过去二十多年，其间不排除可能存在些许记忆失误，恳望知情人补充指正。

1984 年

8 月 20—25 日　全国音韵学年会 1984 年年会在桂林召开。到会的江西师范大学、四川大学、北京大学、中山大学、广西师范大学、河北师范学院、安徽大学的 17 位研究生自发聚会。这些研究生在会上介绍了各自的导师、论文选题、专业学习等情况，并决定编写一份详细的通讯录，包括姓名、地址、导师、研究方向、毕业论文、发表的论文、会说何种方言等内容。大家戏称自己是"桂林一期"，并在叠彩山合影留念。记得桂林一期的研究生有：邱尚仁、陈海洋、蒋冀骋、丁峰、黄富成、耿振生、郭力、麦耘、沈建民、孙建元、张书锋、龙庄伟、汪波、吴新民、黄锦君、

陈燕、张宁、建伟等。

11月2—8日　中国训诂学会第三届年会在西安举行。11月6日，参加本届年会的研究生聚会，到会者20人。会上大家商定成立一个研究生信息交流网，并创办一份内部小刊物。大家推举华南师范大学研究生苏新春与江西师范大学研究生邱尚仁为召集人，推举江西师范大学研究生陈海洋为秘书长。会后大家合影留念。与会者每人交费五角作为通联费用。7日，四川师院研究生宋永培等三人又补充报名，交纳通联费。

11月27日　杭州大学中文系研究生王建华申请参加研究生信息交流网，并对办好信息报提了建议。

12月　本月申请参加研究生信息交流网的研究生有：上海外语学院张宁，湘潭大学匡国建，中山大学沈建民、管锡华、林伦伦，湖南师范大学段观宋、陈建初、李敏辞、李沙白，广西师范大学孙建元、张书锋、建伟，西北师院朱庆之，北京大学郭力、耿振生、陈燕、孙景涛、王硕，河北师范学院龙庄伟、汪波、吴新民，江西大学孙力平，四川大学沈建民、黄富成、黄锦君、何志华、余理明、郭齐。

1985 年

1月14日　本月申请参加研究生信息交流网的研究生有：北京师范大学张猛、徐麟，华南师范大学冒超球。

1月21日　中国音韵学研究会会长严学宭先生来信，表示支持创办研究生信息报。

3月　本月申请参加研究生信息交流网的研究生有：华南师范大学陈波、林广志，华东师范大学吴琦幸、张潋，西北大学杨晓安、茹钢。

《研究生信息报》报创刊号面世，各方反映很好。

《研究生信息报》编辑部开始在全国大规模地收集语言学相关专业研究生论文提要。

4月　本月申请参加研究生信息交流网的研究生有：华中师院吴琦。

4月20日　严学宭先生到江西师范大学中文系讲学，赞扬《研究生信息报》。

4月22日　邱尚仁从开封参加训诂学术会议返校，转述与会的语言学前辈与会议代表高度赞扬《研究生信息报》，还有几位语言学前辈欣然为《研究生信息报》题词。

4月23日　收到王力先生为《研究生信息报》题写的刊名"研究生信息"，并署名，加盖私章。

4月28日　《研究生信息报》第二期面世。

5月　本月申请参加研究生信息交流网的研究生有：上海外语学院刘谧辰，东北师范大学李亚明，北京大学单俊峰。

6月　《研究生信息报》第三期面世。

本月申请参加研究生信息交流网的研究生有：山东大学研究生黄健，四川大学吴雨时、尹绍华，北京师范大学吴继山、黄易清、吕云生、易敏，吉林大学徐正考，湖南师范大学钱宗武。

6月6日　中国社会科学院研究生院研究生会来函，称"《研究生信息报》全国独此一家，我们争相传阅，认为办得不错"；并决定推荐研究生张建华担任研究生信息交流网通讯员，负责中国社会科学院研究生院的联络、报道工作。

6月18日　纪念杨树达先生诞辰百周年学术研讨会期间，许嘉璐、唐文、胡厚宣、王显、郭在贻、周秉钧、李维琦、王大年、鲍敬第、周大璞、张舜徽、杨春霖、孙稚雏等多位语言学前辈高度赞扬《研究生信息报》，胡厚宣、王显、唐文、郭在贻、鲍敬第、周大璞、张舜徽、杨春霖等欣然为《研究生信息报》题词。

7月29日　国家教委副主任柳斌来信，高度赞扬《研究生信息报》。

7月31日　晚上，来自全国21所大学的36名研究生在北京中央民族学院举行聚会，会议议题主要是商议进一步办好研究生信息交流网与《研究生信息报》，进一步开展多种形式的学术交流，筹办杂志与学术团体。

会议由江西师范大学研究生陈海洋主持，议程有三：①自我介绍；②江西师范大学研究生邱尚仁介绍创办《研究生信息报》与研究生信息交流网的经过、目前的形势、今后的打算，江西师范大学研究生陈海洋、丁峰做补充。③与会研究生自由发表意见。与会者建议筹建中国青年语文学会。

　　根据签到记录记载，参加聚会的研究生有：江西师范大学：邱尚仁、陈海洋、丁锋、高福生；北京大学：耿振生、郭力、王硕、王洪君；上海外语学院：张宁；江西大学：周静芳；华南师范大学：魏达纯；新疆大学：曹德和、邓功；徐州师范学院：李葆嘉、刘利；中央民族学院：傅爱兰、朱承平；华中工学院语言研究所：尉迟治平、邓晓华、张振江；解放军信阳陆军学校：王吉尧；兰州大学：都兴宙；河北师范学院：龙庄伟；广西大学：林涛；四川师范大学：刘志成；复旦大学：钟敬华、杨剑桥；南开大学：崔建新、黎意；吉林大学：刁晏斌、徐正考；广西师范大学：孙建元；山东大学：刘晓农；安徽师范大学：伍巍。

　　8月　本月申请参加研究生信息交流网的研究生有：北京大学叶友文。

　　8月8日　部分研究生在北京大学中文系聚会，大家就如何进一步办好研究生信息交流网与《研究生信息报》，发表了很好的意见。参加者有：江西师范大学邱尚仁、陈海洋、丁锋；北京大学耿振生、郭力、王硕、王洪君；中央民族学院傅爱兰；华中工学院语言研究所邓晓华；徐州师范学院李葆嘉、刘利；河北师范学院龙庄伟；北京大学的三名研究生（其中一位是朱德熙先生的助手）。

　　8月11日　中国音韵学研究会秘书长梁德曼先生高度赞扬研究生信息交流网与《研究生信息报》，并支持成立中国青年语文学会。

　　8月12日　国家语委副主任王均先生高度赞扬研究生信息交流网与《研究生信息报》。

　　8月13日　北京大学唐作藩先生与曹先擢先生高度赞扬研究生信息交流网与《研究生信息报》，并支持成立中国青年语文学会。

　　《研究生学位论文提要》开始编纂，江西师范大学研究生陈海洋任主编，邱尚仁任副主编。

　　8月14日　傍晚，在北京中央民族学院召开了中国青年语文学会筹委会第一次会议。参加者有江西师范大学研究生邱尚仁、陈海洋，北京大学研究生耿振生，广西师范大学研究生孙建元，上海外语学院研究生张宁，徐州师范学院研究生李葆嘉，华中工学院语言研究所研究生邓晓华请假。会议讨论了学会的名称、章程等有关问题，还讨论了编纂《研究生学位论文提要》的相关问题。

会议推举邱尚仁为中国青年语文学会筹委会主任，耿振生、许锋为副主任，陈海洋为秘书长，郭力为副秘书长。

8月15日　中国社会科学院语言研究所王伯熙先生、杨耐思先生高度赞扬研究生信息交流网与《研究生信息报》，并支持成立中国青年语文学会，还推荐吕叔湘先生的秘书张伯江参加中国青年语文学会筹委会。

8月19日　下午，在北京中央民族学院召开了中国青年语文学会筹委会第二次会议。参加者有江西师范大学研究生邱尚仁、陈海洋，广西师范大学研究生孙建元，上海外语学院研究生张宁，徐州师范学院研究生李葆嘉，四川大学研究生黄富成，华中工学院语言研究所研究生邓晓华。吕叔湘先生的秘书张伯江专程赶来与会。会议讨论了学会章程等有关问题，还讨论了编纂《研究生学位论文提要》的相关事情。

8月21日　下午，在北京大学耿振生的带领下，中国青年语文学会筹委会的邱尚仁、陈海洋、孙建元到北京大学王力先生寓所拜访，唐作藩先生作陪。王力先生认真听取了关于中国青年语文学会筹备工作情况的汇报，欣然同意出任中国青年语文学会的顾问。王力先生还谈了治学之道。广西电视台记者拍摄了会见的过程。

晚上，在张伯江的带领下，中国青年语文学会筹委会的邱尚仁、陈海洋、孙建元又到吕叔湘先生寓所拜访。吕叔湘先生认真听取了关于中国青年语文学会筹备工作情况的汇报，肯定了中国青年语文学会筹委会的做法，并提出了一些具体建议。譬如学会的面要广，要包括语言学的各个分支，学会不要设职位过多；编纂《研究生学位论文提要》字数可以长一些；治语言学不要局限于某一分支，知识面不妨广些；写文章要深入浅出，平易近人；要学会教课，教课是一门高深的艺术，有学问的人不一定都会教课。吕叔湘先生同意出任中国青年语文学会的顾问，还风趣地说："反正我担任的顾问也够多了，多一个少一个无所谓。"整个会见过程，吕叔湘先生平易近人，十分亲切。

从吕叔湘先生寓所出来后，大家又去拜访中国语文杂志社的王伯熙先生，王先生热情地表示中国语文杂志将会给予大力支持。

8月22日　下午，陆俭明先生在中央民族学院会见了中国青年语文学会筹委会的邱尚仁、陈海洋、耿振生。陆先生肯定了中国青年语文学会筹委会的做法，并提出一些具体建议。陆先生提醒筹委会尽量将问题考虑细一点，要探索中国语言学的新路。

8月23日　晚上，许嘉璐先生会见中国青年语文学会筹委会的陈海洋，许先生表示对中国青年语文学会筹委会大力支持，并提出不少建设性意见，还推荐北京师范大学研究生易敏参加中国青年语文学会筹委会。

之后，梁德曼先生会见中国青年语文学会筹委会的邱尚仁、陈海洋，听取关于中国青年语文学会筹备情况的汇报，表示大力支持，并提出了不少中肯意见。

8月24日　陈章太先生对中国青年语文学会筹备工作表示大力支持。

9月　本月申请参加研究生信息交流网的研究生有：南开大学史建伟、洪波、兰鹰、关键、康加深、孔祥卿，吉林大学王功龙、李大星、武振玉，辽宁师范大学苏瑞卿。

《研究生信息报》第四期面世。

9月12日　江西师范大学党委书记郑光荣、校长李树源表态对中国青年语文学会筹备工作大力支持。

10月　本月申请参加研究生信息交流网的研究生有：北京大学郭锐（朱德熙先生助手）、胡石根、杨平，湖南师范大学孙剑霖、徐建、郑庆君，中央民族学院王远新，中国人民大学贺阳，江西大学汪少华、欧阳宗书、刘景启、姚亚平、郭友鹏。

10月7日　北京大学朱德熙先生对中国青年语文学会筹委会表示支持，并愿意出任顾问。

11月　本月申请参加研究生信息交流网的研究生有：华南师范大学张林林，华中师范大学黄发忠、陈代兴，安徽师范大学王葆华、陈昌来、陈烨、王邦安、薛玲、戴莉，中国社会科学院研究生院江荻，中国科学院院长卢嘉锡的研究生刘江南。

11月9日　南开大学研究生洪波、兰鹰、关键来信，倡议成立青年古汉语语法学会。

11月29日　复旦大学毕业研究生陆丙甫来信，表示愿意参加中国青年语文学会筹备工作，并担任筹委会副主任。

11月30日　东北师范大学中文系八三级古汉语学习小组全体同学来

信，要求订阅《研究生信息报》，并推举崔为担任联系人。

12月 本月申请参加研究生信息交流网的研究生有：中山大学颜冰、谭步云、谢光辉，四川师范大学刘富西，东北师范大学李岩，徐州师范学院吴继光，北京师院冯蒸、北京大学崔立斌，复旦大学博士研究生申小龙。

《研究生信息报》第五期面世。

12月4日 中山大学王宗炎先生来信，高度赞扬研究生信息交流网与《研究生信息报》。

12月9日 江西师范大学党委书记郑光荣为《研究生信息报》创刊一周年撰写贺词《祝贺与希望》。

北京大学王力先生为《研究生学位论文提要》题写书名："研究生毕业论文提要 王力题"。

12月23日 在北京大学耿振生的带领下，中国青年语文学会筹委会的邱尚仁、陈海洋到北京大学朱德熙先生寓所拜访。朱德熙先生认真听取了关于中国青年语文学会筹备工作情况的汇报，表示支持。朱德熙先生还同意为《研究生学位论文提要》作序，并欣然合影留念。

12月25日 陆宗达先生为《研究生信息报》题词：学友基址，励志创新。

1986 年

1月 本月申请参加研究生信息交流网的研究生有：华南师范大学袁东华、林活力、甘甲才、杜艳艳、陈绿薇、董超凤，武汉大学冯广艺、冯学锋。

2月 《研究生信息报》第六期面世。

本月申请参加研究生信息交流网的研究生有：东北师范大学吴长安。

3月 本月申请参加研究生信息交流网的研究生有：延边大学周刚，哈尔滨师范大学姜光辉，北京大学邱广君。

4月 本月申请参加研究生信息交流网的研究生有：杭州大学研究生"H·Y"沙龙王维成与"H·Y"沙龙全体成员，西南师范大学王宏麟，湖南师范大学李运富、刘晓南、陈松长、阳太。

4 月 14 日　兰州大学黄伯荣先生来信，高度赞扬研究生信息交流网与《研究生信息报》。

5 月　《研究生信息报》第七期面世。

5 月 1 日　华中师范大学研究生会寄来该校《研究生报》第 20 期，该报头版报道华中师范大学校长、著名史学家章开源先生说："我看过几份江西师范大学的《研究生信息报》办得不错，可向他们学习和借鉴。"

6 月 19 日　江西教育出版社编辑杨鑫福与江西师范大学研究生陈海洋探讨由青年学者编写，专家审定，编写一部《中国语言学辞典》。双方达成合作共识。

6 月 29 日　《研究生学位论文提要》稿件审订工作开始。

7 月　本月申请参加研究生信息交流网的研究生有：华中师范大学肖国政。

《研究生信息报》第八期面世。

7 月 15 日　江西教育出版社编辑杨鑫福与江西师范大学研究生陈海洋再次商议、探讨编写《中国语言学辞典》事宜。

江西师范大学余心乐先生同意出任《中国语言学辞典》顾问。

7 月 20 日　陈海洋与苏新春商议探讨编写《中国语言学辞典》事宜。

8 月 8 日　陈海洋、邱尚仁、耿振生、黄富成在公安大学商讨《研究生学位论文提要》审稿与出版之事，商讨筹备编写《中国语言学辞典》事宜。

8 月 9 日　北京大学曹先擢先生、郭熙良先生同意担任《中国语言学辞典》顾问，唐作藩先生同意担任《中国语言学词典·音韵卷》审订。

由耿振生陪同，邱尚仁、陈海洋到北京大学朱德熙先生寓所拜访。朱德熙先生认真听取了关于筹备编写《中国语言学辞典》的情况汇报，同意出任总顾问，并给予不少具体指导建议。朱先生也同意为《研究生学位论文提要》作序。

8 月 11 日　中央民族学院戴庆厦同意出任《中国语言学辞典·少数民族语言卷》审订。

8 月 12 日　《中国语文》杂志社王伯熙先生同意出任《中国语言学辞典》顾问，并给出不少具体建议。

8月14日　北京师范大学许嘉璐先生同意出任《中国语言学辞典·训诂卷》审订，并给出不少具体建议。

8月15日　高等教育出版社编辑何毓玲通知，《研究生学位论文提要》约稿单已被批准。

8月18日　中国社会科学院语言研究所吴宗济先生同意出任《中国语言学辞典》顾问。

8月21日　陈海洋、申小龙、陆丙甫三人在上海聚会，商议《中国语言学辞典》编写事宜。陆丙甫出任编委，申小龙出任语言学史卷分主编。

陈海洋、申小龙、游汝杰三人在上海聚会，商议《中国语言学辞典》编写事宜。游汝杰出任方言学卷分主编。

8月23日　陈海洋、吴为善、陆丙甫三人在上海聚会，商议《中国语言学辞典》编写事宜。吴为善出任语言理论·语言新学科卷分主编。

8月25日　杭州大学郭在贻先生同意出任《中国语言学辞典》训诂学卷审订。

8月26日　杭州大学倪宝元先生同意出任《中国语言学辞典》修辞学卷审订。

陈海洋、王建华、王维成、颜洽茂、吴土法、施建基在杭州聚会，商议《中国语言学辞典》编写与中国青年语文学会筹办等事宜。王建华出任修辞学卷分主编。

9月8日　陈海洋向江西教育出版社编辑杨鑫福通报《中国语言学辞典》编写团队筹备事宜。

9月11日　江西师范大学校长李树源先生听取邱尚仁、陈海洋关于《中国语言学辞典》《研究生学位论文提要》与青年语文工作者学术讨论会等情况汇报，表示学校将大力支持。

9月20日　正式向江西师范大学科研处申报编撰《中国语言学辞典》课题。

9月23日　印发《中国语言学辞典》首次编委会通知。

9月25日　湖南师范大学周秉钧先生同意出任《中国语言学辞典》顾问，李维琦先生同意出任《中国语言学辞典·著作卷》审订。蒋冀骋出任著作卷分主编。

9月27日　湘潭大学王勤先生同意出任《中国语言学辞典·词汇学卷》审订，匡国建出任词汇学卷分主编。

10月7日　暨南大学詹伯慧先生同意出任《中国语言学辞典·方言学卷》审订，华南师大唐启运先生同意出任《中国语言学辞典·人物卷》审订。苏新春出任人物卷分主编。

10月10日　北京大学朱德熙学生为《研究生学位论文提要》作序。张玉今出任《中国语言学辞典·文字卷》分主编。

10月11日　江西大学刘焕辉同意出任《中国语言学辞典》修辞学卷审订。中央民族学院史有为先生同意出任《中国语言学辞典·语言理论·语言新学科卷》审订。

10月13日　江西省教委主任周绍森表态大力支持编撰《中国语言学辞典》。张林林出任《中国语言学辞典·语法卷》分主编。

10月14日　江西师范大学雷友梧先生同意出任《中国语言学辞典·语言理论·语言新学科卷》审订。

10月16日　北京师范大学陆宗达先生同意出任《中国语言学辞典》顾问。宋永培出任《中国语言学辞典·训诂学卷》分主编。

10月20—25日　《中国语言学辞典》首次编委会在江西师范大学召开。出席者有邱尚仁、陈海洋、蒋冀骋、丁峰、申小龙、苏新春、王建华、黄富成、耿振生、郭力、唐钰明、张玉金、张林林、姚亚平、凌云、郭友鹏、张德意、刘志刚、杨鑫福、许峰等。

首次编委会由主编陈海洋主持，讨论了《中国语言学辞典》编写大纲、团队构成、样条、工作进度，各分主编、编委都发表了自己的建设性意见。

厦门大学黄典诚先生同意出任《中国语言学辞典》顾问。

江西师范大学领导、江西教育出版社领导与《中国语言学辞典》顾问余心乐、黄典诚、雷友梧等先生出席了开幕式与闭幕式。

唐钰明出任《中国语言学辞典·文字卷》分主编。

10月25日　《中国语言学辞典》课题论证会在江西师范大学举行，出席者有《中国语言学辞典》顾问余心乐、黄典诚、刘焕辉、雷友梧、邓志瑗等先生，主编陈海洋，副主编邱尚仁，编委苏新春、张德意。

专家论证意见认为编纂《中国语言学辞典》意义十分重大，由青年学者编写、中老年专家指导把关的编写模式是有益的尝试。

《中国语言学辞典》副主编邱尚仁从《中国语言学辞典》编纂工作大局出发，主动放弃到厦门大学读博士生机会。

11 月 13 日　中山大学李新魁先生同意出任《中国语言学辞典·音韵学卷》审订。

11 月 18 日　中山大学商承祚先生同意出任《中国语言学辞典》顾问。

1987 年

1 月 16 日　中国社会科学院民族研究所鲍怀翘先生同意出任《中国语言学辞典·语音学卷》审订。冯隆出任语音学卷分主编。

4 月 22 日　《中国语言学辞典》主编陈海洋，为《中国语言学辞典》编纂工作大局出发，主动放弃学校公派至美国夏威夷大学进修机会。

5 月 3 日　《南昌晚报》头版报道了《中国语言学辞典》编纂工作顺利进展的消息。

5 月 18 日　陈海洋、蒋冀骋、王建华、施建基、王维成在杭州大学聚会，讨论《中国语言学辞典》编写事宜。

陈海洋、蒋冀骋、王建华三人一同分别拜会《中国语言学辞典·训诂学卷》审订郭在贻与修辞学卷审订倪宝元，汇报《中国语言学辞典》编写进展，两位先生给予热情鼓励、具体指导。

5 月 18 日　复旦大学张世禄先生同意出任《中国语言学辞典》顾问。

晚上，陈海洋、杨鑫福、申小龙、陆丙甫四人在上海复旦大学图书馆聚会，讨论《中国语言学辞典》编写事宜。

5 月 19 日　陈海洋、杨鑫福、吴为善在上海聚会，讨论《中国语言学辞典》编写事宜。

5 月 26 日　陈海洋、杨鑫福、申小龙、苏新春、张黎、周小兵在哈尔滨聚会，讨论《中国语言学辞典》编写事宜。

5 月 30 日—31 日　陈海洋、杨鑫福在北京分别会见丁峰、苏新春、张猛、冯蒸、宋永培、冯隆、张伟，讨论《中国语言学辞典》编写事宜。

陈海洋、杨鑫福、丁峰三人一同分别拜会《中国语言学辞典·训诂学卷》审订许嘉璐、《中国语言学辞典·语言理论·语言新学科卷》审订史有为与顾问王伯熙，汇报《中国语言学辞典》编写进展。三位先生给予热情鼓励、具体指导。

6月6日　复旦大学胡裕树先生同意出任《中国语言学辞典》顾问。

6月10日　高等教育出版社文科编辑室寄来《研究生学位论文提要》约稿合同。

8月4日　陈海洋、邱尚仁、苏新春在江西师范大学聚会，讨论《中国语言学辞典》编写事宜。

8月18日　陈海洋、匡国建在湖南邵阳市会面，讨论《中国语言学辞典》编写事宜。

8月21日　陈海洋、蒋冀骋、钱宗武在湖南师范大学聚会，讨论《中国语言学辞典》编写事宜。

陈海洋、蒋冀骋、钱宗武三人一同分别拜会《中国语言学辞典》顾问周秉钧与《中国语言学辞典·著作卷》审订李维琦及湖南师范大学王大年、刘诚先生，汇报《中国语言学辞典》编写进展情况。诸位先生给予热情鼓励、具体指导。

钱宗武出任《中国语言学辞典·著作卷》分主编。

10月5—7日　在江西师范大学举行《中国语言学辞典》第二次编委会。出席者有：陈海洋、邱尚仁、杨鑫福、丁峰、蒋冀骋、申小龙、苏新春、冯蒸、王建华、唐钰明、宋永培、钱宗武、张伟、杨宗义、张德意、刘志刚等。会议追认了主编、副主编、分主编及编委的任命，完善了编纂大纲，讨论了编写工作中出现的一些问题，强调了各分主编的责任，布置了下一阶段的工作。

10月8—11日　中国语言学发展方向研讨会在江西师范大学隆重举行，来自全国各高校的青学语言学者济济一堂，畅所欲言，积极探讨中国语言学的发展方向。许嘉璐、徐德江先生也出席了会议。

10月23日　袁晓园、徐德江先生同意出任《中国语言学辞典》顾问。

10月31日—11月4日　陈海洋、邱尚仁、丁峰、黄富成、耿振生、张玉金、朱晓农、张猛、易敏在北京会面，讨论《中国语言学辞典》编写事宜及《研究生学位论文提要》修改事宜。

　　邱尚仁、陈海洋、丁峰分别拜会朱德熙、袁晓园、徐德江、许嘉璐、唐作藩、陆俭明先生，汇报《中国语言学辞典》编写进展情况。诸位先生给予热情鼓励、具体指导。

　　11 月 16 日　张公谨先生同意出任《中国语言学辞典·文字学卷》诸民族文字审订。

　　11 月 20 日　鉴于部分研究生已经毕业，所以《研究生信息报》编辑部作出人员分工调整，由张德意接任联系人。

　　12 月 1 日　香港基本法咨询委员会主任安子介先生同意出任《中国语言学辞典》顾问。

　　12 月 12—16 日　陈海洋、邱尚仁、苏新春、张林林、唐钰明、伍华、李铭建、周小兵在广州会面，讨论《中国语言学辞典》编写事宜。

　　陈海洋、邱尚仁、唐钰明分别在中山大学拜会《中国语言学辞典·文字学卷》审订曾宪通与《中国语言学辞典》顾问商承祚先生，汇报《中国语言学辞典》编写进展情况。两位先生给予热情鼓励、具体指导。

　　陈海洋、邱尚仁、苏新春在广州拜会《中国语言学辞典》顾问安子介、袁晓园、徐德江先生，汇报《中国语言学辞典》编写进展情况。三位先生给予热情鼓励、具体指导。

1988 年

　　1 月 13 日　《中国语言学辞典》被江西省出版局列为重点项目。

　　1 月 21 日　《中国语言学辞典》编委会陆续发出五期《编写情况通报》。

　　1 月 25 日　中央民族学院陶立璠先生同意出任《中国语言学辞典·修辞学卷》中国诸民族语言修辞审订。

　　1 月 26 日　国家语委语言文字应用研究所陈建民先生同意出任《中国语言学辞典》语法学卷审订。

　　2 月 6 日　陈海洋、邱尚仁、蒋冀骋、钱宗武、陈明玉、吴智勇在湖南师范大学会面，讨论《中国语言学辞典》编写事宜。

　　2 月 7 日　陈海洋、匡国建在湖南邵阳市会面，讨论《中国语言学辞典》编写事宜。

　　2 月 21 日　陈海洋到湖南师范大学拜会《中国语言学辞典·著作卷》

审订李维琦先生，汇报《中国语言学辞典》编写进展情况。李先生给予热情鼓励、具体指导。

3月7日　北京大学郭锡良先生同意出任《中国语言学辞典》顾问。

3月17日　陈海洋、邱尚仁、蒋冀骋、王建华、颜洽茂、任继昉在杭州大学会面，讨论《中国语言学辞典》编写事宜。

陈海洋、邱尚仁、蒋冀骋拜会《中国语言学辞典·训诂学卷》审订郭在贻先生，汇报《中国语言学辞典》编写进展情况。郭先生给予热情鼓励、具体指导。

3月20日　陈海洋、邱尚仁、申小龙在复旦大学会面，讨论《中国语言学辞典》编写事宜。

3月23—29日　陈海洋、邱尚仁、杨鑫福、冯蒸、张伟、宋永培、黄富成、冯隆在北京会面，讨论《中国语言学辞典》编写事宜。

陈海洋、邱尚仁拜会《中国语言学辞典·语法学卷》审订陈建民先生，《中国语言学辞典·语言理论·语言新学科卷》审订史有为先生与《中国语言学辞典》顾问安子介、袁晓园、徐德江、张永言、王伯熙等先生，汇报《中国语言学辞典》编写进展情况。诸位先生给予热情鼓励、具体指导。

四川大学张永言同意出任《中国语言学辞典》顾问。

3月31日　陈海洋、杨宗义在成都会面，讨论《中国语言学辞典》编写事宜。

4月11日　《中国语言学辞典》编委会陆续发出七期《编写情况通报》。

5月29日—6月19日　苏新春、耿振生、蒋冀骋、匡国建、钱宗武先后来江西师范大学参加《中国语言学辞典》统稿工作。

6月27日—7月9日　申小龙、黄富成先后来江西师范大学参加《中国语言学辞典》统稿工作。

7月12—17日　游汝杰来江西师范大学参加《中国语言学辞典》统稿工作。

8月10日　陈海洋、邱尚仁、许峰与江西教育出版社杨鑫福签订了《中国语言学辞典》约稿合同。

8月11—24日　丁峰来江西师范大学参加《中国语言学辞典》统稿

工作。

8月15日 王远新出任《中国语言学辞典·中国诸民族语言卷》分主编。

宋易麟、葛根贵、张德意、刘志刚参加统稿工作。

11月18—24日 《中国语言学辞典》定稿工作会议在湖南大庸举行,出席者有陈海洋、邱尚仁、杨鑫福、申小龙、苏新春、黄富成、匡国建、钱宗武、王建华、王远新、冯隆、张德意、刘志刚、李运富、许峰等。主编陈海洋介绍了辞典编写进展情况与统稿发现的问题,副主编邱尚仁做补充发言,杨鑫福谈了出版社的要求,各分主编、编委发表了统稿意见。会议还讨论了词条的具体修改意见。

著名国学大师启功为《中国语言学辞典》题签。

11月23日 下午,中国青年语文学会(筹)与全国青年汉语史学会召开联合会议,出席者有申小龙、邱尚仁、陈海洋、李运富、苏新春、黄富成、匡国建、钱宗武、王建华、王远新、冯隆、张德意、刘志刚、杨鑫福、许峰等。考虑到形势的急剧变化,会议同意两会合并,改名为中国语言文化学会,推举申小龙为会长,邱尚仁、陈海洋、洪波、李运富、朱晓农为副会长,李运富兼秘书长,刘志刚、张德意、郑全和为副秘书长。学会主办一刊一报,刊由湖南师范大学举办,报由江西师范大学举办。

12月23—26日 吴为善来江西师范大学参加《中国语言学辞典》统稿工作。

1989 年

1月31日 主编陈海洋根据湖南大庸定稿工作会议的意见对《中国语言学辞典》做统稿修改,将《中国语言学辞典》八卷定稿稿件交江西教育出版社。其余卷继续做统稿修改后陆续交出。

3月17日 与许嘉璐先生等部分顾问及编委沟通后,《中国语言学辞典》改名为《中国语言学大辞典》。

3月22日 余心乐先生为《中国语言学大辞典》签署总审订意见。

5月17日 主编陈海洋完成《中国语言学大辞典》前言、后记的撰写,副主编邱尚仁、责任编辑杨鑫福提出补充修改意见。

5月17日 主编陈海洋将根据江西教育出版社意见修改后的《中国语言学大辞典》定稿稿件与副主编邱尚仁的补充制图交江西教育出版社。

5月27日 收到中央民族学院同意作为《中国语言学大辞典》协作单位的公函。

6月3日 收到北京大学同意作为《中国语言学大辞典》协作单位的公函。

6月6日 收到北京师范学院同意作为《中国语言学大辞典》协作单位的公函。

6月8日 收到复旦大学同意作为《中国语言学大辞典》协作单位的公函。

6月27日 收到北京师范大学同意作为《中国语言学大辞典》协作单位的公函。

此后陆续收到中国社会科学院研究生院、北京语言学院、广州师范学院、杭州大学、湖南师范大学、江西大学、上海师范大学、湘潭大学、浙江教育学院、中山大学同意作为《中国语言学大辞典》协作单位的公函。

至此，主编陈海洋与各位顾问、审订、分主编、编委、编写者及研究生信息交流网各地成员的通信已达数百封之多。

1990 年

2月3日 由高等教育出版社出版的《研究生学位论文提要》最终改名《语言学新探》。

3月10日 《中国语言学大辞典》清样已出，紧张繁忙的校对工作开始。

6月15—30日 主编陈海洋在广州市广东第二新华印刷厂校对《中国语言学大辞典》激光照排清样。

9月 《语言学新探》正式出版发行。

1991 年

3月 《中国语言学大辞典》正式出版发行。

图1　《中国语言学大辞典》初版封面

图2　申小龙在《中国语言学大辞典》首次编委会上发言

图3 《中国语言学大辞典》第二次编委会会议

网语文化二十年发展趋向

邱尚仁　邱笑宸[*]

从 1994 年 4 月 20 日我国接入国际互联网到今天，中国互联网已整整经历了二十度春秋。二十年的网络语言文化既五彩缤纷、绚丽夺目，又扑朔迷离、云遮雾罩。

一　扑朔迷离、山重水复的"庐山真面"

（一）整体

从宏观的抽象角度看，凡互联网上语言均可称为网络语言，用英语表述即 Internet Langange。其既包括社会语言通用形式的一般网络应用，又包括社会语言借用形式的特定网络交际团体用语。

从微观的具象角度考察，特定网络交际团体用语将社会语言借用改造再现于网上，如果同样用英语表述即 the Langange of the Internet。社会各界特别是教育学界、语言学界争论的焦点多集中在特定网络交际环境中的团体用语方面，本文讨论的主题亦侧重于后者。

---

[*]　邱尚仁，厦门大学嘉庚学院人文与传播学院教授，南昌理工学院资深教授，《现代中国语言学大辞典》主编；邱笑宸，江西科技师范大学讲师，江西省社会科学规划项目负责人。

（二）分类

1. 文稿语言：开门见山

传统媒体的文稿语言绝大部分水平较高，但亦有不少模式化明显而"穿靴戴帽者"。真正的网络文稿，则直截了当、开门见山。

2. 评论语言：就事论事

网络评论很少面面俱到、旁生枝节。前几年"车轧女童悦悦事件"，网上评论接踵而上，对路人、司机、父母、拾荒者、社会大众及相关负责人都有评论。评论焦点明晰，不管从哪方面剖析，最后都集中在社会及大众应如何正确对待此类事上。

以上两类，可以归结为其主体特征印象乃社会语言通用形式的一般网络应用，即 Internet Langange。

3. 互动语言：想说就说

博文特别是微博的标题多抓人眼球，语言也多随心所欲。博客等处于互联网互动环节。没有互动就没有互联网。因而，互动板块理所使然地成为网络语言乃至网络文化的标志性板块。

4. 揭示语言：有啥说啥

"高中时班主任苦口婆心地教导我们：'就你们这样儿的要是能考上大学，那把猪圈都改成大学也不够用啊！'"正是典型网络语言对散漫学风的某种揶揄与揭示。

当然这只是从形式上分析，其内容大家都会有正确认识。

这两大类主体特征印象是社会语言借用形式的特定网络应用，即 the Langange of the Internet。

（三）表现

数字。如 886、7456、1314520、286、007、123 等。另：1775 表示"我要造反了"，因美国独立战争在这一年打响；13579 全为奇数，英语 odd 表奇数又表奇怪，因此即为"非常奇怪"；而 0001000 则表特孤独。

字母。如 BTW、VG、GG、DD、JJ、MM、PLMM 等，既有英文又有拼音。

谐音。大虾、板猪、楼猪、伊妹儿、粉丝、偶稀饭、粗稀饭等。

谐意。拉链门、艳照门、李刚门、犀利哥、菌男、霉女、菜鸟、灌水、拍砖、青蛙、鸵鸟、东东、汗、晕、抓狂、顶、狂顶、链接、下载等。

谐形。用标点符号和字母叠加表意。如：-）、:-D、:-（、^__^、^.^、T__T、^o^、^!^、:-P等。短信中最多，有时需横看。如"囧古"表窗户，又表明亮，但表象直观极像搭拉眉毛、歪张大口而非常狼狈、窘迫的脸孔。网友信手拈来，十分形象、有趣、贴切！

短语。含警句式、格言式、歇后语式。"人生就像打电话，不是你先挂就是我先挂。"此"挂"乃古诗《孔雀东南飞》男主角焦仲卿"自挂东南枝"的套用。有的带有相当的哲理性，如"今天的优势将被明天的趋势代替，把握趋势即把握未来"等。

短文。故事、笑话等独立小文稿。"经济学家打赌"故事极端夸大GDP中某些不确定因素。

小说。网络小说五花八门，有粗制滥造、内容低俗甚至导向有问题的，也有非常精致的，包括左岸文学、右岸文学等。

（四）特征

简洁。简单明了，直截了当。"欺实马"即杭州飙车案"70码"。一般驾驶员开车习惯讲速度达多少"码"，其实"码"即英语yard，仅0.9144米；准确说法是"迈"，即英里mile，为1.6093公里。"披星戴月上班去，万家灯火回家来"，一句顺口溜儿把上班族的繁忙刻画得淋漓尽致。

生动。生气与活力并存，使人过目难忘。"范跑跑·郭跳跳"揭示了一组对立又关联的道德范畴。

幽默。诙谐风趣，意味深长，甚至于尖刻泼辣。大学生网虫："都说女人如衣服兄弟如手足，细细想起来我竟七手八脚地裸奔了二十年！"

粗糙。信手击键，随意借用，不讲语法，不讲逻辑，不讲规则。

晦涩。小圈子内交际，甚或局限于个体之间。如"太可惜（TAXI）""别迷恋哥，哥只是个传说""哥吃的不是面，是寂寞"等。

低俗。谩骂、嘲讽、低级趣味。

混杂。数字、汉字、拼音、外文甚至图形夹杂。如"3Q""IF 了 U"等。

二 源远流长，延绵给力的"活水源头"

不管网络语言如何千姿百态、五花八门、变幻莫测，其源远流长、延绵给力的活水源头，都是我们最常说的"传统"、"现实"与"生活"。

（一）背景：传统

1. 方块汉字的特点——借用：网络语言谐形、谐音、谐意的来源

（1）象形——谐形，借形

"鼠"上"臼"即长着上下两排大牙的嘴巴，乃鼠的典型特征，下则为脚爪和长尾。"兒"上也有"臼"，却是婴儿囟门未长合，此时称其"儿"；待头顶骨合拢、相貌较定形时则有"兒（貌）"。汉语造字多有规律可循。此网络语言谐形的传统原始理据。

（2）指事——谐意，借意

"上、下"，借的是"一"之上、下之义。

（3）会意——合意

人言为"信"，即人之话应有诚信，此乃古人愿望。网语"漏洞与补丁齐飞，蓝屏共死机一色""KPM（肯德基·比萨饼·麦当劳）"等均为合意。

（4）形声——谐意，谐音；借意，借音

（5）假借——谐意，谐音、谐形；借意，借音，借形

（6）转注——谐意，谐形；借意，借形

东汉许慎《说文解字》所称"六书"，学者多谓造字"六法"。老祖宗的智慧正是网络语言的源头。

2. 汉语表达特点——简明：网络语言的主流特征

（1）书面形式：透彻凝练

（2）教学形式：深入浅出

（3）口语形式：通俗易懂

汉语汉字乃中华民族文化载体形式之一，其表达要求即简单明确。联合国六种工作语言文本，唯中文本用纸最为简省。

相声大师侯宝林、郭启儒的《戏剧与方言》，比较北京、山东、上海、河南人说话谁最简洁，令人捧腹，又道出了汉语简单明确要求的特征。

（二）观念：传统与现实

1. 文化与民族传统文化

广义的文化乃人类创造的一切物质文明和精神文明的总和，狭义则主指思想观念和社会意识。所谓民族传统文化，广义指中华民族传统文化，狭义指其中的汉民族传统文化，本文所讨论的内容侧重于后者。一个普通无奇的帖子"贾君鹏，你妈妈叫你回家吃饭"，孰料数十上百万跟帖蜂拥而至。传统文化意识思维对现实行为方式的潜在影响极大。

2. 汉民族传统文化内涵

传统文化包含主旨（积极心理，肯定评判，正面价值）和侧翼（消极心理，否定评判，负面价值），二者互为补充、互为依托而相生共存，特点均十分突出。

数千年的风雨沧桑使传统文化具备了强大生命力，网上出现的复制不足为怪。真正意义上的所谓"代沟"其实并不存在。千百年的传统均代代相承，彻底改变绝非易事。即使确有观念上的某些不同，亦仅在于个体所处的时空不同。重要的是后人延续前人传统时如何去粗取精、去伪存真。

（三）生活：源起、影响与造就

民族传统源于民族生活，民族文化源于民族传统，民族语言源于民族文化，网络语言源于民族社会语言，而民族文化又再现于网络语言，网络语言最终反映的仍然是现实生活。

网民曾发帖戏说"校园十化"——"管理监狱化、素质流氓化、Kiss公开化、消费白领化、上课梦游化、逃课普遍化、女生恐龙化、男生痴呆化、恋爱闪电化、补考专业化"，尽管"不无虚化"，也不可能不引起相关方面重视。

犀利哥、龅牙哥、微笑哥、手表哥、皮带哥、眼镜哥、茫然弟、俯卧撑、打酱油、躲猫猫，以及钓鱼执法、替谁说话、信不信由你，等等，都有实际生活的影子，尽管可能只是某种现象、某个侧面。

三　百舸争流、曲径通幽的"返璞归真"

网络语言之命运究竟何去何从？作为语言的创造者、使用者、研究者的广大网民大众，又将如何改造这头由传统文化衍生、由网络媒体装扮的既虚拟又现实、既恐怖又美丽的GS（怪兽）？

（一）滥觞：渗透

文化滥觞于传统，传统滥觞于生活，生活、传统、文化又无一不反映在社会语言上，并进而渗透于网络语言。互联网时代社会生活的方方面面如喷泉般随着网络的互动板块溢淌、渗透至网络文化的各个渠道，迅速注满网络语言文化的江河湖汉。

一方面，日常社会生活中不便、不能或不敢公开表达的标新立异的文化心态、情感语言通过网络予以宣泄。另一方面，网络语言并不完全遵从传统语法，而是从常语中翻新且反常搭配，年轻群体的求异和叛逆精神跃然网上。

（二）浩渺：发展

在社会的不同阶段、不同时期，语言有不同的表达形式。比如"大跃进式"语言："天上没有玉皇，地上没有龙王。我就是玉皇！我就是龙王！喝令三山五岳开道，我来了！"何等的气魄！又如"文革"时期语言："炮打、火烧、打倒、支持、革命、造反、司令部、战斗队"。再如"要想死得快，就买一脚踹"，等等。这些都是特定时期、特定生活、特定文化渗透在社会语言中的特定语汇组合的特定集中使用，并未创造新的意义。这种特定时期一旦过去，其所附着的特定语汇的特定集中使用阶段亦随之过去，这些语汇又回到其原来的使用环境中，并无任何实质的改变。但是，互联网时代是经济社会和人类科学技术高速现代化发展阶段，网络语言具有崭新的含义，融入了网络文化且反映着网络文化，从而融入了社会生活且反映着社会生活，甚至已汇入历史文化浩瀚的汪洋大海而随之潮起潮落了。

（三）分流：归宿

俄国革命民主主义者、哲学家、文学家赫尔岑曾说过：书籍是上一代人留给下一代人的精神遗产，是已经过世或行将过世的老人给青年人的遗教。然而在书籍中留存的，不仅仅是已经逝去了的或者已经过去了的东西。书籍构成一种现存的史实文件。根据这种史实文件，我们能够进而把握现在，掌握全部真理和从苦难中找到的自勉之力，因而书籍可以说又是未来的纲领。此论中最有价值处，就在于指出了人们不仅可以通过书籍即书面历史文化了解过去，更重要的是，人们可以通过这个载体进而把握现在，并规划未来。这正是人类社会赖以承先启后、延绵发展的精神动力所在，也是网络语言文化与社会文化的适应性所在。

法国爱国主义作家都德的名篇《最后一课》，入侵者妄图禁教法语、消灭法语，实际上就是要消灭被侵国的民族文化。民族文化是维系国家统一的灵魂和基础，只有消灭了灵魂和基础，才可能真正占领这个国家。当然，历史往往并不以侵略者的意志为转移。

民族文化由人民大众创造并延续，网络语言的归宿亦由人民大众决定。人民大众创造了社会生活和文化传统，社会生活和文化传统的漫漫历史长河，又渗透、影响、造就和推动了网络文化、网语文化的滥觞、奔流和发展，也必将促进和决定网语文化的扬弃和分流，并将最终决定网语文化的命运和归宿。网络文化并不可怕，网语文化亦不可怕，关键在于如何把握、如何引导、如何运用。

广大网友是网络文化、网语文化的创造主体，应当承担相应的社会道义和社会责任，并在此基础上不断扬优去劣、除旧布新。广大语言文化工作者、教育工作者和互联网监管工作者，应当以科学的态度、公正的精神、实事求是的原则，既热情又冷静地面对网络语言和网语文化，分析研究，找出规律，探索未来，积极引导。裁判官式的贬斥、责难与封杀，并无任何实际意义。

现实不少场合包括严肃正式场合、书面文本及三大传统媒体，都使用"给力""上传""下载""链接""粉丝""灌水"等典型网络语言，受众并不觉得怪异，因为它已润物细无声地融入了我们的社会语言、社会生活，既朴素现实，又生动有趣。习近平主席会见美国前总统卡特时指出，应当为发展中美关系提供正能量。"正能量"原为物理学术语，网络广泛借用后成为典型网络语言，习近平主席的话语则使人倍感亲切、倍受鼓舞。

任何一种语言，只要还被使用，就必然会不断发展。创新是事物发展也是语言发展的生命力所在。分析和理解网民在网络语言上的创新和突破，可以更真切地了解大众的生活方式、价值观念以及社会心态的演变过程。

网络语言，从通语析出，又融入通语；既改变通语，又不离通语；循环往复，直至新的社会发展阶段产生，新的语言表现形式出现，终将完成其历史使命而摒弃其糟粕、保持其精华。

国家宪法保障公民的言论自由，但是任何公民在行使自己自由和权利的时候，都必须以不得损害国家的、社会的、集体的利益和其他公民的合法的自由和权利为前提。网民上网并创造网语文化，同样必须遵守这个前提，保护网络的清朗天空。

汉语意合语法的若干问题

——兼论汉语语法研究的现状及其走向

常　理[*]

引　言

　　汉语意合语法思想的端倪可追溯到常理1987年发表在《语文导报》上的《汉语语法研究观念的嬗变和走向》一文，而其正式定名见于《文化的深层选择——汉语意合语法论》[①]一书。自该书问世，已经过去了整整二十年。在这二十年间，汉语意合语法的研究，随着汉语语法研究的发展和变化也呈现了新的面貌。2012年，张黎出版了《汉语意合语法研究——基于认知类型和语言逻辑的建构》[②]一书，对汉语意合语法的研究做了一个阶段性的总括。同时，意合语法问题也引起学术界的关注。金立鑫[③]、任永军[④]、徐国玉[⑤]专文讨论了意合语法问题。

---

[*]　常理，日本大阪产业大学教授，研究方向为语言学理论。
[①]　张黎：《文化的深层选择——汉语意合语法论》，吉林教育出版社，1994。
[②]　张黎：《汉语意合语法研究——基于认知类型和语言逻辑的建构》，东京白帝社，2012。
[③]　金立鑫：《"汉语意合语法"批判》，《北方论丛》1995年第5期；金立鑫：《对张黎的"意合语法"批判之二》，《汉语学习》1995年第6期。
[④]　任永军：《汉语意合问题研究述略》，《汉语学习》2010年第3期。
[⑤]　徐国玉：《汉语语法研究的方向性探索——〈汉语意合语法研究〉评介》，《汉语学习》2013年第4期。

本文拟结合汉语语法研究的现状，就汉语意合语法的若干问题加以讨论，以资深化对汉语意合语法以及汉语语法自身的认识。

一 意合语法的由来及其演进

意合语法是同意合法、意合特征说相关的。意合法这个概念的明确提出大概最早见于王力先生的《汉语语法纲要》一书①。但意合法的最初含义指的是不使用关联词语的复句组合法。如：

小王有病，他没来。（意合句）

因为小王有病，所以他没来。（形合法）

在英语那样的形合型语言中，表示上述因果关系的词语一般不能省略。如：

Xiao Wang was sick, so he didn't come.

日语的情况同英语是一样的，表示逻辑关系的词语不能省略。如：

王さんは病気なので来なかった。

可见，意合法是作为形合法的一种补充形式被论及的，并且只限于复句。

意合特征说是就汉语的特点而言的。但各家对意合的处理分寸是有所不同的。有的学者将意合看作汉语的最大特点，并用意会来解释意合；有的学者从文化的特征来论证汉语意合的特点；也有的学者从民族的思维模式讨论汉语意合现象；还有的学者只是把意合作为汉语特点之一，同其他几个特点并列。

与意合法及意合特征说不同，意合语法是一种语法学说，是立足于语言类型学，特别是言语认知类型学基础上的语法理论。这一理论可大体分为以下三个阶段。

---

① 王力：《汉语语法纲要》，上海新知识出版社，1957。

　　第一阶段（1994—2007 年）：1994 年《文化的深层选择——汉语意合语法论》的问世、标志汉语意合语法的正式提出、而在 2007 年的《汉语"把"字句的认知类型学解释》一文中的认知类型学的理念的提出，标志着意合语法理念的新的升华。1994—2007 年，意合语法以语义范畴、语义搭配律、语义函数以及汉语的一些特殊句法问题为主要研究对象。众所周知，在共性研究至上、结构－形式语法研究风行的 20 世纪末，以语义为主的语法研究在汉语语法学界是难以成为主流研究范式的，特别是主张汉语个性、倡导意合语法，在当时更是难登大雅之堂。不过，我们认为，意合语法论在当时所提出的理论主张至今仍有重要的现实意义。这主要包括以下理论主张。

　　（1）语义范畴论

　　语义范畴是一个值得充分研究的领域，其间包含十分丰富的内容。关于这些内容的系统深入的研究，构成语义范畴学。比如，语义范畴可有如下层面：

　　a. 篇章段落之间的意义联系。如：起、承、转、合……；

　　b. 复句内的各分句之间的语义联系。如：因果、转折、假设……；

　　c. 话语分析中的上下文语境内的语义联系。如：话题、说明、有定、有指、已知信息等范畴；

　　d. 句义结构性范畴。如：命题结构、时态结构、模态结构、语气结构等；

　　e. 句法所反映的抽象的语义范畴。如：指称、陈述、描写、说明、限定等；

　　f. 词类的再分类以及各小类的范畴。如：状态动词、行为动词、关系动词、能愿动词、判断动词、趋向动词等。

　　g. 语义特征。如：完结和非完结，持续和非持续等。

　　意合语法正是探讨上述各层面间的语义范畴的确立及搭配规则系统的科学。

　　（2）语义搭配律

　　语义搭配律是语义范畴层次关系中最重要和最根本的因素，也是语义范畴的层次关系中最核心的问题。所谓语义搭配律是指语义范畴间的搭配规则，可分为正搭配和负搭配。所谓正搭配，是指语义范畴间的搭配是合理据的，语感上通得过的，我们也称之为语义合律。所谓负搭配，是指语义范畴间的搭配是不合理据的，语感上通不过的，我们也称之为语义悖律。即：

语义搭配律 = 语义合律 + 语义悖律

不同层次的语义范畴具有不同层次的语义搭配律，每一层级的语义范畴之间有着可搭配和不可搭配的关系。可搭配的构成语义合律，不可搭配的构成语义悖律。

（3）语义函数论

不同层次的语义范畴间的选择搭配构成语义函数问题。语义范畴在语义结构中是分层次而存在的。不同层次的语义范畴对其他层次的语义范畴有着制约与被制约的关系。语义范畴的这种制约与被制约的关系实际上是一种函数关系。我们把语义范畴之间的这种关系称为语义函数关系。具有函数关系的语义范畴之间，自变量范畴是制约性范畴，因变量范畴是被制约性范畴。因此，从操作程序上看，发现自变量范畴是至关重要的。

（4）"界变"论和"有意无意"说

这两个理论见于张黎的两篇文章①。界变论是针对汉语时体论中"了"的语法意义而提出的。传统的汉语时体论比附形态型语法时体理论，将汉语的"了""着"看作汉语的完成时和进行时的标记，这就从根本上忽略了汉语同形态型语言时体上的不同。"界变"论认为汉语是以"变"和"非变"为轴心的语言，因而汉语"了""着"本质不是完结和非完结，而是变与非变。"有意无意"说是针对汉语句法镜像结构而提出的理论。汉语的镜像结构是汉语特有的、成系统的句法现象。对这样的现象汉语语法学不应视而不见，必须对这种现象做出汉语学的解释。"有意无意"说就是对这种现象的解释。当然，"界变"论和"有意无意"说本身有其尚需完善之处，但这种基于汉语事实、试图反映汉语精神的探索是意合语法进入新的理论探索阶段的必然准备。

第二阶段（2007—2012 年）：在 2007 年的《"把"字句的认知类型学

---

① 张黎：《"界变"论——关于现代汉语"了"及其相关现象》，《汉语学习》2003 年第 1 期；张黎：《"有意"和"无意"——汉语"镜像"表达中的意合范畴》，《世界汉语教学》2003 年第 1 期。

解释》一文中，意合语法首次在汉语学界提出了认知类型学的理念，这使意合语法研究进入了新的阶段。在 2007 年以后的系列研究中，意合语法论者张黎自觉地应用认知类型学理论主张，并把这一理论主张贯穿在整个系列研究中。这包括对"把"字句的研究①，对补语及其分类的研究②，对动结句式的研究③，对"了"语法意义的研究④，对"着"语法意义的研究⑤，对汉语语态－句式系统的研究⑥，对汉语时制问题的研究⑦。以上研究都是应用认知类型学的理念对汉语具体问题的探索，而新的研究是对意合语法的理论及认知类型学主张的理论探索⑧。2012 年出版的《汉语意合语法研究——基于认知类型和语言逻辑的建构》一书，则是意合语法研究的集大成之作。

第三阶段（2012 年至今）：在 2012 年出版《汉语意合语法研究——基于认知类型和语言逻辑的建构》一书出版以后，意合语法致力于意合语法的句法机制的探索。意合是汉语语法的本质，而汉语的意合一定有自己的句法机制。我们认为，这种句法机制是源于如下重要事实：在语言的音义关系上，形态型语言是一对多的关系，即一个意义对应多个音节，而汉语是一对一的关系。这是汉语同形态型语言在语言初始状态上的不同之处，这种不同是言语组织策略的关键性的差异，是语言文化上的 DNA 的不同。正是由此，才生发出汉语的 $1=1$ 的语法、$1+1=1$ 的语法、$1+1=2$ 的语法和 $1+1>2$ 的语法。张黎《汉语意合语法的句法机制》⑨，反映了意合语法学的最新探索。

---

① 张黎：《"把"字句的认知类型学解释》，《世界汉语教学》2007 年第 3 期。
② 张黎：《汉语补语的分类及其认知类型学解释》，《对外汉语研究》2008 年第 6 期。
③ 张黎：《汉语"动作－结果"的句法呈现及其认知类型学的解释》，《对外汉语研究》2010 年第 6 期。
④ 张黎：《汉语"了"的语法意义及其认知类型学的解释》，《汉语学习》2010 年第 6 期。
⑤ 张黎：《"着"的语法意义的认知类型学解释》，日本《中国语教育》2011 年第 9 期。
⑥ 张黎：《汉语句式系统的认知类型学分类》，《汉语学习》2012 年第 3 期。
⑦ 张黎：《汉语时制的认知类型学视角》，日本京都朋友书店，《中国语文法研究》2012 年第 1 期。
⑧ 张黎：《汉语意合语法与汉语语法学的观念更新》，《汉语与汉语教学研究》2012 年第 3 期。
⑨ 张黎：《汉语意合语法的句法机制》，浙江大学"第 8 届现代汉语语法国际讨论会"发言稿，2015。

通观上述研究，我们认为这一阶段的特征可概括为：以认知类型学理论为基础，自觉地建构汉语型语法理论体系阶段。认知语法学的研究是当今语法研究潮流之一，特别是对汉语语法研究而言，认知语言学的研究似乎更具有亲和力。但是认知语言学的基本理念是从印欧语系形态型语言中而来的，因此许多所谓的认知语言学的研究仍然是以共性为研究取向、以印欧语系形态及范畴的认知解释为研究对象的。汉语的语言类型是不同于形态型语言的，其认知理据、句法机制也是不同于形态型语言的。只有确立认知类型学的理念才能从根本上改变语法研究的既有范式，继而建构既适合汉语的语言类型学特征又能对普遍语法做出贡献的汉语型语法理论。可以说，区分形态型语法和非形态型语法是意合语法的在这一时期的根本主张，而其理论支点就是言语的认知类型学学说。

二　汉语意合机制论

汉语的意合现象存在于汉语语言单位的各个层级，包括在词法（复合词）、句法（单句/复句）、篇章法。同时在修辞学、语用论等关于语言的应用研究中，意合问题也是应有之义。这些研究将在整体上构成蔚为大观的汉语意合学，这包括意合词法学、意合句法学、意合篇章学、意合修辞学、意合语用学、意合诗学、意合美学等。可见，汉语意合语法学只是关于语法问题的意合学研究。

那么，为什么汉语会有如此丰富多彩的意合学内涵呢？为什么汉语语法研究一定要有认知类型学的视野呢？意合语法认为，这些都是同汉语的语言类型的本质相关的。以下，我们从本体论、认识论、方法论三个方面讨论这一问题。

从本体论上看，我们认为，汉语的"一音一义"原则是汉语型语法的本质，"一音一义"原则决定着汉语语法的面貌。

关于汉语的"一音一义"现象，先行研究已有诸多论述。朱德熙[①]先

---

①　朱德熙：《语法答问》，商务印书馆，1985。

生在讨论汉语语法特点时曾指出：汉语是单音节语，如果单音节语的意思是说汉语的语素（morpheme）绝大部分是单音节的，那是符合事实的。这显然已经看到了"一音一义"在汉语语法中的重要性。不过，用语素这一概念来讨论"一音一义"现象，势必又要回到形态型语法学中去。因为语素在形态型语法学理论中，不是一个初始性的单位。在形态型语法体系中，词这一单位是初始性的单位，语素只是作为词的构成成分而存在的。因此，用语素来解释汉语的"一音一义"现象，在理论上缺乏整合性，在实践上也不符合汉语的语感。另一方面，字本位论者对汉语的"一音一义"现象至为重视，徐通锵[①]先生提出了"一音一义一字"（1+1+1）公式。字本位论看到了汉语的本质，难能可贵地探索着汉语的真谛。字本位语法研究立足于汉语的语言特性，试图从根本上突破西方语法学研究的框架，创立适合汉语语法特征的研究范式。但字本位语法研究者有两个问题阻碍着其研究的深化：一是没能搞清"字"本位同"一音一义"的关系，使汉语"字"的特征同"音"的特征混为一谈，有本末倒置之嫌，这就必然招致"是先有语言还是先有文字"的质疑；一是"字"本位语法研究者对汉语语法缺乏具体、深入的探索，使其主张的理论缺乏具体语法问题研究的实证。

孙景涛[②]讨论了词法中的"一音一义"现象，论证了诸如双声叠韵、联绵词、轻声、儿化等现象与"一音一义"的关系，认为这些现象都是同汉语的"一音一义"有关。我们认同这种研究，同时我们也认为，"一音一义"不仅存在于汉语的词法中，也存在于汉语的句法中。

在《汉语"把"字句的认知类型学解释》一文中，我们曾给出如下公式：

$$N_1V_1N_2(X)V_2(C/O)$$

同时我们认为，这是汉语各种活动句的共同初始语符。其中 V_1 是一个语义节点，因其类型不同而会呈现不同的句式。比如：V_1 为实义时为连动句；V_1 为使义时为兼语句；V_1 为虚义时，或为把字句、或为被字句。

---

① 徐通锵：《汉语字本位语法导论》，山东教育出版社，2008。

② 孙景涛：《论"一音一义"》，载《语言学论丛》第31辑，商务印书馆，2005。

由于汉语的动词一般都为单音或双音结构，因此如果我们能够找出判定 1 + 1 = 1（复合词）以及 1 + 1 = 2（词组）的规则系统的话，那么我们就可以把"一音一义"原则和句法挂钩，实现从词法到句法的过渡，从而构建由前向后的线性句法组织策略。这也许就是"一音一义"在汉语句法中的关键作用和价值所在。

同时，正是由于汉语的这种一音一义性，使汉语语法呈现如下总体特征。

（1）以虚实为主要语法手段。汉字的一音一义特征使汉语不可能把一个有机整体肢解成语素性单位并以此来表达语法规则，汉语的语法规则变化只能通过汉字的虚化来表达抽象的语法意义。这也就是汉语的语法学传统是以小学的音韵、训诂和文字为主的原因所在。

（2）汉语的一音一义一字性，使汉语形成了以意象直接组合为主的意合机制。每个字或字组都直接表达着一个单纯或复合的概念和意象。因此，字的组合就是概念的组合，就是意象的组合。

（3）汉语的一音一义一字性使语序在汉语语法中占据重要地位。不同的排序就会形成不同的句式结构，而这也就构成了汉语丰富的大句式系统。这同形态语法的词法和句法挂钩、词法和句法相互对应的句法格局是不同的。

我们认为，"一音一义"同文字的关系是：1 + 1 = 1。这就是说，音义关系是初始性的，音义结合体同文字的关系是后起性的关系，但同时语言和文字有一种相互对应性。

在音义关系上，汉语型（孤立语）语言同形态型语言（屈折语和黏着语）是不同的。汉语型语言的音义关系是一对一的关系，而形态型语言的关系是一对多的关系。像汉语那样的语言是一个音对应一个义（不论是实义还是虚义），而像英语那样的屈折语或像日语那样的黏着语是多个音对应一个义。在这里，需要注意的是，我们所说的一个音，并不是语音学上的音节概念，而是某种特定语言听觉上的一个自然语音单位。音节作为语音学上的一个概念，是由不同的音素构成的结构体，是可以做理论分析和概括的。但对汉语来说，一个音是一个整体，浑然一体而不可分割。因此，以拉丁字母为书写符号的汉语拼音方案很容易给人以误解，似乎汉语的每个音都是由不同音素构成的。从这一点上说，注音字母似乎更能体现声、韵、调的小学传统。

这里，我们有必要从语言和文字的相互对应性的角度进一步明确语言和文字的关系。自索绪尔结构主义语言学产生以来，文字一直被认为是后起性的，是语音符号的书写形式，因而是符号的符号。因为人类是先有语言而后有文字的。但是，在语言和文字的关系上，结构主义语言文字观过分强调了语言和文字关系的任意性或契约性，而忽视了语言和文字间的理据性和对应性。我们认为，语言是诉诸听觉的，文字是诉诸视觉的，对于一种语言来说，其语音形式和书写形式间应该有一种视觉和听觉的统一，这在某种意义上就是语言和文字间的理据性和对应性。汉语的一音一义结构对应于一个汉字，这就保证了汉语的语言和文字间的视觉和听觉的对应，这应该说是汉语的语言和文字间的一种理据。以拉丁文字文本的形态型语言，本质上是多音节的音素型语言，即每个音素都有自己的发音价值，由多个音素或多个音节对应某个意义。由于这种类型语言的一个音素一般对应于一个文字（字母），然后再由多个音素对应某种意义，因此仅就语音和文字之间的对应性而言，其文字和语言间也是有对应性。日语在本质上是形态型（黏着语）语言，但其文字是音节性的，每个假名都是一个音节。日语中的汉字有音读和训读之别，音读的大多来自古代汉语，保持着汉语的一音一义的特点，而训读的是日语自身的读音，往往是多音一义。音读的汉字语在日语中如今虽然仍存活，并有造词的功能（如"就活"→"终活"），但汉字语的借用并不能影响日语作为形态型语言的存在。越南语也可作为一种类型，因为越南语是一音一义型语言，但其文字在后来被人为性地采用了法语的文字书写系统，因此现代越南语的文字是一种音素型文字。音素型文字对应于一音一义型语言，其语言上的听觉和文字上的视觉的对应统一性是值得探讨的问题。

这样，在语言和文字的关系上我们至少可以概括出如下类型：

	语言	文字
汉语型	一音一义	音节型
英语型	多音一义	音素型
日语型	多音一义	音节型

越南语型　　　　　一音一义　　　　　　音素型

通过不同类型的语言文字之关系可以看到，语言和文字之间是有某种理据性的，而这种理据性就表现为语言的听觉性和文字的视觉性的对应和整合。汉语的一音一义性对应于汉字的一字一体性，体现了汉语的听觉和视觉的统一。

汉语的一音一义性正是汉语作为孤立语类型语言的本体论表征。其实，屈折语、孤立语、黏着语、多式综合语的分类是形态型语言分类的标准。像汉语这样的一音一义型的语言是同多音一义型语言截然不同的语言，不可能也不应该把本属不同范畴的语言放在同一个连续统中。一音一义和多音一义的标准应是语言类型学中的对立的两极，其关系应为：

多音一义型：屈折语、黏着语、多式综合语（英语、日语等）

一音一义型：孤立语（汉语、越南语、泰语等）

从认识论上看，我们认为汉语的认知类型有别于形态型语言的认知类型，这是汉语意合在认识论上最为关键的问题。

所谓认知类型，是指某种语言在言语认知上所反映的本质特征。这大体包括以下几个方面。

（1）认知策略的不同。认知策略指的是某种语言认知表达的总体原则。这首先表现在话者主体同言语所表达的事象之间的关系上。一般认为，英语和汉语是一种客体把握型语言，而日语是主体把握型语言。所谓客体把握，是说某种语言在表达言语事象时，话者总是置身于外，把语言所表达的事象作为一种于己无关的客观事实来表达。与此相对，所谓主体把握是说某种语言在表达言语事象时，话者倾向于从主体的角度来把握语言所表达的事象，主体进入事象、主客合一，因此在语言表达中，总能找到主体的标记。这里举一例以说明之：

汉语：列车开过来了，请乘客站在白线的外面等车。

日语：電車がまもなくきますので白線の内側におまちください。

对于同样的事象，汉语是"白线的外面"而日语是"白線の内側"。之所以有这样表达上的不同，正是由于汉语是以客观的列车为视点的。因此对乘客来说，安全地带是"白线的外面"，而对于日语来说，由于是以话者为中心的视点，因此安全地带对乘客来说是"白線の内側"。

同理，日语中的してくれる和してあげる这样的语法形式以及丰富的情态表达手段等，都可视为是日语标识事象和话者关系的语法手段。

（2）认知结构域的不同。认知结构域指的是不同语言中被语法化了经验结构。比如，像德语、法语、俄语，性的语法范畴是表达所必须的句法范畴；而对于汉语、英语和日语来说，就没有这样的语法范畴。

又如，自动和他动（有对动词）、有生和无生（ている/てある）这两种经验常识范畴在日语中形成了相关的句法范畴，但在汉语和英语中的句法范畴中，没有这两种句法表达。

语法化的不同也反映着不同语言的经验结构的不同。不同语言会有不同的语法化内涵。而且，即使是相同的形式也会有不同的内涵。比如：汉语的时制和体貌结构不可能用源于形态语言所产生的范畴进行圆满解释；汉语的话题和日语的话题以及英语的话题是有不同的；汉语的被动句和日语的被动句的内涵也是大相径庭的。

（3）认知结构定式的不同。认知结构定式指不同语言中的经验结构的构筑方式。这本质上反映了不同语言对事象的摄取方式。对同一事象，有的语言用词汇化的方式表达，有的语言用语法化的方式表达；对同一事象，有的语言是用动态的方式表达，有的语言是用静态的方式表达；有的语言用显性形式表达，有的语言用隐性形式表达；有的语言突显过程，有的语言突显结果。如此等等。不同语言会对同一事象形成不同的认知结构定式，从而构成了不同语言的语法内涵。

经验结构定式的不同首先表现在语言的句式系统中。因为句式就是经验结构类型表达的定式。比如，汉语中的镜像结构表达所形成的句式系统、汉语的把字句、重动句、疑问词连锁句，以及像"V什么V"这样的框式结构等，都是汉语所独有的句式和构式，反映了汉语独特的经验结构。

经验结构的定式还表现在不同语言的句法结构的特征上。比如，汉语是注重话题的语言、是突显结果的语言等观点正是汉语经验结构的特征所在。

从方法论上看，我们认为语言逻辑的方法是汉语意合语法乃至整个语法学研究方法的必由之路。

语言逻辑是以语义结构逻辑化为主要研究对象的。这就决定了语言逻辑与形式逻辑的不同。形式逻辑是以思维的形式规律为主要研究对象，而自然逻辑是通过对语义结构的逻辑分析来把握思想或意识的活动规律。思维不同于思想和意识，思维只是人的思想或意识活动的一部分，思想和意识还包括诸如感觉、知觉、表象、感情、意志、想象等多种心理过程及心理品格。这些心理现象的运动规律是不可能在以研究思维形式运动规律的形式逻辑中得到答案的。由于这些心理现象都最终要依靠语言来表达出来，因此，我们有理由认为可以像形式逻辑那样通过对语言的语义结构的分析，来认识它们的。但从总体上看，它们应具有如下特征：

（1）语言逻辑是一个开放的逻辑系统。其间当然包括形式逻辑（命题逻辑、谓词逻辑），也包括时态逻辑、情态逻辑、模态逻辑，等等。说到底，经验逻辑是一种以语言中各自具有自洽性的语义系统为对象的逻辑系统。

这里就涉及逻辑的本质的问题。逻辑是什么？一言以蔽之，逻辑是具有自洽性的规则系统。形式逻辑是以概念、判断、推理的规则系统为对象的逻辑体系。其核心是真伪判断的二值逻辑。但语言所表达的并不都是或真或假的价值判断，语言中的有模态问题，有情态问题，有时态问题，还有主观性问题等，这些问题都是语言的组成部分，也都有各自的规则系统，因而也都是经验逻辑的研究对象。因此我们可以预言，在语言的经验逻辑中，还存在诸如"位移逻辑""被动逻辑""疑问逻辑""意图逻辑"等子系统逻辑。当然，这些逻辑系统的内涵是有别于形式逻辑的，其中发现各种逻辑系统中的各构成成分间的函数关系（自变量和因变量），制约和被制约关系则成为首要课题。

（2）语言逻辑应是一个多值逻辑系统。在经验逻辑中，当然有二值逻辑。形式逻辑是以"真""假"为标准的二值逻辑。而时制逻辑、模态逻辑等，是以形式逻辑的二值作为手段来加以逻辑化的。时制逻辑的二值是"过去"和"非过去"；模态逻辑的二值是"可能"和"必然"。但即使是这种用形式逻辑刻画的比较成功的逻辑体系中，二值逻辑也是有局限性的。比如，二值的时态逻辑就难以细致刻画"三时"鼎立的语言。而模态逻辑的二值就更难以刻画"模态度"这样的概念。更何况在语言的经验结构中，存在大量的多值的、模糊的、连续的现象。对这种多值的、模糊的、连续的经验结构，就必须发展多值逻辑，发展模糊逻辑，发展连续统逻辑。

（3）语言逻辑会因语言不同而不同。这是由语言的认知类型特征所决定的。比如，像汉语的"把"字句逻辑就是其他语言所没有的。而像日语中的敬语系统的逻辑也是汉语所没有的。当然，不同语言的经验逻辑中，有很多经验结构是有通约性的。比如，被动系统是人类各种语言所有的，因此不同语言的被动表达间是有很大的通约性的。但是，即便如此，不同语言间的被动表达也会因所处的语言系统的不同，表现出不同的价值，形成不同的表达。日语中的"かれは去年お父さんに死なれた"直译为"他去年被父亲死了"，这是不成立的，汉语表述应为"他去年死了父亲"。在汉语中，这是一种广义的存现句。这就是说，在不同的语言系统中，即使是同样的经验结构也会因语言不同而呈现不同的句法价值，从而实现为不同的经验逻辑。

（4）语言逻辑是语法人工智能化的必由之路。语法的形式化和可操作化乃至人工智能化，是语法研究的一个终极性目标之一。而要实现这一目标，确立语言逻辑、通过语言逻辑使语法规则可形式化、可操作化是根本性的前提。

三　意合语法与当代汉语语法研究

（一）两大取向

《马氏文通》以来的汉语语法，不论是传统的汉语描写语法研究还是结构主义的语法研究，不论是形式派的语法研究还是功能－认知的语法研究，大都还是按照印欧系语法研究所提出的语法学框架而展开的。不过，当代汉语语法研究已呈现前所未有的多家争鸣的局面。以大陆学者为例，可以把这些主张大体分为两大取向。

1. 普世化取向的语法研究

主要指积极引进西方语法研究理论，用西方语言理论和框架范畴来描写和解释汉语语法现象的研究。这主要包括以下几个方面。

（1）普遍语法、形式语言学以及语法化研究。这一倾向的研究在对介绍国外的语法研究理论做出了积极的贡献同时，也对汉语的具体问题做出了独到的、深入的研究。由于汉语学界的理论传统是源于西方的，这种研究在汉语语法学界颇受重视。语法化的研究可视为这一倾向研究在历时语法研究中的延续。因为语法化的研究主要是考查作为语法范畴的标记在历时演变中的虚化过程。这种以虚化形态为研究中心的理念是同形式语言学的理念相一致的。

（2）方言语法研究。自朱德熙先生提倡方言语法研究以来，汉语方言语法研究取得了长足的进步，相关学者在汉语方言语法研究中也开始自觉地引进语言类型学的观念。但是，虽然汉语各方言有很多可比较之处，但仅就汉语方言而言的类型学是有局限性的，毕竟汉语的方言都有一音一义之共性。只有在更大范围内的语言比较，比如不同类型的语言间的比较，才会有真正意义上的类型学上的价值。

（3）语义语法研究和语义－功能语法研究。这两种研究都强调语义研究在汉语语法中的重要性，其中语义－功能语法研究则更进一步重视功能性（语境－篇章－人际）的研究。不过，这两种研究都是以语义的普世性为基本前提的，因此其语义研究同普遍语法、形式语言学的语义研究大同小异，其实质是形式语义学、功能语义学在汉语语法中的具体体现。语义语法的研究在观念上也强调注重汉语语法的特点，但其理论仍是沿用西方语言学的框架和概念网络，致使在实践上仍没能跳出既有的体系。

2. 本土化取向的语法研究

主要指面对汉语事实，具有明确的汉语语法的本体意识，并积极构建既符合汉语实际又能贡献于普遍语法理论的研究。这主要包括以下几个方面。

（1）字本位理论。这是由徐通锵倡导的以字为本的语言理论。该理论抓住了汉语有别于印欧语言的根本性问题，对汉语语言研究的本土化、确立汉语的本体意识起到了积极的作用。但是，由于字本位理论没能很好地解释语言同文字的关系，又由于字本位理论对语法的研究还很薄弱，因而在汉语语法的主流学界对字本位批评者多，赞同者寡。其实，我们认为，可以认同字本位理论的基本精神，很多对这种理论的批评是出于误解，因为很多批评是从既有的语言理论来看待字本位理论的。

（2）名动包含理论。这主要是指沈家煊近年来的一系列探索，包括对名词和动词关系的探索、对主语和话题关系的探索、对汉语"有""是"分立的探索、对汉语否定表达的探索、对汉语整句和零句关系的探索、对汉语的主观化及主观化句式的探索，等等。沈先生的这些探索都是以语言对照为背景的、对汉语具体问题的系列探索，因此我们据其最初的名动词关系的探索命名为名动包含理论。在这些研究中，我们能充分感觉到自觉的语言类型学的意识以及对确立汉语语法本体观的前瞻意识。我们完全可以期待在这样的研究带动下，汉语语法研究定会别有一番天地。

（3）意合语法理论。这种语法理论自提出以来不断受到批评和指责。有批评者认为，意合语法不讲形式，无从操作；也有批评者认为：怎么个意合法？不知所云。其实这都是一种误解，是批评者传统的形态语法论立场所致。当然，也有使用意合概念的研究。鲁川曾有《意合语法网络》一书，但通观全书，我们认为该书所说的意合其实是形式语义学的代名词，就是语义组合之义，同我们所言的意合是有不同含义的。另外，近来也有研究试图通过词库－构式系统的构建，结合认知语言学、配价语法等理论来对汉语的意合机制进行综合性的研究，对此我们愿以积极的心态拭目以待。

（二）四个误区

通观当代汉语语法研究，应该说已呈现前所未有的学术繁荣局面，不过，我们也深感有必要对一些似是而非的观念进行纠偏。这主要有以下几种。

1. 共性至上论

一般地说，讲共性并没错，健全的共性取向的研究和西方语言理论的介绍也是十分必要的。但迄今为止的共性大多是源于西方语言学的共性。而且一些人似乎认为，共性就一定高于个性，讲共性就是讲科学。其实，这种认识在理论上是具有争议性的，在实践上也是有问题的。因为这样做的前提就已经否定了汉语类型学价值，致使汉语语法研究在最初阶段就丧失了本体意志。更可悲的是，汉语语法研究只能给西方语言学理论做很蹩脚的注解。汉语在语言类型学上是不同于西方形态型语言的，汉语语法研究应面对汉语的语言事实，实事求是地探讨汉语语法理论，以贡献于普遍语法理论。也只有这样，才会有真正意义上的共性，才会有真正的科学。

2. 形态中心论

以形态为中心来研究语法是形态型语法研究的传统，也是传统语法研究的定则。集形态而成语法范畴，集范畴而成语法体系，以动词为中心，词法和句法两分对应，这似乎天经地义无可否认。当代形态型语法的研究当然也研究语义和认知，但由于形态型语法观念的局限，这种研究也只是限定在形态范围内的语义和认知的研究。但当代语法学的研究表明，仅以形态为对象的语法研究是远远不够的。语法的规则不仅仅表现在形态层面上，也表现在语义、语用、认知甚至文化层面上。不仅如此，像汉语这样的非形态语言的语法就更难仅以形态来框定。作为人类语言表达的规则系统，语法是不能仅以形态（屈折变化形态或黏着形态）来界定的，语法的研究应该有更广泛的视野，应该更多地关注非形态语言语法的研究。

3. 形式和意义对应论

这也是在汉语语法学界十分流行的一种说法。形式要有意义的基础，而意义要有形式上的验证。这种说法似乎永远立于不败之地，但实为空洞之谈。因为形式和意义是一张纸的两面，缺了一面另一面就不复存在。我们认为，任何语法形式都会有一定的语法意义，而任何语法意义必然伴有一定的语法形式。更进一步说，形式是终极的意义，意义是最初的形式。形式语言学抓住形式，用形式控制意义，而功能语言学和认知语言学更多的是关注意义及其认知机制，其广义的形式观是不言自明的。真正有价值的理论都是纯粹的、自洽的系统，那种似是而非、两边都占理的说法只能误导研究，致使汉语语法难以摆脱西方形态语法的桎梏。

4. 狭义操作论

常听有人说，某某理论缺乏可操作性。似乎语言理论是否具有可操作性是鉴别其科学性的根本标准。其实，这是形式主义语言研究贬低语义、功能、认知和文化研究的口头禅。一方面，这种持论者本身的研究未必就具有可操作性，另一方面，更为重要的是只有从广泛的、多层次的领域，即从语义，功能，认知和文化的角度去探索语言的规则系统，才能在真正意义上实现语言研究的可操作。

可操作有两层意思：一是可验证；一是形式化的含义。可验证性当然是一项科学研究的基本要求。但同时我们也应该认识到人类语言的丰富性和复杂性。仅用科学主义的方法是难以解释人类语言的人文精神的。至于形式化，我们是这样理解的：

对象　　　范畴化　　符号化　　数理化　　可操作化
　　　　　　　　　　　　形式化

可见，我们所理解的形式化是十分广义的、具有多层次的形式化。因此，对象的范畴化、类别化就是最初的形式化。

（三）挑战和机遇

纵观国际语言学研究的发展和汉语语法学研究的现状，我们认为，汉语语法研究面临重大挑战和有史以来的最大机遇。这种挑战和机遇主要来自以下三个方面。

1. 汉语研究传统的挑战

在人类语言研究的古希腊－罗马、印度、中国这三大传统中，如果说迄今为止是形态型语言（古希腊－罗马、印度）的时代的话，那么我们可以预言 21 世纪是汉语这样的非形态型语言研究大显身手的时代。这主要是因为汉语型语言已成为当前语言研究的热点，国际语言学界期待着汉语型语言研究的成果。越来越多的研究者意识到：只有在充分研究形态型语言和非形态型语言的基础上，才会有真正意义上的共性的、科学的语言学。

2. 自然语言人工智能理解的挑战

计算机技术的发展改变着语言研究的范式。大型数据库、大型语料库和大型知识库的建立，更多的是为了根据范畴特征而确立不同范畴间的语义组配关系。这种技术层面上的进步已改变了传统语法学的观念，语法已不仅仅是形态组合之法，面向自然语言人工理解的语法是更贴近语义、更形式化的语法。

3. 国际汉语教学和研究的挑战

国际汉语热的兴起为汉语教学研究提供了新的动力和契机。不同国家、不同种族的人们学习汉语，这对汉语语法的教学和研究提出了新的要求。一方面，传统的语法理论不能满足对外汉语语法教学的需要，而另一方面，不同语言间的对照研究势在必行，这就在某种意义上推进着汉语语法的类型学意义上的对照研究。

挑战就是机遇。我们认为，汉语语法学界面临有史以来的最大挑战，同时面临有史以来的最大机遇。我们相信，汉语语法学者在充分学习和汲取西方语言学的精华基础上，一定会承担起历史重任，一定会为人类做出汉语语法学者的应有贡献，为世界提供一种汉语型的语法。

参考文献

［1］常理：《汉语语法研究观念的嬗变和走向》，《语文导报》1987 年第 5 期。

［2］金立鑫：《"汉语意合语法"批判》，《北方论丛》1995 年第 5 期。

［3］金立鑫：《对张黎的"意合语法"批判之二》，《汉语学习》1995 年第 6 期。

［4］鲁川：《意合语法网络》，商务印书馆，2001。

［5］任永军：《汉语意合问题研究述略》，《汉语学习》2010 年第 3 期。

［6］孙景涛：《论"一音一义"》，《语言学论丛》第 31 辑，商务印书馆，2005。

［7］王力：《汉语语法纲要》，上海新知识出版社，1957。

［8］徐国玉：《汉语语法研究的方向性探索——〈汉语意合语法研究〉评介》，《汉语学习》2013 年第 4 期。

［9］徐通锵：《汉语字本位语法导论》，山东教育出版社，2008。

［10］张黎：《汉语"动作－结果"的句法呈现及其认知类型学的解释》，《对外汉语研究》2010 年第 6 期。

［11］张黎：《汉语"了"的语法意义及其认知类型学的解释》，《汉语学习》2010 年第 6 期。

［12］张黎：《"界变"论——关于现代汉语"了"及其相关现象》，《汉语学习》2003 年第 1 期。

［13］张黎：《"有意"和"无意"——汉语"镜像"表达中的意合范畴》，《世界汉语教学》2003 年第 1 期。

［14］张黎：《"着"的语法意义的认知类型学解释》，日本《中国语教育》2011 年第 9 期。

［15］张黎：《汉语"把"字句的认知类型学解释》，《世界汉语教学》2007 年第 3 期。

［16］张黎：《汉语补语的分类及其认知类型学解释》，《对外汉语研究》2008 年第 6 期。

［17］张黎：《汉语句式系统的认知类型学分类》，《汉语学习》2012 年第 3 期。

［18］张黎：《汉语时制的认知类型学视角》，《中国语文法研究》2012 年第 1 期，日本京都朋友书店。

［19］张黎：《汉语意合语法的句法机制》，浙江大学 "第 8 届现代汉语语法国际讨论会" 发言稿。

［20］张黎：《汉语意合语法研究——基于认知类型和语言逻辑的建构》，东京白帝社，2012。

［21］张黎：《汉语意合语法与汉语语法学的观念更新》，《汉语与汉语教学研究》2012 年第 3 期。

［22］张黎：《文化的深层选择——汉语意合语法论》，吉林教育出版社，1994。

［23］朱德熙：《语法答问》，商务印书馆，1985。

壮族群体文字使用态度及文字声望调查研究

黄南津　唐未平[*]

汉字、方块壮字、新壮文是目前在壮族民间流传使用的三种文字。我们在 2006 年采用多阶段的 PPS 系统抽样方法，在壮族主要聚居地左右江流域和红水河流域，选择田阳、田东、东兰三个壮族人口比重在 85% 以上的县份，对其壮族人群进行问卷形式为主、个别访谈为辅的田野调查，全面调查汉字、方块壮字、新壮文目前的使用情况和现代壮族人群对它们的态度（时间范围定义为近百年，即 20 世纪初至今）。我们给每县投放 300 份问卷，同时，综合采用文献调查法、观察法、访谈法等多种调查方法，对方块壮字的使用及态度进行更为深入而全面的调查。以了解壮族群体中这三种文字的使用情况和现代壮族人群对它们的态度，把握壮族民间的文字使用情况和文字态度概况。本文在调查数据基础上分析壮族人对现行使用文字的接受程度、接受心理，以及壮族群体的文字态度及文字声望形成原因。

一　文字使用态度的分析项度

文字是记录语言的符号系统，是人们进行书面交流的重要工具，辅佐

---

[*]　黄南津，广西大学文学院教授，研究方向为语言学和文献学；唐未平，广西建设职业技术学院讲师，研究方向为语言文字研究。

与扩大语言交际作用。汉字、方块壮字、新壮文是目前在壮族民间流传使用的三种文字，而壮族人们对文字的接受、使用是壮族人对文字的主观选择，体现了人们对这三种文字的态度，决定了这三种文字在壮族民间的地位、流传广度和深度。

社会语言学中关于语言态度的定义，有的仅针对语言而言，如戴庆厦认为：“语言观念又称语言态度（language attitude）是指人们对语言的使用价值的看法，其中包括对语言的地位、功能以及发展前途等的看法。语言观念是文化观念的一个组成部分，是文化观念在语言上的具体表现。”[①] 王远新则认为语言观念还包括了对文字的态度：“在双语和多语社会中，由于社会或民族认同、情感、目的和动机、行为倾向等因素的影响，人们会对一种语言或文字的社会价值形成一定的认识或做出一定的评价，这种认识和评价通常成为语言态度。”[②] 文字是记录语言的符号系统，与语言有许多相通之处，影响人们对文字的态度的因素往往也是影响人们语言态度的因素，因此可以用关于语言观念的理论分析人们对文字的态度。

语言态度属于语言的社会心理范畴，是主要由认知、感情、意向等因素组成的有机组合体。认知因素是指语言人对某种语言变体（文字）的认识和理解，以及赞成和反对；感情因素是指语言人对一种语言变体（文字）的情感，即对这种语言变体（文字）是喜欢还是反感，是尊重还是轻视等；意向因素是指语言人对这种语言变体（文字）的行为倾向。同时，语言态度又是一个难以拆分的整体，不同因素之间常常“你中有我，我中有你”，互相渗透，彼此存在难解难分的联系。

研究语言态度，不仅要分析语言态度的各因素，以及各因素之间的内在联系，还要在整个社会文化环境中考察语言变体（文字）所发挥的社会文化功能，与语言生活的历史和现状密切结合起来，力求从整体上对语言人的语言态度做出科学的概括。对汉字、方块壮字、新壮文的态度是本次调查的主要内容之一，下面从认知、感情、意向三个方面对壮族人对待三种文字的态度进行分析。

---

① 戴庆厦：《社会语言学教程》，中央民族大学出版社，1993，第144页。
② 王远新：《中国民族语言学理论与实践》，民族出版社，2002，第89页。

二 对三种文字态度的因素分析

（一）对三种文字使用功能的认知

本次调查通过"是否好理解"（见表1）、"是否好记忆"（见表2）、"是否美观"（见表3）、"是否有用"（见表4）四个方面调查壮族群体对上述三种文字使用功能的态度。

统计结果显示：人们对汉字的评价最高，理解、记忆、美观、有用四个调查项给予好评的比例均达到60%以上，远高于方块壮字、新壮文得到的好评。认为汉字完全不好理解、不好记忆、不美观、没有用的分别仅占4.6%、3.9%、3.8%、3.8%，均没有超过5%，远低于方块壮字、新壮文。此外，对汉字"是否有用"一项给予好评的比例高达71.3%，高于理解、记忆、美观得到的好评。可见汉字在社会生活中的广泛使用，其社会文化功能得到了壮族人的广泛认可；方块壮字、新壮文虽然作为民族文字体现了壮族人的民族身份，但是由于现实生活中使用较少，没有充分体现出社会文化功能。在与汉语、汉字的通用性和实用性的对照下，壮族人对汉字表现出极大的认同，相反对两种民族文字显得比较陌生。

两种民族文字得到的评价则不相上下。理解、记忆、美观、有用四个调查项中给予方块壮字和新壮文好评的都在10%～20%，其中方块壮字得到好评的比例均略高于新壮文。理解、记忆、美观、有用四个调查项中选择"不太"或"完全不"的，方块壮字和新壮文均在30%～50%，其中理解、记忆两项比例较高，超过了50%。而方块壮字和新壮文之间，两者互有高低，总体上相差很小。

表1 是否好理解

单位：%

	非常	比较	一般	不太	完全不	无法回答
方块壮字	4.5	8.6	19.6	22.2	30.5	14.7
新壮文	3.1	8.7	26.6	25.5	25.6	10.6
汉字	35.7	32.9	18.7	6.3	4.6	1.9

表 2　是否好记忆

单位：%

	非常	比较	一般	不太	完全不	无法回答
方块壮字	3.3	8.1	21.5	21.4	31.2	14.6
新壮文	2.1	7.5	24.4	28.3	26.2	11.5
汉字	31.1	36.7	17.1	8.3	3.9	2.8

表 3　是否美观

单位：%

	非常	比较	一般	不太	完全不	无法回答
方块壮字	4.6	15.3	28.9	16	20.2	15.1
新壮文	4.1	13.4	34	20.2	16.9	11.4
汉字	32.3	32.6	24.6	3.8	3.8	2.9

表 4　是否有用

单位：%

	非常	比较	一般	不太	完全不	无法回答
方块壮字	5.3	12.7	24.8	24.6	19.4	13.3
新壮文	2.8	11.7	31.6	25.2	17.8	10.8
汉字	48.9	22.4	17	5.4	3.8	2.5

上述数据统计都是针对全部调查对象的，对认识方块壮字、新壮文的调查对象进行专项统计则发现认识方块壮字的人对方块壮字给予好评的比例远高于认识新壮文的人对新壮文给予好评的比例。数据统计，认识方块壮字，能阅读方块壮字文献的共 31 人，认识新壮文并能阅读新壮文文献的共 53 人，他们分别对方块壮字、新壮文给予好评的比例如表 5 所示。

表 5　认识方块壮字、新壮文的调查对象各自给予好评的比例

单位：人，%

	认识总人数	好理解或较好理解	好记忆或较好记忆	很美观或较美观	很有用或较有用
方块壮字	31	71.0	64.5	61.3	77.4
新壮文	53	39.6	34.0	39.6	28.3

表 5 中，认识方块壮字的对象中，认为方块壮字比较好理解、记忆、美观、有用，对方块壮字给予好评的均在半数以上；而认识新壮文的对象中，认为新壮文好理解、记忆、美观、有用，对新壮文给予好评的仅为 1/3 左右。此外，对方块壮字"是否有用"一项给予肯定回答的比例为 77.4%，高于理解、记忆、美观三项得到的好评；相反对新壮文"是否有用"一项给予好评的比例低于其他三项。这与笔者在采访调查中了解到的情况相印证：大多认识方块壮字的人，在现实生活中即使更多地使用其他文字，但是对方块壮字不容易忘记，必要的时候就会或多或少地用到方块壮字；而许多曾经学习过新壮文的人，由于生活中很少用到，就逐渐忘记，很少使用到，再次见到会觉得非常陌生。

（二）对三种文字的感情

语言是民族的重要标志之一，是一个民族灵魂的一部分，本族母语是一个民族的语言人从小习得的表达思想、交流感情的最直接、最方便、最有效的工具，因此，各民族语言人都对本族母语有着天然的、浓厚的感情。如黄南津等 1998 年进行的"广西语言文字使用情况调查"中"您对入学前最先说的话（语言）印象怎么样"一项，认为好听、比较好听的比例高达 63.1%，认为亲切、比较亲切的比例高达 71.3%。① 作为记录母语的符号系统的文字，自然也得到了各民族语言人的这种天然的、浓厚的感情。但是，这种感情又不同于对民族母语的感情，一方面语言人对民族文字的学习并不是从小习得，而是后来因需要而学习的，在民族语言环境中，母语是交流的必备工具，而文字不是；另一方面，各民族文字的流传范围、通用面大小也影响了人们对这种文字的感情。方块壮字和新壮文都不是壮族人从小学习的，同时两种文字的使用范围比较局限，因此，与人们对母语的感情评价相比，壮族人对两种民族文字的感情评价都偏低，认为方块壮字、新壮文非常或比较符合壮族传统的比例均为 30% 左右。而与对这两种民族文字使用功能的评价相比，对他们感情评价得分较高。由此

---

① 黄南津、程刚：《广西语言文字使用问题调查与研究》，广西教育出版社，2005，第 59—60 页。

这还是比较明显地说明了壮族人对本民族文字的浓厚感情：他们虽然客观上对本民族文字了解不多，也认识到其使用范围的局限，但是仍然对其有一种天然的、原始的、浓厚的感情。

方块壮字与新壮文的相比，壮族人对方块壮字的感情评价高于新壮文。这体现在认为方块壮字非常或比较符合壮族传统的比例高于新壮文，在"您认为哪种文字是壮族自己的文字"一项中，方块壮字得到的支持率也高于新壮文。此外，在对文字使用功能的评价中，对方块壮字的评价虽略高，但是新壮文与之差距很小，而对两种文字的感情评价拉开了一定的距离。这说明人们对方块壮字的感情比新壮文浓厚。"语言态度不是一朝一夕而是在长期的历史过程中逐渐形成的，它深藏于语言人的心理底层，形成一种根深蒂固的语言信念。"① 壮族人对方块壮字的特殊感情是由来已久而且根深蒂固的。从民族关系和民族心理上说，壮族与汉族历来交好，壮族向往汉族的先进文化，历史上壮族地区很多人能习用汉语，"知读书""知向学"，并能使用汉文。在这些壮族人的潜意识里读书就是学习汉语文，写字就是写汉字，"字"的形式和结构上应该就像汉字一样。而方块壮字正是由壮族文人根据汉字改造的，符合壮族的民族心理，符合壮族人心中潜在的"字"的概念。从历史文化上说，方块壮字的历史由来已久，它的产生已有千年历史，而其较为广泛地在民间使用也有几百年历史，并且产生了大量以方块壮字记载的民歌、宗教经书等民族经典文献。作为宗教经书的书写文字，方块壮字披上了神圣的光环，受到人们的尊重；作为民歌等民间文化的记载文字，方块壮字走进了千家万户，与壮族的传统民间文化一起在壮族人心中扎根。而新壮文是国家在 20 世纪 50 年代为壮族创造的拼音文字，其产生历史仅有 50 年；在推广中也遇到了重重困难，推广效果不佳，使用范围有限；而且其形式是拼音壮文，与人们潜意识中的文字形象不符。因此人们对新壮文的感情相对比较陌生、隔阂，对新壮文的感情更多的是基于其作为"壮族本民族规范文字"的法定身份和地位。

壮族人对汉字的感情评价高于对两种民族文字的感情评价，体现在认为汉字符合或比较符合壮族传统的比例高于方块壮字、新壮文；在"您认

---

① 王远新：《中国民族语言学理论与实践》，民族出版社，2002，第 92 页。

为哪种文字是壮族自己的文字"一项中，汉字得到的支持率也高于方块壮字和新壮文。而这两项的比例均低于对汉字文字功能评价的好评比例（均为60%以上），说明人们对本民族文字有浓厚感情的同时对汉字表现出较大的认可。壮族人的语言态度比较开放，乐于接受代表先进文化的汉语文，长期以来，在壮族地区的各级行政公文及各级各类学校教育一般都使用汉语文。就教育来说，几百年以来，从儒学、私塾、义学、书院教育到学堂、国民学校，始终实行的是汉语文或汉语文为主的教育，即使在现代实行壮汉双语教学的民族学校实际上也是以汉语文为主。久而久之，在广大壮族人心中自然形成了这样一种认识——汉语文教育是本民族的教育，甚至认为上学读书就是读汉文书，识字就是识汉字。在这种观念影响下，壮族没有因为汉语文不是他们本族语文而产生反感心理，而是对汉字表现出较大的认同感。近几十年，随着经济的发展，壮汉交往增多，民族融合加剧以及普通话的推广，这种认同感有了更进一步的发展。

但是对汉字的认可并不表示壮族人将汉字界定为壮族本民族的文字，认为汉字是壮族自己文字的比例不到1/4。壮族人对汉字的感情评价实际上低于对汉字的文字使用功能的评价，"理解""记忆""美观""有用"四个调查项给予汉字好评的比例分别为68.6%、67.8%、64.9%、71.3%，而认为汉字符合或较符合壮族传统的比例为57.2%（见表6），而对方块壮字和新壮文的感情评价明显都高于对其文字使用功能的评价。此外，在"您认为哪种文字是壮族自己的文字"一项中，汉字、方块壮字、新壮文得到的支持率相差不大，而且选择无法回答的比例高达29%（见表7），表现出人们在判定"壮族自己的文字"时的犹豫。壮族人积极学习汉语文、高度评价其价值和声望，主要是出于社会交际的需要。

表6　是否符合壮族传统

单位：%

	非常	比较	一般	不太	完全不	无法回答
方块壮字	9.9	27.9	40.3	5.3	4.7	12
新壮文	5.2	21.2	45.1	10.8	8.2	9.5
汉字	21.6	35.6	32.3	5	3.1	2.2

表 7　您认为哪种文字是壮族自己的文字

单位：人，%

	人数	占总数比例
汉字	203	23.9
新壮文	137	16.1
方块壮字	182	21.4
壮族没有自己的文字	80	9.4
无法回答	247	29
无效回答	3	0.4

注：调查人数 852 人，有效回答 849 人。

（三）对三种文字地位和发展前途的态度

如前所述，在文字功能和文字感情方面，调查对象都对汉字给予了很大的认同；同样，在文字地位和发展前途上，调查对象也对汉字给予了很大的肯定。调查数据显示，65%以上的壮族人认为汉字非常或者比较有社会影响（见表 8），78.3%的壮族人认为对于壮族来说，今后在社会交往中汉字比较重要（见表 9）。而同样的问题选项，方块壮字、新壮文的比例就小很多。汉字的强势表现得非常明显，作为唯一的强势文字的地位没有其他文字可以撼动。汉字的这一地位的确定是长期以来逐渐形成的。在历史上，汉语文长期发挥着重要社会交际功能，并由此带来了高声望优势。《中华人民共和国通用语言文字法》第三条明确规定："国家推广普通话，推行规范汉字。"这一条文确定了汉字作为中国通用文字的法定地位。当今社会教育、求职、参军、经商、与其他民族交往等都离不开汉语和汉字。这些现实决定了人们对汉字地位和发展前景的认识和判断。壮族及其

表 8　是否有社会影响

单位：%

	非常	比较	一般	不太	完全不	无法回答
方块壮字	4.1	12.3	29.9	29.8	11	12.8
新壮文	2.1	12.1	36.9	28.6	10.3	10
汉字	38.6	27	20.1	7.2	4.8	2.3

他少数民族人在条件许可的情况下，都乐意把子女送到用汉语文授课的学校。这一趋势足以体现汉字作为唯一强势文字的地位。

表9　您认为哪种文字比较重要

单位：人，%

	人数	占总数比例
汉字	667	78.3
方块壮字	105	12.3
新壮文	144	16.9
其他文字	44	5.2
无效回答	15	1.8

注：调查人数：852人，有效回答：837人。

　　前述在对文字使用功能的态度和文字感情两方面，方块壮字和新壮文得到的评价都相差不远，而方块壮字略胜一筹，各项的倾向比较一致；在对文字地位和发展前景的评价上，则表现出不同的倾向（见表10）。对文字社会影响的评价，对方块壮字给予好评的比例略高于新壮文；在今后社会交往中哪种文字比较重要一项中，新壮文得到的支持率则略高于方块壮字；在方块壮字、新壮文的发展前景一项中，认为新壮文有很大发展或者在一定范围内发展的比例也略高于方块壮字。这说明人们一方面在使用功能、个人感情上认可方块壮字，看到了方块壮字在历史过程中发挥的重要作用；一方面也意识到国家的民族政策及其对新壮文的推广这一现实，出于对国家力量的相信和支持，人们相对比较看好新壮文的发展前景。我国实行民族平等政策，在语言文字的使用上，我国宪法和《中华人民共和国通用语言文字法》都明确规定"各民族都有使用和发展自己的语言文字的自由"，并且出于对少数民族文化事业的关心，帮助壮族创制了一套以拉丁字母为基础的拼音壮文，予以推广使用，确定其"壮族法定规范文字"的身份和地位，这是有目共睹的。五十年来，虽然新壮文推广工作困难重重，但是新壮文在国内、国际重大场合的使用，作为壮族民族的标志，凸显了其"壮族法定规范文字"的身份；而方块壮字始终作为壮族民间流行的"土俗字"存在，没有得到国家行政力量的统一、规范和认可。国家政策的引导对人们方块壮字、新壮文"发展前景"的判断起了决定性作用。

表 10   您认为方块壮字、新壮文的发展前景如何

单位：%

	方块壮字	新壮文
有很大发展	4.3	6.1
一定范围内发展	28.3	31.1
整体范围保持目前状况	4.3	3.1
一定范围保持目前状况	12.4	11.4
在可预计的将来不再使用	16	15.3
无法预计	33.9	32.4
无效回答	0.7	0.7

（四）对文字使用的选择

文字是语言的符号系统，是人们进行书面交际的重要工具，因此对文字使用的选择意向是文字态度中最重要、最具决定性意义的方面。文字的文化价值、使用功能、社会地位以及人们对待它的感情决定了人们对文字的选择意向，而人们对文字使用的选择，又反过来影响着文字的地位、使用功能及人们对这种文字的感情。语言态度中，认知（对文字实际功能的评价）、感情（包括对文字地位和发展前景的关切）两方面与选择意向是相互联系、相互作用的。

汉字与方块壮字、新壮文相比，人们的选择倾向性非常明显。大多数壮族人认为在今后的社会交往中汉字比较重要，认为在正式场合最好用汉字。人们对汉字的选择的明显倾向有主观与客观两方面原因。主观上说，人们对汉字具有强烈的历史感情，对汉字使用功能、对汉字的感情等评价都很高；客观上说，国家推广使用规范汉字，汉字在社会生活中发挥着不可替代的作用，具有很高的社会声望。主观感情加上客观实用目的驱使，人们对文字的选择自然倾向于作为"通用文字"的汉字。

两种民族文字之间，人们倾向于选择新壮文，体现在今后在社会交往中哪种文字比较重要一项中新壮文获得的支持率高于方块壮字；"您认为在正式场合最好用什么文字"一项中，选择新壮文的比例（包括新壮文、汉字与新壮文并用两个选项，为17%）高于方块壮字（包括方块壮字、汉字与方块壮字并用两个选项，为 13.1%）。这与人们对新壮文发展前景的评价相一致，虽然人们对方块壮字的使用功能和感情评价较高，但是基于新壮文是法定壮族规范文字的事实以及国家对新壮文推广的政策，人们在正式场合仍然倾向于使用新壮文，认为这样才具有国家威信，才能真正代表壮族身份。由于有国家力量的支持，人们也相信新壮文的前景比方块壮字要好。

针对目前学术界有人提出将方块壮字进行规范化后代替新壮文，作为壮族法定文字的建议，本次调查对此进行了民意调查。调查结果显示，支持这种做法的约占 1/4，大多数人对此不置可否（无所谓、不知道）。当面对国家推广新壮文的现实时，人们表现出接受状态，认为正式场合最好使用新壮文（见表 11）；而当把壮族法定文字选择决定权交回壮族人民时，面对两种壮文，人们又显得举棋不定。一个是由来已久，一个是国家创制推广，面对两种壮文，人们表现出心理上的矛盾。此外，选择"无所谓"的占比不少（见表 12），可见在民族大融合背景下，人们对"壮族自己的文字"的需求已经淡化。

表 11　您认为在正式场合最好用什么文字？

单位：人，%

	人数	占总数比例
汉字	571	67
新壮文	59	6.9
方块壮字	61	7.2
汉字与新壮文并用	86	10.1
汉字与方块壮字并用	50	5.9
其他	11	1.3
无效回答	14	1.6

注：调查人数为 852 人，有效回答的有 838 人。

表 12　有人提出将方块壮字进行规范化后代替新壮文作为壮族法定文字，您是否同意这种做法？

单位：人，%

	人数	占总数比例
同意	194	22.8
无所谓	229	26.9

	人数	占总数比例
不知道	300	35.2
不同意	122	14.3
无效回答	7	0.8

注：调查人数为852人，有效回答的有845人。

综上，壮族人们对汉字的态度，内部各要素的表现比较统一，在认知、感情、意向三方面对汉字的评价都比较高。可见汉字在壮族民间具有最高的声望，两种民族文字的声望相对都比较低。人们对方块壮字使用功能认知和感情评价都略高于新壮文，而对方块壮字的发展前途的评价和选择使用的支持率低于新壮文。也就是说，人们在认知和感情上对方块壮字比较认同，但是在行动上倾向于选择新壮文，体现了文字历史文化功能和国家政策对人们文字态度的影响。此外，对汉字感情的评价略低于认知评价和使用选择支持率，对两种民族文字则相反，对方块壮字、新壮文的感情评价都高于各自的认知评价和选择支持率。这体现了人们对壮族本民族文字的特殊感情，虽然在理智上认识到汉字的重要地位和使用价值，对汉字具有强烈的认同感，但是在人们的内心深处仍然潜藏着对民族文字的特殊的、天然的浓厚感情。

三　壮族人文字态度及文字声望形成原因的综合分析

对文字的态度实质上反映的是人们对这种文字的社会文化价值的认识和评价。总的来说，对文字态度起决定作用的因素是这种文字以及这种文字对应的语言是否为人们所使用，以及这种文字的社会文化功能。具体说来，经济发展水平、民族关系（居住环境和分布特点）、政治、宗教文化、民间文学艺术、语言、文字性质等各方面都会对文字的社会文化功能产生影响，并最终影响人们对文字的使用和态度。下面就影响壮族人文字态度的各因素进行分析。

（一）社会经济文化发展水平影响壮族人对文字地位的认识

由于使用某种语言（文字）的社会集团经济发展水平不同，人们对语言（文字）的地位做了不同的估量，一般说来，凡经济文化、科学技术比较发达的地区，其使用的语言通常被认为地位较高。目前，英语的地位在世界各地不断提高，使用人口不断增多，这与英语国家在经济文化、科学技术上的发达是分不开的。无论是历史上还是现代生活中，汉族地区社会经济文化、科学技术较壮族地区都更为发达，因此汉语和汉字都被认为地位比较高。各少数民族对汉字的高度评价和积极肯定，其深层的心理因素是博大精深的汉文化对各少数民族产生了不可抗拒的强大吸引力。为了学习汉族的先进文化和科学技术，壮族人积极学习汉语和汉字，以建立与汉族的交流。因此，汉语事实上成为各民族与汉族、各民族之间进行交际的通用语言。汉字长期以来也是我国的通用文字，在历史上它还曾是东亚地区的通用文字。汉语文的通用性使其在与不同民族交往时发挥的交际功能以及对社会其他领域的广泛影响，是其他各民族语言、文字所不能比的。各民族人民在实际生活中，以这种交际功能的差异来衡量语言和文字，自觉地倾向和选择有利于自身生存、发展且社会交际功能较高的语言和文字。汉字的高声望正是人们对其社会文化价值评价的结果。甚至汉字本身被认为是一种比较先进的文字而被效法，方块壮字就是借用汉字及仿造汉字造字方法而创造的。

（二）民族分布特点和民族关系也对壮族人文字态度有较大的影响

单一民族聚居区大多比较重视本民族语言文字的使用，杂居区则比较开放，容易接受、使用别的民族语言文字。而两个民族之间如果关系融洽，各自对对方的语言有好感，就会有学习的积极性。历史上，壮族长期与汉族杂居，形成了比较开放的语言态度；同时，汉族文化以其强大的包容力和扩散力，对壮族产生了广泛而深刻的影响，大多数壮族人已经接受了包括汉语和汉字在内的壮族文化。为了与汉族更好地交流，学习汉族的先进文化，许多壮族人积极学习汉语和汉字，对汉语和汉字表现出强烈的认同感。在文字的使用上，多数人认为不一定要学本民族文字，可以直接学习汉语文，甚至有的壮族人已经把汉字当成了本民族文字。而壮族与汉族关系一向融洽，壮族与汉族的通婚是允许而且常见的事情，这促进了壮族与汉族的交流愿望，为壮族人积极地学习汉语和汉字奠定了基础。历史上壮族地区很多人能习用汉语，使用汉文，由古至今壮族地区的学校，从儒学、私塾、义学、书院教育到学堂、国民学校，实行的始终是汉语文或以汉语文为主的教育，即使在现代实行壮汉双语教学的民族学校中实际上也是以汉语文为主。汉文化及汉字在壮族地区的传播，对壮族群众产生了潜移默化的影响，使人们在心理上强化了对汉字的认同感，巩固并强化了汉字在壮族人心中的重要地位；更重要的是使壮族人们认同了汉字这一文字符号体系的构形模式。在壮族人的潜意识里，上学读书就是读汉文书，识字就是识汉字。人们普遍认为像汉字这样由线条性笔画构成的方块型符号才是"字"，因此在制造本民族文字时，也很自然地以汉字的书写符号体系作为参考。方块壮字正是壮族文人借用汉字及仿造汉字造字方法而创造的方块型文字符号，符合壮族人心中潜在的"字"的概念，因此获得了壮族人在感情上认同；而新壮文采用的形式是拼音文字，与壮族人们潜意识中的文字形象不符，有的壮族人甚至称之为"鸡脚爪""蚯蚓爬"，因此人们对新壮文的感情相对比较陌生、隔阂，在心理上难以接受。

（三）政治原因是影响壮族人文字态度的又一重要因素

对于文字的发展来说，政治、行政上的保证是至关重要的。汉字作为各民族的通用文字，固然离不开博大精深的汉文化作为后盾，但是最终也是以国家政治力量来保证的。历史上，汉字传播到各民族地区后，长期充当官方文字的角色，使其权威性和社会价值得以充分体现。朝鲜、日本等国，也曾长期以汉文为官方书面语言。北方少数民族建立的西夏、辽、金政权，虽都各创文字，但汉文并没有废止，而且地位比较高。如辽代朝廷对中原的往来正式公函，对西夏、高丽的书诏，一律用汉文。南方民族地区，如南诏、大理，汉字也一直是官方正式文字，其权威性也是毋庸置疑的。明清时期，中央政权进一步加强文化统治，在南方少数民族中也推行科举考试制度，汉文在南方民族地区的地位更加巩固。从现实上说，国家把汉字定为全国通用文字，并给予法律的保证，政策上从基础教育开始就重视民族地区的汉语文教育，规定"用少数民族通用的语言文字教学的学校，应当在小学高年级或者中学开设汉语文课程"，国家行政力量保证了汉字在全国范围的推行。汉字通过政治的权威性获得了文字的权威性，其社会价值也因此更广泛地表现出来，获得了较高的社会声望。

反观其他少数民族文字，在历史上能够最终发展为民族通用文字的，大多离不开国家政府或社会权威机构进行有效的统一、规范、推广。对于一个国家政权来说，文字是"备典章制度"的基础，被视为立国之本。没有经过各级政权或社会权威机构有效的统一、规范和推广工作，这是方块壮字没有发展为全民族通用文字的重要社会原因。因此，方块壮字虽然长期在民间使用，在壮族民间具有深厚的群众基础，但由于缺乏国家政权的权威推行，没有发展为壮族全民通用文字，使用范围有限，交际功能不发达，严重地影响了其社会文化功能的体现，最终影响了方块壮字声望的提高和发展前景。

对比之下，新壮文的历史虽然仅有50年，壮族人们对它的感情也不如对方块壮字，但它是国家为壮族创制的文字，有国家政权的支持，有着"壮族本民族规范文字"的法定身份和地位。因此，基于对国家权威的尊重和对国家力量的相信，壮族人在对民族文字的选择和对两种壮文前景的预测上都倾向认为新壮文更具有优势。

（四）宗教文化对文字态度的影响也不容忽视

一个民族的宗教信仰和宗教观念是民族文化的核心内容，它涉及一个民族精神世界的深层结构，与之紧密联系的民族语言和文字也就自然地被赋予了神圣、庄重的色彩，民族群众对其怀有特殊感情，并视为民族文化的重要组成部分。因此，一般说来，信教人对宗教活动中使用的语言和文字都有一种尊敬的心理，不愿意做出有损于这种语言和文字的事，更不愿意轻易放弃它。广西防城县江龙大队人口5000人，其中京族占了一半。会说京语的京族人只有300人左右，他们大多是天主教徒，他们读的《圣经》是用喃字写成的，在诵经以及各种宗教活动中也要用到京语。因此，为了做一名虔诚的教徒，他们都要会京语，在京族人的语言观念中，京语已与宗教联系在一起。其他不信教的京族人都转用了汉语。对于壮族来说，麽教是壮族社会历史上形成的民族民间宗教，广西的右江、左江、红水河流域以及云南省文山壮族苗族自治州各县壮族聚居地区都有民间麽教流传。人们遇到不顺心的事情，要请麽公来禳解，家中有丧事也要请麽公来念经。在壮族人心中，与麽有关的一切都是神圣而神秘的。方块壮字作为《麽经布洛陀》的书写文字，也披上了神圣的光环，受到人们尊重。对于一般的壮族群众来说，方块壮字作为"书写经书的字"不容侵犯；对于麽公们来说，《麽经布洛陀》将仍然用方块壮字来传承，不会轻易改变。方块壮字已经与壮族传统的民间宗教紧密联系起来。

（五）壮族民间文学艺术对文字态度的影响

以壮族山歌为代表的民间文学艺术也对壮族人文字态度的形成产生了很大影响。壮乡素有"歌海"之称，遇事即歌、逢场必唱，甚至以歌代言。无论是过去和现在，千百年来，山歌一直活跃在壮族人民中间。在方块壮字产生以前，壮族的山歌等民间文学艺术只能靠口耳相传来继承和发展。方块壮字产生后，人们可以用方块壮字对原本口耳相传的山歌等文学艺术作品进行记录、整理、加工、完善，或者直接用方块壮字进行书面创作。如以《嘹歌》为代表的壮族山歌唱本大多都是用方块壮字抄写，并四处流传的。很显然，方块壮字对于壮族山歌等民间文学艺术的保存和发展起着非常关键的作用。反过来，作为壮族人民喜闻乐见的精神文化形式，壮族山歌等文学艺术创作又为文字提供了一个应用、传播的广阔天地，使方块壮字与《刘三姐》《莫一大王》等脍炙人口的壮族山歌一起走进壮族千家万户，与壮族的传统民间文化一起深深地植根于壮族人民的心中。目前，壮族歌手仍习惯用方块壮字编写、传抄山歌唱本。因此，壮族人对方块壮字有一种天然的特殊感情。新壮文创制后，出版社也出版了一些以新壮文翻译的壮族山歌书籍，但是其产生历史比较短，产生的影响还不够，实际上在民间壮族人还是习惯用方块壮字来传抄山歌唱本。

以宗教和壮族山歌为代表的民间文化是壮族人们生活中的重要组成部分，与壮族人的生产、生活息息相关，对壮族人的精神生活具有极为重要的影响。作为《麽经布洛陀》和壮族山歌的抄写文字，方块壮字与壮族民间宗教和民间文化具有不可割裂的历史联系，因此壮族人对方块壮字有着一种天然的特殊感情，这种感情是后来产生的新壮文无法替代的。

（六）语言使用情况直接关系壮族人文字的使用及文字态度的形成

文字是语言的符号系统，是语言的书写工具，是在语言产生之后随着社会生活的需要而产生的。如果一种语言具备自己对应的文字，一般情况下，人们使用什么语言就会使用其对应的文字，只有这种语言没有对应的文字的情况下，才会使用其他的文字，而使用一种文字必然会说这种语言。自古以来，汉语不仅是汉民族内部交际的主要工具，而且是汉族和其他少数民族之间的主要交流工具。汉语是我国八十多种现存语言中影响力最大、使用人数最多，同时也是被兼用得最多的语言。在壮汉杂居的长期历史中，许多壮族人学会了说汉语，这为壮族人学习汉字奠定了基础。现实生活中，国家在全国推行普通话，学校教育教学和各种活动要求使用普通话，即使是民族学校里也要求在小学高年级或者中学开设汉语文课。国家对普通话的推行，使普通话在各地的应用和声望都有了很大的提高，而其对应的汉字的应用和声望也随之提高。此外，普通话的推广直接促进了汉字的传播，扩大了汉字的使用面，增强了汉字社会文化功能，从而提高了汉字的社会声望。

普通话的推广形成了大批壮汉双语人群，这部分人大多会写汉字。而方块壮字是借用汉字及仿造汉字造字方法而创造的，用于记录壮音的文字。面对方块壮字，壮汉双语人群会有一种似曾相识的感觉，一方面是自己认识的汉字，另一方面是自己再熟悉不过的壮语，因此对于他们来说，方块壮字显得比较好理解，也比较好记忆。许多人第一次见到方块壮字，经人简单介绍方块壮字原理后，就能大致理解方块壮字文献表达的意思。因此，壮汉双语人群对方块壮字比较容易接受，在他们看来方块壮字方便理解，也方便记忆。

此外，壮语在壮族民间仍然广泛使用，许多文学活动、宗教活动、生产活动都依赖壮语进行，壮语的使用决定了记录壮语的民间文字的需要。因此国家制定语言文字政策，强调推广汉字的同时不能忽略民族文字的推广。

以上各方面因素综合作用的结果就是一方面汉字的使用范围扩大，成为壮族地区使用率最高的文字，具备了较高的现实交际价值和文化价值，最终形成了汉字在壮族人群中的高声望；另一方面人们对本民族的文字（方块壮字、新壮文）也有着深厚的民族感情，两种民族文字之间，人们对方块壮字的感情更为深厚，但在正式场合使用上倾向于新壮文。

参考文献

[1] 戴庆厦：《社会语言学概论》，商务印书馆，2004。

[2] 风笑天：《社会学研究方法》，中国人民大学出版社，2001。

[3] 黄行：《中国少数民族语言活力研究》，中央民族大学出版社，2000。

[4] 蓝利国：《方块壮字探源》，《广西民族学院学报》1995 年第 1 期。

[5] 李富强：《壮族文字的产生、消亡与再造》，《广西民族研究》1996 年第 2 期。

[6] 陆发圆：《方块壮字的萌芽和发展》，《广西民族研究》1999 年第 3 期。

[7] 〔美〕Margaret Milliken：《三种壮文的比较研究》，《广西民族研究》1999 年第 2 期。

[8] 王锋：《从汉字到汉字系文字——汉字文化圈文字研究》，民族出版社，2003。

[9] 韦达：《壮族古壮字的文化色彩》，《广西师范大学学报》（哲学社会科学版）2002 年第 4 期。

[10] 魏忠：《中国的多种民族文字及文献》，民族出版社，2004。

[11] 张元生：《壮族人民的文化遗产——方块壮字》，载中国民族古文字研究会编《中国民族古文字研究》，中国社会科学出版社，1984。

[12] 郑贻青：《靖西方块壮字试析》，《民族语文》1988 年第 4 期。

[13] 郑贻青：《壮族文化的宝贵遗产》，《民族语文》1991 年第 1 期。

[14] 祝畹瑾：《社会语言学概论》，湖南教育山版社，2003。

自由奔放的年代

——全国青年汉语史研究会怀想

洪　波[*]

一

20 世纪 80 年代初期，大学校园里，教室书声琅琅，图书馆灯火辉煌，礼堂里话剧表演人头攒动，学术讲座一票难求。那是自由奔放的年代，那是学术的春天。

春天，小草发芽的季节；春天，春心萌动的良辰。

就在这春的时节，1983 年，我负笈南开，师从张清常教授和解惠全教授学习汉语史，主攻汉语语法史。1985 年，蓝鹰、关键成为我的师弟师妹。1986 年我硕士毕业留校，同年，白晓虹、张德萍也成为我的同门。

在学术的春天里，莘莘学子已不满足于课堂上的讨论和争鸣，学术沙龙逐渐蔚然，以青年为主的学术讨论会举国风靡。在上海，现代语言学沙龙声名鹊起；在武汉，青年语法讨论会四海云集；在天津，我和我的同门师弟师妹们也悄悄办起了汉语史沙龙。

其时，天津高校中有汉语史专业研究生的基本只有南开大学一家，故

---

* 洪波，首都师范大学文学院教授，研究方向为语言学理论。

而汉语史沙龙虽定期活动，但人数有限，活力受到影响。在一次沙龙会议上，我提出举办全国性的青年汉语史研讨会，与会者同声响应。

1986年金秋十月，首届青年语法史学术研讨会在南开大学举行，来自全国各地的四十多位汉语史专业青年学子参加了会议，与会者中有复旦大学申小龙，北京大学王刚、邵勇海，北京师范大学朱志平，四川大学伍宗文，西南师范大学吴泽顺，天津师范大学崔立斌，北京师范学院（现首都师范大学）冯蒸，华南师范大学甘甲才，湖南师范大学李运富、钱宗武、刘晓南、陈松长，广州师范学院李启文，辽宁师范大学张玉金、河南大学王立军，河南师范大学荆贵生，新疆师范大学刘永耕，等等。

当时南开大学条件很有限，我和我的同门都是第一次组织这样规模的学术会议，没有一点办会经验，只是凭着一腔热情和初生牛犊的冲劲就把会议开起来了。会议没有领导讲话，没有排座次的合影，连开幕式和闭幕式都没有。会议的生活条件更是艰苦，与会者没有住宾馆，而是住在南开大学供进修教师用的学生宿舍里，睡的是上下铺，吃的是学生食堂。这样的开会方式和会议条件虽不敢说前所未有，但肯定是后无来者。今天想来，我仍感到非常对不住远道而来的朋友们。

会议条件虽然艰苦，但与会者没有丝毫的抱怨情绪，人人热情洋溢，有一种他乡遇故知之感。我本人更是第一次体验到与各地同道畅言学术的欢愉，激动的心情难以言表。

在首届青年语法史学术研讨会上，与会者一致同意成立全国青年语法史研究会，创办《全国青年汉语史研究者园地》，研究会的联络处暂时设在南开大学中文系，由洪波负责联络处的工作，蓝鹰、关键、白晓虹和张德萍等人协助。当时我们这些年轻人对于创立民间学术组织需要什么手续是一无所知，大家觉得需要有这么个学术组织，就倡议成立了。研究会提出了"交流信息，沟通思想，互相切磋，探索新方法、新途径"的宗旨，但没有成立理事会。会议结束之后我给学校写了一个报告，没想到很顺利地批准了。

《全国青年语法史研究者园地》（下文简称为《园地》）的创刊号应是1986年底或1987年初问世的，到1988年学会联络处移到湖南师范大学之前，《园地》一共出了5期。可惜的是，由于多次搬家、工作调动等原因，我手头已没有了这本浸透着油墨芳香的刊物。《园地》的编辑工作主要由我负责，打字、印刷和邮寄等工作则是我和蓝鹰、关键、白晓红、张德萍等人一起做的，向光忠教授的研究生史建伟、孔祥卿也帮助做了一些事情。当时由于没有经费支持，这些工作都是由我们自己动手，虽然烦琐，但乐在其中。

二

全国青年语法史研究会的第二届年会是在华南师范大学召开的，会议由华南师范大学的甘甲才、吴辛丑等筹备，我们南开的几个人协助做了一些组织工作。当年我因为考取邢公畹先生博士研究生，未能参加第二届年会。华南师大吴辛丑兄当年曾多次联系，却一直缘悭一面，直到今年11月我去华南师范大学文学院调研，辛丑兄作为分管研究生的副院长接待我，才有幸晤面，真应了"是朋友之缘，终不会彼此错过"这句真言。在这次会议上，研究会决定联络处转移到湖南师范大学中文系，由李运富负责。转移到湖南师范大学之后，研究会更名为全国青年汉语史研究会，会刊更名为《青年汉语史学刊》，研究会的各项工作也开始走向正轨，李运富等人为此付出了大量心血。研究会走向正轨的标志性举措是设立研究会理事会，继而又设立了会长和副会长。理事会的成立对研究会的发展壮大和各项工作的推进起到了一定的作用，但应该说，主要还是靠李运富等几位湖南师范大学的同仁的积极努力和任劳任怨的工作，特别是在李运富等人的努力下，研究会挂靠到湖南省语言学会名下，获得了合法的身份，这是研究会能够发展壮大的真正原因。在研究会第一届会议上我之所以没有倡议成立理事会，设立会长、副会长，是基于以下考虑和担心：第一，全国青年语法史研究会是志趣相投的青年同仁组织，目的是为青年同仁们提供联络性服务和学术信息，让青年同仁们能有一个自由发表学术见解的园地，没有必要因设立一个组织形式而陷入可能的人事问题当中。第二，避免给学界造成一种年轻人不热衷于学术却热衷于立山头、封大王的印象。

三

1990 年，全国青年语法史研究会第三届年会在四川大学召开，会议由川大中文系宋永培、伍宗文、俞理明等人筹备举办。我于 1989 年 10 月赴广西做语言调查，1990 年 4 月初从中越边境的小城龙州经南宁直接到成都参加这届会议。与我组织的第一次会议相比，这次会议无论是规模还是质量都高出很多。在这次年会上，研究会更名为中国文化语言学会，除了继续保持原有的"团结、交流、求实、创新"宗旨外，又增加了自律性会风："提倡百花齐放，反对扬此抑彼；提倡平等和谐，反对争名逐利；提倡谦虚谨慎，反对浮躁自大。"这个自律性会风的倡议就是为了避免我当初所担心的情况出现。

1991 年，更名后的学会秘书处转移至湖北省襄阳高等师范专科学校，秘书长由赵世举担任。世举兄以极大的热情投入学会的组织工作和会刊的编辑工作当中。学会的后期，各项工作得以延续并有所发展，世举兄之力是赖。

1994 年世举兄召集了一次学会常务理事会议，那是我参加学会具体工作和会议的最后一次。

1997 年，中国文化语言学会秘书处转移到广州师范学院，这之后的学会性质和当初成立的全国青年语法史研究会、全国青年汉语史研究会已经大相径庭，我本人对这之后的学会运行情况就不太了解了。

四

全国青年汉语史研究会的创立与 80 年代国内总体学术环境、思想环境直接相关，她的命运既是那个时代很多新鲜事物总体命运的一个缩影，也与研究会的内部机制息息相关。她引领过学术潮流，她激发了一大批青年学子的学术热情，其中多数人今天已成为中国语言学队伍的中坚力量。

　　当我回顾自己所参与和经历的全国青年汉语史研究会的时候，脑子里一再浮现出"其兴也勃焉，其亡也忽焉"这两句谶语。不过，"朝菌不知晦朔，蟪蛄不知春秋"，生命的久暂本身说明不了什么问题，重要的是在生命的过程中你经历过什么，贡献过什么，享受过什么。全国青年汉语史研究会从最初的全国青年语法史研究会到全国青年汉语史研究会，再到中国语言文化学会，到最后不了了之，大约经历了十余年，我本人真正参与其中的有八年。那八年是我初窥学术门径的八年，也是我初阅学术江湖的八年。八年当中，我结识了很多学界朋友，学到了很多从书本上难以学到的知识，更重要的是，我和一帮青年学子们一道，在那自由奔放的年代，创造了一段历史。这段历史是否能进入学术正史，我不得而知，也无心揣测，但我经历了，我无怨无悔；我与同侪共同创造了，我为此深感荣耀。

中国语言文化学会史略[*]

赵世举　苏新春　陈海洋　申小龙　李运富^{**}

　　20 世纪八九十年代，随着我国改革开放的推进，学术的"春天"应时而至。春风时雨化万物，语言学界中一个以 77 级、78 级大学生和研究生为主要身份的青年语言学者为主体的学术组织中国语言文化学会也应运而生。

　　风好正扬帆。在学术的春天里，相仿的年龄、相近的经历、相同的追求，使得这批从事古代汉语、现代汉语、语言学理论、民族语言及外语教学与研究的毛头小伙和黄毛丫头，不约而同地从四面八方汇聚在一起，携手搭建了这个属于年轻人自己的练功平台。尽管这个平台很简陋，但在那个平台不多、机会有限、信息不畅、条件艰苦的年代里，它为语言学青年学人创造了千金难买的交流碰撞、互助合作的机会和条件：办报纸、编杂志、开会议、出著作、发新声……有声有色，引人注目，促进了这批人的成长，促进了中国语言学的发展。事实表明，它不仅凝聚了一批人，也培

---

　*　武汉大学文学院研究生张丽娜为本文做了大量的资料整理工作，特此致谢。

　**　赵世举，武汉大学文学院教授、博士生导师，研究方向为汉语语言学、语言应用、高等教育等；苏新春，厦门大学文学院教授、博士生导师，研究方向为词汇学、语文现代化；陈海洋，教授，清华大学体育与健康科研中心大健康产业首席专家，海南省人民政府政务中心综合评审专家，海南省休闲产业智库首席专家；申小龙，复旦大学中国语言文学系教授、博士生导师，研究方向为研究方向为语言学理论；李运富，北京师范大学文学院教授、博士生导师，研究方向为汉语言文字学、古文献学。

育了一批人，并在一个时代留下了值得追忆的印迹。

倏忽三十年，弹指一挥间。如今，这批人白霜渐染，青春不再。但每当忆及那些时光，无不感慨、怀念。受同仁之命，我们利用保存的大量原始资料，以时间为线索，简要勾勒中国语言文化学会的历史轨迹和主要事件，供同仁分享。由于时过境迁，资料零散，所记疏漏在所难免，敬祈当事同仁指正，以便今后修改。

一 筚路蓝缕 不约而同

中国语言文化学会起步于全国各地不约而同兴起的语言学沙龙和全国研究生信息交流网、全国青年语法史研究会、中国青年语文学会等学术组织。

1984 年

8 月 20—25 日 全国音韵学年会在桂林召开。到会的江西师范大学、四川大学、北京大学、中山大学、广西师范大学、河北师范学院、安徽大学的 17 位研究生自发聚会交流，并决定编写一份详细的通讯录以便相互联络。他们是：邱尚仁、陈海洋、蒋冀骋、丁峰、黄富成、耿振生、郭力、麦耘、沈建民、孙建元、张书锋、龙庄伟、汪波、吴新民、黄锦君、陈燕、张宁、建伟等。

10 月 15 日 中国训诂学研究会第三届年会在西安举行。16 日，来自全国各地的 20 多位研究生于会间聚会，有华南师范大学的苏新春，江西师范大学的邱尚仁、陈海洋、蒋冀骋、丁锋，徐州师范学院的李葆嘉、杨亦鸣、刘利，中山大学的李铭建、伍华、李中生等。会上商定成立全国研究生信息交流网，并创办一份内部刊物，名为《研究生信息报》。会议推举华南师范大学的苏新春和江西师范大学的邱尚仁为召集人，江西师范大学的陈海洋为秘书长。此后，得到了全国各地语言学类研究生的纷纷响应，加入全国研究生信息交流网的人数不断增加，而且得到了很多前辈学者的大力支持。

1985 年

3 月　《研究生信息报》创刊号面世，各方反映良好。

《研究生信息报》编辑部决定编撰《研究生学位论文提要》，随即开始在全国大规模地收集语言学相关专业研究生论文提要。

4 月　收到王力先生为《研究生信息报》题写的刊名和几位语言学前辈为《研究生信息报》的题词。

6 月 18—20 日　纪念杨树达先生诞辰百周年学术研讨会在长沙举行。会上，许嘉璐、唐文、胡厚宣、王显、郭在贻、周秉钧、李维琦、周大璞、张舜徽、杨春霖、王大年、鲍敬第、孙稚雏等语言学前辈高度赞扬《研究生信息报》，胡厚宣、王显、唐文、郭在贻、鲍敬第、周大璞、张舜徽、杨春霖等欣然为《研究生信息报》题词。

7 月 31 日　来自全国 21 所大学的 36 名研究生在中央民族学院召开会议，主要商议进一步办好研究生信息交流网和《研究生信息报》、开展形式多样的学术交流活动、筹办杂志与学术团体等事宜。会议由江西师范大学研究生陈海洋主持。会议提议筹建中国青年语文学会。到会的研究生有：

江西师范大学：邱尚仁、陈海洋、丁锋、高福生；

北京大学：耿振生、郭力、王硕、王洪君；

上海外语学院：张宁；

江西大学：周静芳；

华南师范大学：魏达纯；

新疆大学：曹德和、邓功；

徐州师范学院：李葆嘉、刘利；

中央民族学院：傅爱兰、朱承平；

华中工学院：尉迟治平、邓晓华、张振江；

解放军信阳陆军学校：王吉尧；

兰州大学：都兴宙；

河北师范学院：龙庄伟；

广西大学：林涛；

四川师范大学：刘志成；

复旦大学：钟敬华、杨剑桥；

南开大学：崔建新、黎意；

吉林大学：刁晏斌、徐正考；

广西师范大学：孙建元；

山东大学：刘晓农；

安徽师范大学：伍巍。

8月14日　在中央民族学院召开中国青年语文学会筹委会第一次会议。参加者有江西师范大学研究生邱尚仁、陈海洋，北京大学研究生耿振生，广西师范大学研究生孙建元，上海外语学院研究生张宁，徐州师范学院研究生李葆嘉等。会议讨论了学会的名称、章程等有关问题，以及编撰、出版《研究生学位论文提要》的相关问题。会议推举邱尚仁为中国青年语文学会筹委会主任，耿振生、许锋为副主任，陈海洋为秘书长，郭力为副秘书长。

8月19日　在北京中央民族学院召开中国青年语文学会筹委会第二次会议。参加者有江西师范大学研究生邱尚仁、陈海洋，广西师范大学研究生孙建元，上海外语学院研究生张宁，徐州师范学院研究生李葆嘉，四川大学研究生黄富成，华中工学院语言研究所研究生邓晓华，吕叔湘先生的秘书张伯江等。会议进一步讨论了学会章程、《研究生学位论文提要》的编撰等事项。

8月21日下午　中国青年语文学会筹委会主任邱尚仁、副主任耿振生、秘书长陈海洋、广西师范大学研究生孙建元，到北京大学王力先生寓所拜访，唐作藩先生作陪。王力先生认真听取了关于中国青年语文学会筹备工作情况的汇报，欣然同意出任中国青年语文学会顾问。当晚，在吕叔湘先生秘书张伯江带领下，邱尚仁、陈海洋、孙建元又到吕叔湘先生寓所拜访。吕叔湘先生认真听取了关于中国青年语文学会筹备工作情况的汇报，肯定了中国青年语文学会筹委会的做法，并同意出任中国青年语文学会顾问，还对编撰《研究生学位论文提要》、治学等问题提出了指导意见。

11月29日　复旦大学毕业研究生陆丙甫致函中国青年语文学会，表示愿意参加中国青年语文学会筹备工作，并担任筹委会副主任。

12月9日　王力先生为《研究生学位论文提要》题写书名：研究生毕业论文提要。江西师大党委书记郑光荣为《研究生信息报》创刊一周年撰写贺词。

12月23日　中国青年语文学会筹委会主任邱尚仁、副主任耿振生、秘书长陈海洋，到北京大学朱德熙先生寓所拜访。朱德熙先生认真听取了中国青年语文学会筹备工作情况的汇报，表示支持，并同意为《研究生学位论文提要》作序。在此前后，筹委会部分成员就成立中国青年语文学会之事，先后还拜访了王伯熙、杨耐思、许嘉璐、陆俭明、梁德曼、陈章太等先生，也得到了他们的支持。

12月25日　陆宗达先生为《研究生信息报》题词：学友基址，励志创新。

1986 年

3月21日　南开大学研究生洪波等向全国语言学青年教师和研究生发出成立青年古汉语语法研讨会的倡议书，截至5月20日，共收到支持并愿意加入该会的回函72封。

6月19日　江西教育出版社编辑杨鑫福与江西师大研究生陈海洋商讨编纂《中国语言学辞典》之事，双方达成合作共识。

10月10日　北京大学朱德熙先生为《研究生学位论文提要》作序。

10月中旬　南开大学研究生洪波、蓝鹰、关键、白晓红、张德萍发起召开了首届全国青年古汉语语法研讨会。会议倡议并成立了全国青年语法史研究会，联络处设于南开大学，由洪波主持日常工作。会议确定的研究会宗旨是："交流信息，沟通思想，互相切磋，探索新方法、新途径。"并决定创办会刊《全国青年汉语语法史研究者园地》。

10月20—25日　《中国语言学辞典》首次编委会在江西师范大学召开。出席者有邱尚仁、陈海洋、蒋冀骋、丁峰、申小龙、苏新春、王建华、黄富成、耿振生、郭力、唐钰明、张玉金、张林林、姚亚平、凌云、郭友鹏、张德意、刘志刚、杨鑫福、许峰等。会议由主编陈海洋主持，讨论了编写大纲、团队组建、样条、进度安排等。江西师范大学领导、江西教育出版社领导和《中国语言学辞典》顾问余心乐、黄典诚、雷友梧等先生出席了开幕式与闭幕式。

1987 年

6月19日 《中国语言学辞典》第二次编委会在江西师范大学举行。出席者有：陈海洋、邱尚仁、杨鑫福、丁峰、蒋冀骋、申小龙、苏新春、冯蒸、王建华、唐钰明、宋永培、钱宗武、张伟、杨宗义、张德意、刘志刚等。

10月8—11日 中国语言学发展方向研讨会在江西师范大学举行，来自全国的青年语言学者济济一堂，畅所欲言，积极探讨中国语言学的发展方向。许嘉璐、徐德江先生也出席了会议。

80年代各地的语言学沙龙纷纷成立，不少地区的高校青年学子就近组织定期的研讨活动，形成了在学科领域、学术主张上各有特点的松散性学术群体。这些群体成立或早或晚，规模或大或小，活动频率或密或疏，但都为当时中国语言学的发展注入了新的活力，也为后来的语言学发展培育了人才。

在南昌，以江西师范大学邱尚仁、陈海洋为首的学术群体，以编撰《研究生信息报》《研究生学位论文提要》《中国语言学大辞典》为纽带，开展了一系列的全国性活动，前文已有详述。

在天津，南开大学洪波、蓝鹰、关键、白晓红、张德萍发起召开了首届全国青年古汉语语法研讨会，成立了全国青年语法史研究会。

在上海，上海语文学会颇为活跃，连续出版会刊《上海青年语言学》，发表了大量青年语言学者的富有新意的研究成果，主持人是申小龙、游汝杰。复旦大学、华东师范大学等高校的余志鸿、邵敬敏、陆丙甫等主持开展现代语言学沙龙，后来延续了多年。

在广州，由广州师范学院苏新春主持的广州青年语言学沙龙，与来自中山大学、暨南大学、华南师范大学、汕头大学等院校的同仁坚持活动，还编印了多期《广州青年语言学学刊》。当时参加活动较多的有广州师范学院的李军、李启文，中山大学的李铭建、李中生、伍华、肖贤彬、唐钰明，暨南大学的杨启光、甘于恩、王彦坤，华南师范大学的魏达纯，汕头大学的林伦伦，广东教育学院的胡性初等。广东省语言学会会长詹伯慧多次参加沙龙，以表示支持。

在北京，有北京大学赵杰主持的语言学沙龙。

在武汉，在武汉大学就读古代汉语助教班的襄阳师范高等专科学校青年教师赵世举和中南民族学院青年教师朱承平等于1986年10月发起成立了湖北省暨武汉市青年古汉语沙龙，并在武汉大学举办了首次活动。一同在武汉大学就读古代汉语助教班的华中工学院青年教师程邦雄、唐志东，华中师范大学青年教授夏南强、王南平，黄冈师专青年教师汪化云，郧阳师专青年教师郭攀，农业银行武汉管理干部学院青年教师李明，武昌县电大青年教师黄会清，湖北中医学院青年教师吴少强以及江汉大学青年教师晏鸿鸣，湖北大学青年教师孙玉文，湖北教育学院青年教师邵则遂等参加了活动。大家就各自感兴趣的问题各抒己见，相互切磋，气氛热烈，都深感收获良多。1987年，又开展过两次活动。随后他们在沙龙的基础上组建湖北省语言学会古代汉语专业委员会。该沙龙还由赵世举策划并牵头组织部分成员编纂了《古汉语知识辞典》，于1988年由武汉大学出版社出版。

此外，在杭州、南京、安庆、成都、长春等地，也有类似的学术沙龙。

二 会聚长沙 发展壮大

1988年全国青年汉语史研究会秘书处迁往长沙不久，中国青年语文学会（筹）和全国青年汉语史研究会合并，扩大了专业领域，壮大了队伍，增强了骨干力量，学会管理也步入正轨，研究会迈入全面发展时期。

1988年

4月7—10日 全国青年语法史研究会第二届年会暨纪念《马氏文通》出版90周年学术讨论会在广州华南师范大学中文系召开。来自全国各地的代表60余人，提交论文40余篇。

会上，来自上海、吉林、南京、四川、广州等地的代表还介绍了各地语言学沙龙活动的情况。

这次会议总结了全国青年语法史研究会两年来的工作，修改了章程，并决定更名为全国青年汉语史研究会，秘书处迁至湖南师范大学，由秘书长李运富主持日常工作。

秘书处迁至湖南后，研究会很快走向正规，有了很大发展。一是获得了湖南省社会科学界联合会同意，研究会挂靠湖南省语言学会。二是创办了研究会刊物《青年汉语史学刊》，分《青年汉语史学刊（通讯）》（每年4期）和《青年汉语史学刊（论坛）》（每年2期）两种印行，赠送所有会员和有关机构，由李运富、陈松长、刘晓南负责。三是筹建理事会。四是开展会员登记，制作发放会员证。

9月　全国青年汉语史研究会正式成立理事会和常务理事会。主要策划人为李运富、洪波、申小龙、苏新春、苏宝荣、陈海洋、李亚明、钱宗武、蒋冀骋等。

11月20—23日　中国青年语文学会（筹）与全国青年汉语史研究会联合在湖南师范大学召开会议，出席者有申小龙、邱尚仁、陈海洋、李运富、苏新春、黄富成、匡国建、钱宗武、王建华、王远新、冯隆、张德意、刘志刚、杨鑫福、许峰等。鉴于各种因素，会议决定两会合并，名称暂时冠以全国青年汉语史研究会，并组建了学会理事会，选举产生了会长、副会长和秘书长等。名单如下（按姓氏音序排列）：

会长：申小龙

副会长：陈海洋、洪波、李运富、邱尚仁、苏新春、朱晓农

秘书长：李运富（兼）

副秘书长：刘志刚、徐流、张德意、郑全和

理事：冯隆、冯蒸、顾之川、黄富成、蒋冀骋、匡建国、兰鹰、李葆嘉、马啸、钱宗武、宋永培、苏宝荣、王艾录、王建华、王远新、吴为善、姚亚平、张玉金、张黎、赵虹

会议讨论了研究会的工作：①进一步加强组织建设，包括巩固骨干队伍，充分发挥理事会的作用，积极发展会员，健全组织手续，制作会员证等。②继续办好会刊，扩大学术影响，决定将原来的《青年汉语史学刊（论坛）》和《青年汉语史学刊（通讯）》合为一种，继续由湖南师范大学编印，李运富任主编，每年两期；由江西师范大学编印报纸《研究生信息》（暂名），邱尚仁、陈海洋任主编，每年四期。③组织词义研究年，开

好下届年会，决定下届年会于 1990 年在四川大学召开。

1989 年

1 月 31 日　《中国语言学大辞典》8 卷定稿交江西教育出版社。其余各卷随后陆续提交。

8 月 1—5 日　全国首届语言与文化学术研讨会在大连市辽宁师范大学召开，会议承办方召集人为张玉金。出席会议的代表共 92 人，来自全国 23 个省、区、市。这是首次以"语言与文化"命名并以此为中心议题的全国性会议。会议共收到论文 60 篇，内容既有宏观的理论建构，又有微观的具体剖析。前者涉及语言与文化研究的理论体系，中国文化语言学的语言观、研究规范、研究领域、研究方法以及与其他学科的关系问题；后者涉及的范围更为广泛，包括汉字与文化的关系、汉语词语与文化的关系、汉语语法修辞与文化的关系等。这次会议的召开，可以说是对当时国内语言与文化研究队伍和研究成果的检阅，也表明语言与文化的研究已发展为一股学术潮流。

9 月　经正式登记，入会会员共计 240 余人。

11 月 20 日　鉴于会员学科结构和年龄都发生了很大变化等原因，研究会向挂靠单位湖南省社会科学界联合会和湖南省语言学会申请更改会名。

1990 年

3 月 24—28 日　全国青年汉语史研究会第三届年会在成都召开，会议承办方召集人为四川大学的宋永培和四川广播电视大学的蓝鹰。

经挂靠单位湖南省社会科学界联合会和湖南省语言学会同意，会上正式宣布将研究会更名为中国语言文化学会，仍挂靠于湖南省语言学会。会议的宗旨不变，仍为"团结、交流、求实、创新"，并提出建立自己的会风："提倡百花齐放，反对扬此抑彼；提倡平等和谐，反对争名逐利；提倡谦虚谨慎，反对浮躁自大。"

这次年会的中心议题是：90 年代中国语言学以意义为中心的整体性变革。在年会的闭幕式上，公布了首届中国语言文化学会学术奖评选结果

（1986—1989 年度）。获奖者为：

著作一等奖：申小龙《中国句型文化》

著作二等奖：苏宝荣、宋永培《古汉语词义简论》

著作三等奖：赵世举《古汉语易混问题辨析》

论文一等奖：冯蒸《〈切韵〉祭泰夬废四韵带辅音韵尾说》

论文二等奖：张玉金《甲骨卜辞中"惠"和"唯"的研究》、苏新春《论古汉语基本词汇的广义性》

论文三等奖：李运富《从〈毛诗平议〉看训诂中的逻辑问题》、陈海洋《我国古代标点符号考略》、王建华《语境歧义分析》、林伦伦《试论潮汕方言形成的历史过程》、邵文利《试论同源字》

5 月 15 日　在北京参加汉字学术讨论会的本会会长申小龙，副会长苏新春、陈海洋、邱尚仁、洪波于会间召开了会长会议，讨论了学会的重要工作。

5 月 16 日　《中国语言学大辞典》编委会获首届汉字文化学术奖。颁奖仪式在北京人民大会堂举行，时任全国人大常委会副委员长习仲勋等颁奖。当晚，习仲勋副委员长在北京饭店亲切会见《中国语言学大辞典》主编陈海洋，并合影、题词留念。

9 月　《研究生学位论文提要》最终定名《语言学新探》，由高等教育出版社正式出版发行。

9 月　会长申小龙撰著的我国第一部文化语言学著作《中国文化语言学》由吉林教育出版社出版。

三　安营襄阳　再上层楼

学会秘书处于 1991 年迁入建校于诸葛亮隐居之地古隆中的湖北省襄阳师范高等专科学校。在此前全面发展的基础上，学会进一步完善和优化各项工作，实现了新的发展。

1991 年

2 月　会长申小龙和学者张汝伦主编的《文化的语言视界——中国文

化语言学论集》由上海三联书店出版。

3月　《中国语言学大辞典》由江西教育出版社正式出版发行。

6月13日　会长申小龙、秘书长李运富赴湖北襄阳师范高等专科学校协商中国语言文化学会迁址事宜。襄阳师范高等专科学校党委书记李耀楠、副校长杜忠信、科研处负责人王会林和中文系负责人赵世举参与会谈，双方达成迁址协议（校长雷式祖因公出差，行前专门请有关人员转达支持之意）。

当月，经湖南省语言学会同意和襄樊市社会科学界联合会、民政局批准，学会秘书处正式迁至襄阳师范高等专科学校，由赵世举接任秘书长并主持日常工作。

秘书处迁址之后，为配合国家社团整顿工作，立即开展了会员重新登记和学会登记工作。同时，向中国训诂学研究会提出挂靠申请。

10月3日　中国训诂学研究会正式致函学会，中国训诂学研究会会长许嘉璐与副会长唐文商定同意中国语言文化学会挂靠中国训诂学研究会。

10月　团结出版社出版的《当代中国中青年学者辞典》收录了中国语言文化学会近十名成员，他们是：会长申小龙，副会长宋永培，秘书长赵世举，理事王建华、蓝鹰、刘志成、童山东、张牧笛。

11月　由会长申小龙主编的"大千语言世界丛书"由湖南师范大学陆续出版。

12月初　会刊《青年汉语史学刊》从总第十二期开始改版为《语言文化学刊》，由赵世举、戴桂斌主编，申小龙、李耀楠任名誉主编。并首次由油印改为铅印，寄赠所有会员。

12月初　秘书处编印了复旦大学张学文主编、申小龙审订的《文化语言学论著目录》（1950—1991），寄赠所有会员。

12月8日　学会会长扩大会议在广州师范学院召开，会长申小龙主持会议，秘书长赵世举汇报了学会迁址以后的工作情况和下一步打算。会议研究了有关工作，通过了修订的《中国语言文化学会章程》。

12月10—13日　由中国语言文化学会、广州师范学院、广州市语言文学学会主办的第二届全国语言与文化学术研讨会在广州国际科技会议中心举行。会议由广州师范学院苏新春具体承办。来自日本、中国香港及内地各高校、科研及出版单位的 100 余位学者出席了会议。

1992 年

6 月　会员重新登记工作结束。重新登记会员 212 人，涵盖古代汉语、现代汉语、文字学、语言理论、民族语文、外语、文化学等领域。秘书处印制了《会员手册》，为登记的会员颁发了新制作的《会员证》。

10 月 10—14 日　中国语言文化学会第四届学术年会在襄阳师范高等专科学校学术交流中心举行。来自全国二十多个省区市的高等学校、科研院所、出版部门的 50 余名中青年语言学专家学者出席了会议。挂靠单位中国训诂学研究会时任秘书长周复刚教授也到会祝贺。会议围绕"当代中国语言学的学科建设"这一主题进行了热烈而充分的讨论，取得了不少共识和可喜的成果。

会前和会间召开了理事会扩大会议，研究了学会工作，选举产生了新的理事会，名单如下（按姓氏音序排列）：

会长：申小龙

副会长：陈海洋、洪波、李运富、邱尚仁、宋永培、苏新春

秘书长：赵世举

副秘书长：刘志钢、徐流、张德意、郑全和

理事：冯隆、冯蒸、顾之川、黄富成、蒋冀骋、匡建国、兰鹰、李葆嘉、马啸、钱宗武、苏宝荣、王艾录、王建华、王远新、吴为善、姚亚平、张黎、张玉金、赵虹

会间还召开了学术委员会会议，评审并颁发了第二届中国语言文化学会学术奖（1990—1992）。获奖名单如下：

学术著作一等奖（2 项）：申小龙《语文的阐释——中国语文传统的现代意义》、苏新春《汉语词义学》

学术著作二等奖（1 项）：朱晓农《北宋中原韵辙考》

学术著作三等奖（2 项）：朱承平《文献语言材料的鉴别与应用》、管锡华《校勘学》

编著类著作一等奖（1 项）：中国语言学大辞典编委会编（陈海洋主编）《中国语言学大辞典》

编著类著作二等奖（1 项）：大千语言世界丛书编委会编（申小龙主编）《大千语言世界丛书》

编著类著作三等奖（2 项）：郭建荣《胜溪俗语》、万献初《词语趣谈百题》

学术论文一等奖（2 项）：宋永培《论〈说文〉意义体系的内容和规律》、杨琳《"云雨"与原始生殖观》

学术论文二等奖（5 项）：苏宝荣《汉语特殊词义探源与语文词典编纂》、姚亚平《论孔子的语言思想》、张玉金《卜辞中"暨"的用法》、赵世举《雅学史初探》、高路加《契丹姓氏耶律音义新探》

学术论文三等奖（10 项）：蓝鹰《从少数民族语言看"而"的虚化演变》、吕朋林《王梵志诗点校拾遗》、党怀兴《〈六书故〉因声求义论》、虞万里《金文"对扬"历史观》、赵平安《秦汉简帛通俗字的文字学研究》、程克江《中国文化学的兴起及其导向预测》、刘永耕《论异体词内部形音义的复杂关系》、王宇《古代汉语的量词作状语问题》、杨启光《论汉英民族的句子观与汉语句子的生成》、李葆嘉《新化邹氏古声二十纽说研究》

12 月　《中国语言学大辞典》荣获第六届中国图书奖。

1993 年

2 月　会长申小龙的专著《文化语言学》由江西教育出版社出版。该书所论不限于汉语，具有普通语言学的意义。

5 月　中国语言文化学会第四届学术年会论文集《中国语言与中国文化论集》由香港亚太教育书局正式出版。申小龙、李耀楠和赵世举任主编。收论文 27 篇，共计 21 万字。内容涵盖古代汉语、现代汉语、普通语言学、文化语言学、中外语言文化比较、文字学、文化学等方面。

6 月　赵世举多次赴国家教委和民政部，争取学会独立登记，未果。学会仍挂靠中国训诂学研究会。

1994 年

1 月 13—17 日　第三届全国文化语言学研讨会在黑龙江大学召开。会议由中国语言文化学会、黑龙江省语言学会、黑龙江大学、哈尔滨师范大学《北方丛论》编辑部和广州市语言文学学会联合主办，黑龙江大学戴昭铭具体承办。会议的中心议题是：①中国文化语言学的理论建设；②语言与文化各方面关系的专题研究；③中国语文研究传统的现代化。到会代表60余人，多数是在文化语言学探索中有一定创获的中青年学者。会议收到50余篇论文。

6月　由会长申小龙主编的"文化语言学丛书"由吉林教育出版社陆续出版，共包括六部著作：申小龙《社区文化与语言变异——社会语言学纵横谈》、史有为《异文化的使者——外来词》、苏新春《文化的结晶——词义》、吴长安《文化的透视——汉字论衡》、王建华《文化的镜象——人名》等。

11月3—5日　中国语言文化学会常务理事会扩大会议在湖北襄阳师范高等专科学校举行。申小龙、李运富、邱尚仁、陈海洋、洪波、王远新、赵世举等参加了会议。赵世举代表秘书处汇报了近几年的工作。会议对学会过去的工作进行了认真的总结，对学会的目前建设和未来发展进行了全面研究和规划。大家一致认为，这些年来，学会的工作是扎实而富有成效的，比如：学会管理工作更加规范化，修改了《章程》，严格了吸收会员程序和管理；会员队伍不断壮大，层次不断提高，正式入会会员增至284人，累计会员500多人；成功举办了四届年会、三届语言与文化学术研讨会以及其他专题研讨会；圆满组织了两届学术评奖活动；《语言文化学刊》由油印改为铅印；编印了《会员手册》，制作了会员证，出版了《中国语言与中国文化论集》；组编了多种丛书和教材；加强了对外宣传报道等；为学会独立登记，多次赴国家教育委员会和民政部。对于目前的工作，大家一致认为首要的要抓好如下几个方面的工作：一是广泛团结同仁，加强与其他学术组织的联系合作；二是加强学科建设和特色建设；三是努力培养集体意识，加强集体合作，增强学会的凝聚力、向心力和活力；四是继续推进学会工作的正规化、规范化和科学化；五是广开财源，为学会的各项活动提供物质保证。会议还讨论了理事会和学术委员会换届、学术评奖、学会独立登记、语言学教材编写等重要事项。

12月　会长申小龙的著作《文化语言学》荣获第八届中国图书奖。

年底，第三届全国文化语言学研讨会论文集《建设中国语言文化学》由北方论丛编辑部出版，戴昭铭为主编。

1995 年

1 月　由会长申小龙和副会长宋永培主编、学会其他成员合作编写的《新文化古代汉语》由广西人民出版社出版。

4 月　中国语言文化学会《简报》印发至全体会员，报道了学会常务理事会扩大会议情况以及年会通知、评奖公告等信息。

12 月 1—8 日　第四届中国语言与文化学术研讨会先后在云南昆明、大理和丽江举行。本届研讨会由中国语言文化学会和云南大学中文系、云南大学西南边疆少数民族研究中心、丽江县委和县政府联合主办，以中国民族语言文化为主要研讨内容，以建立有中国特色的语言学为中心议题。来自全国各地以及加拿大、韩国、日本等国家和地区的70余名学者出席了研讨会。会议间对白族、纳西族语言文化等进行了考察，把室内讨论与实地考察结合起来，使代表们深入体会到中华文化与中国语言的丰富多彩、博大精深以及语言和文化的水乳交融的关系，真实而具体地感受到少数民族语言文化在传承发展中华文化上的重要地位和作用，进一步坚定了将语言和文化结合起来研讨的信念和做法。

会上公布了第三届中国语言文化学会学术奖（1993—1995）评选结果。获奖名单如下：

荣誉奖（1 项）：许威汉《汉字学》

学术著作一等奖（2 项）：陈海洋《汉字文化》、陈保亚《语言文化论》

学术著作二等奖（4 项）：赵平安《隶变研究》、戴昭铭《规范语言学探索》、刘志基《汉字文化学简论》、黄亚平《古籍注释学基础》

应用类著作一等奖（1 项）：申小龙、宋永培主编《新文化古代汉语》

应用类著作二等奖（2 项）：苏宝荣《〈说文解字〉助读》、李运益主编《论语词典》

应用类著作三等奖（2 项）：范进军《说文解字古今音读》、宋文程和张维佳主编《陕西方言与普通话》

学术论文一等奖（4 项）：高一虹《“文化定型”与“跨文化交际悖

论"》、虞万里《从古方音看歌支的关系及其演变》、木霁宏"汉语与中华文化"系列论文、雷汉卿《说文·示部》"文化说解"系列论文

学术论文二等奖（6项）：李葆嘉"文化音韵学"系列论文、张玉金《卜辞中表示两事时间关系的词的意义和用法》、杨启光"中国文化语言学"系列论文、李无未和王晓坤《〈九经直音〉反切的来源及其相关问题》、邵文利《〈第一批异体字整理表〉刍议》、马啸《现代汉语中的"为"组词》、汪启明《扬雄〈方言〉中的"东齐"考辨》

学术论文三等奖：吕朋林《〈诗〉训零补》、姚锡远《熟语文化》、黎千驹《浅谈系联同源字的标准》、任福禄《古代汉语"词类活用说"质疑》、邓玉荣《藤县方言单音形容词的变形重叠》

这次会议还决定，第五届中国语言与文化学术研讨会于1997年在汕头大学举办，由林伦伦负责承办。

12月　由会长申小龙主编的"中国文化语言学丛书"由广东教育出版社陆续出版，包括：申小龙《当代中国语法学》、苏新春《当代中国词汇学》、宋永培《当代中国训诂学》、李葆嘉《当代中国音韵学》、姚亚平《当代中国修辞学》、张玉金《当代中国文字学》。

1996 年

10月　由学会秘书处组编，襄阳师范高等专科学校王海鸥、王培凤选编的《文化语言学论文目录续编》（1992—1995）刊印，寄赠全体会员。

根据工作的需要，经秘书长赵世举提议，会长和部分理事、常务理事反复协商，决定将学会秘书处迁至广州师范学院，秘书处工作由本会副会长、广州师范学院中文系苏新春主持。会刊《语言文化学刊》（当时编印至第十八辑）也同时随迁。随即，在会刊上刊发了秘书处迁址公告。

四　南迁广州　因势谢幕

1997 年

1月1日　中国语言文化学会秘书处正式迁至广州师范学院，秘书处

工作由副会长、广州师范学院中文系苏新春主持。

9 月　北京大学英语系高一虹教授集中外语院校师资力量，主持翻译了英文版 *Collected Essays of Shen Xiaolong on Chinese Cultural Linguistics*（《申小龙文化语言学论文集》），共选编申小龙 20 篇论文，并撰写了英文长序，由东北师范大学出版社出版。这是我国语言学领域首次用英文翻译出版本土学者的个人论文集，开始与国际学术界对话。

1998 年

4 月 25—28 日　汕头大学副校长林伦伦在汕头大学主持召开第四届全国语言与文化学术研讨会。到会数十人，研讨气氛热烈，为中国语言文化学会的组织活动画上了一个句号。

特别说明：学会虽然多年来一直通过多种渠道向国家民政部申请登记，但终因语言学学科已有若干同类学会而未获批准。鉴于当时国家社团管理越来越严格规范，学会认为应该遵守有关法律规定，不宜再以学会名义独立开展活动。加上此时学术界发生了一些较为激烈的争论，也不利于平和的学术探索，文化语言学本身经过 10 多年的突飞猛进，也需要在理论上进一步沉淀、思考。因此学会在汕头会议上决定，今后不再以学会名义开展活动，相关研讨活动将以各主办单位自己的名义举行。至此，学会的正式学术活动全部停止。

1997 年，宋永培在四川大学、中国中外文艺理论学会主办的学术刊物《中外文化与文论》（总第 4 期）发表了文化语言学思潮兴起 12 周年纪念专栏，刊登了 7 篇文章，对中国文化语言学进行了回顾与总结。这 7 篇文章是：游汝杰的《谈谈文化语言学和人类学语言学》，宋永培的《培植学术研究的根基迫在眉睫》，苏新春的《中国文化语言学步入平和发展时代》，张公瑾的《语言学思维框架的转换》，戴昭铭的《文化语言学的困境与出路》，李华的《文化语言学之我见》，李亚明的《应理解与处理好十种关系》。苏新春在文章中指出："以 1985 年为中国文化语言学出生年的话，现在它正好走过了一个轮回，走过了 12 年的历程。如果说中国文化语言学在问世之初给人带来更多的是奇异和惊诧，那么现在留给人们更多的是平和。平和之形象，平和之舆论，平和之观众。平和表明它不再是'热点'，而'新闻价值'的下降赢来的却是学术上的逐渐成熟与学术地位的逐渐稳固。一种新的学术思潮不论它受到多大的抨击或责难，只要它最终能为人们所容纳、传播，就说明它是有生命力、有价值的。从这个意义看，这种平和正是文化语言学所渴望看到的。它表明，文化语言学在结构观一统天下的中国语言学界已经赢得一席之地。"这是客观而准确的概括。可以说，宋永培主持的这个专栏为中国文化语言学，也为中国文化语言学会短暂而辉煌的历史做了一个较为全面、客观、有力的总结。

承蒙黄南津兄的盛意，2013 年秋天在西南学术重镇广西大学召开了当代中国语言学的回顾与展望学术研讨会。当年共事的朋友重新聚首，有了共同的回忆，也有了更多的展望。希望以后在合适的时候我们能以更详细的笔墨来写出这段历史。如果有此幸事，南津兄当记首功。

文化语言学图书资料特藏室藏品征集函

各位学术界朋友、同仁、挚友：

中国文化语言学自上世纪八十年代创立以来，走过了三十多年历史过程，经过了异军突起、波澜壮阔、蓄力深思、普行天下的发展阶段，涌现了一大批成果，产生了广泛而深刻的影响。中国文化语言学是我国语言学研究第一个本土文化学派，它为汉语研究建立了一个文化视角，重新阐释了古代语言学传统的现代意义，提出了一系列不同于西方语言学的理论、范畴与方法。为了更好地展示中国文化语言学的发展过程，见证文化语言学研究的道路，全面反映当代中国语言学的发展状况，继承和创造性发展中国语言研究的文化传统，推动文化语言学的进一步发展，经我校领导批准，将在我馆设立文化语言学图书资料特藏室，全面收藏中国文化语言学发展过程中各种有价值的研究文献和历史资料。

筹建工作得到学术界大力支持。厦门大学博导、厦门大学嘉庚学院人文与传播学院院长苏新春教授，复旦大学博导、理论语言学研究室主任申小龙教授，带领他们的研究团队成员，多次亲临图书馆现场考察，与王株梅馆长洽谈有关展馆定位与功能、展品征集与展示、展馆管理与运行、藏品开发与利用等事宜。目前各项筹划工作正在井然有序展开，在条件成熟时举行特藏室揭幕活动，邀请研究者讲学，举办有关学术研讨活动。

为进一步丰富藏品类型，全面保留这一段珍贵的学术历史记忆，文化语言学特藏室决定向全国学术界的朋友、同仁及文化语言学挚友们公开征集各种历史文献和文物。特公告如下：

一、征集范围

1. 文化语言学研究类文献

有关文化语言学研究的著作、论文、辞典、教材、译著。包括研究著作与评论著作，初版图书与再版图书，各种教材讲义、研讨活动、学生文选等，撰写过程中形成的草稿、初稿、样稿、改稿等各种过程性文稿。

2. 文化语言学口述史材料

有关回忆、讲述、评论的访谈录音、照片等影音资料。

3. 文化语言学学术活动实物

在各种类型的学术会议、全国及地方学术团体的活动中形成的各种实物。如会议通知、简报、邀请函、会议名册、会议议程、会议论文集、会议纪要、会议报道、纪念品，及机构设置、理事名单、会员名单、会刊、报刊、文集等。

二、藏品类型

报刊、书籍等正式出版物类；

文件、图纸、通知、档案资料，及信函、手稿、科研笔记、海报等非正式出版物类；

照片、胶片、录像带、录音带、光盘等影音制品类；

代表证、出席证、证书、印信、徽章、奖状、图章等证章类。

三、征集方式

藏品以捐赠形式进行，将为捐赠者颁发捐赠证书。

捐赠品由厦门大学嘉庚学院文化语言学图书资料特藏室永久收藏并展出。

四、联系方式

通讯地址：福建省漳州市龙海市漳州开发区厦门大学漳州校区，厦门大学嘉庚学院人文与传播学院（主一号楼 411 - 2）韩雪收

邮资请选"到付"。建议通过顺丰快递公司寄出。

邮编：363105

联系电话：17750179681

电子邮箱：hxsanyecao@qq.com

感谢您对文化语言学图书资料特藏室的大力支持！

致礼

厦门大学嘉庚学院图书馆
人文与传播学院
2019 年 11 月 29 日